Karoline

∞ Friedrich August II.
von Sachsen

Franz Karl
1802–1878

∞ Sophie von Bayern

Ferdinand Maximilian
1832–1867
Kaiser Maximilian
von Mexiko
1864–1867

∞ Charlotte von Belgien

Karl Ludwig

Ludwig Viktor

Erzherzog
Franz Ferdinand
1863–1914
ermordet in Sarajevo

∞ (morganatische Ehe)
Sophie Gräfin Chotek

Erika Bestenreiner

Charlotte von Mexiko

Erika Bestenreiner

Charlotte von Mexiko

Triumph und Tragödie einer Kaiserin

Mit 21 Abbildungen auf Tafeln

Piper
München Zürich

ISBN 978-3-492-04681-7

Satz: Satz für Satz. Barbara Reischmann, Leutkirch
Druck und Bindung: Pustet Regensburg
Printed in Germany

www.piper.de

Inhalt

Miramare

Prolog

»Ich werde sechzig Jahre auf ihn warten …«, soll die nun Siebenundachtzigjährige einmal fast prophetisch gesagt haben, die am 19. Januar 1927 im Wasserschloß Bouchout in Meise, Belgien, auf dem Totenbett lag. Eine weiße Spitzendecke verbarg den greisenhaft geschrumpften Körper, das schmale Gesicht umrahmte eine weiße Haube: Charlotte, geborene Prinzessin von Belgien, verehelichte Erzherzogin von Österreich, spätere Kaiserin von Mexiko.

Nur wenige nahmen Notiz von ihrem Tod. Die Weltgeschichte, die in jüngster Vergangenheit Europa erschüttert hatte, war über sie ebenso hinweggegangen wie über die Tragödie, die sich vor nunmehr sechzig Jahren im fernen Mexiko abspielte und zu deren Hauptakteuren sie zählte.

Vielleicht war sie sogar mehr als das: eine junge Königstochter, schön, intelligent, energisch, mit wachem politischem Verstand, die sich zu Höherem berufen fühlte, als eine Prinzessin zu sein, deren wichtigste Aufgabe darin bestand, für den Fortbestand der Dynastie zu sorgen, artig Konversation zu machen und hübsch auszusehen. Charlotte wünschte sich, Verantwortung zu übernehmen, tätig zu sein, ein rückständiges, von Revolutionen erschüttertes Land zu modernisieren, einem geknechteten Volk ein besseres Leben mit einer gerechten, liberalen Regierung zu ermöglichen.

Natürlich war sie sich ihrer Grenzen bewußt, nur Helferin und Ratgeberin zu sein, eben die Frau an der Seite ihres

Gatten. Der Herrscher war er: Kaiser Maximilian von Mexiko, ehemals Erzherzog von Österreich, den Kaiser Napoleon III. von Frankreich aus selbstsüchtigen Gründen für den schwankenden Thron des fernen Landes vorgeschlagen hatte.

Da war endlich die Aufgabe, nach der sich nicht nur der Erzherzog, sondern vor allem Charlotte gesehnt hatte. Doch auch sie erlag einer Illusion. Was mit so großer Begeisterung, viel gutem Willen und nahezu missionarischem Eifer begonnen worden war, wurde zu einem Kampf mit unzureichenden Mitteln gegen übermächtige Gegner. Ehrgeiz und Selbstüberschätzung, verbunden mit dem unbändigen Willen, allen Widerständen zum Trotz durchzuhalten, führten schließlich zum unausweichlichen Ende.

Als Charlotte einsehen mußte, daß auch der letzte, verzweifelte Versuch, das Schicksal noch zu wenden, erfolglos blieb, kam es zum psychischen Zusammenbruch. Der Geist der erst Sechsundzwanzigjährigen blieb gestört bis zu ihrem Tod.

Doch was war die tatsächliche Ursache jener geistigen Erkrankung? War es wirklich nur das Bewußtsein, mit ihrer Mission versagt zu haben? Konnte doch niemand, auch Charlotte nicht, damals ahnen, auf welch grausame Weise der Sieger die Niederlage seines kaiserlichen Widersachers ausnutzen, welchen Beweis seiner Macht er der Welt liefern würde. Oder war womöglich ein langsam wirkendes Pflanzengift im Spiel, das man der Kaiserin in Mexiko verabreicht hatte und das zwar nicht zum Tod, aber zu jenem geistigen Verfall führte? Oder war es etwas ganz anderes? Etwa eine schwere Schuld, die Folge einer persönlichen Schwäche, die Charlotte so sehr belastete, daß sich ihr Geist umnachtete? Verschiedene Indizien könnten darauf hindeuten.

Es bleibe dem Leser überlassen, sich selbst ein Bild davon zu machen.

Das Elternhaus

Leopold I., König der Belgier

Das Gebiet des heutigen Belgien blickt auf eine lange, wechselvolle Geschichte zurück. In der Römerzeit war es eine Provinz namens Gallia Belgica, später gehörte es teils zu Frankreich, teils zum Heiligen Römischen Reich, schließlich zum Herzogtum Burgund. Durch die Heirat des späteren Kaisers Maximilian I. mit Maria von Burgund wurden die blühenden Provinzen zu einem wertvollen Teil des habsburgischen Besitzes.

»Kriege mögen die anderen führen, du, glückliches Österreich, heirate!« wurde zur Devise, nach der die Habsburger handelten. So verheiratete Kaiser Maximilian seinen einzigen Sohn Philipp mit Johanna, der Tochter des spanischen Königspaares Ferdinand von Aragonien und Isabella von Kastilien. Etliche Todesfälle sollten sich zudem als hilfreich erweisen. Johanna, die als »die Wahnsinnige« in die Geschichte einging, wurde schließlich zur Alleinerbin Spaniens. Inzwischen zählten auch die Entdeckungen von Kolumbus und die Eroberungen der anderen Konquistadoren dazu, die zum Ruhm ihres Vaterlandes, vor allem aber zum eigenen Nutzen, in die Welt hinauszogen. Johannas ältester Sohn, der spätere deutsche Kaiser Karl V., wurde also Herrscher über ein Reich, in dem, wie es treffend hieß, »die Sonne nicht unterging«. Nach seiner Abdankung im Jahre 1556 erhielt Karls Bruder Ferdinand (Kaiser Ferdinand I.) die österreichischen und sein Sohn Philipp (König Philipp II.) alle spanischen Besitzungen, zu denen auch die Niederlande und das spätere Belgien zählten.

Letzteres verblieb bei Spanien, auch als die nördlichen Niederlande 1648 ihre Unabhängigkeit erlangten.

Die südlichen Niederlande, die eine Zeitlang wieder österreichisch waren, wurden durch den Wiener Kongreß 1815 zwar den nördlichen Niederlanden zugeschlagen, wurden aber im Jahre 1830 ebenfalls unabhängig. Somit war der Staat Belgien entstanden, dessen Grundlagen in London von den Großmächten festgelegt wurden.

Die Selbständigkeit des kleinen Landes war ein Kompromiß zwischen dem französischen Wunsch, die Vereinigung der nördlichen und südlichen Niederlande zu verhindern, und den britischen und deutschen Bemühungen, eine spätere Annexion durch Frankreich zu vereiteln.

Am 4. Juni 1831 wurde Leopold von Sachsen-Coburg-Gotha, einer Seitenlinie des nordthüringischen Adelsgeschlechts der Wettiner, zum »König der Belgier« gewählt und legte einen guten Monat später den Eid auf die sehr liberale Verfassung des Landes ab.

Was zeichnete also den im Jahre 1790 als achtes Kind von Herzog Franz von Sachsen-Coburg-Saalfeld, einem jener zahlreichen deutschen Landesfürsten, geborenen Leopold aus, daß er die Würde eines souveränen Königs erlangte?

Leopold, der zunächst in russischen Diensten stand, war aber auch am französischen Hof ein gern gesehener Gast. Dann allerdings schien er die Seiten gewechselt zu haben, denn im Jahre 1813 befand er sich beim Generalstab des russischen Gardekorps, kämpfte erfolgreich in der Schlacht bei Kulm und ritt ein Jahr später an der Spitze der russischen Gardekürassiere in Paris ein. Bald darauf finden wir ihn in England wieder, wo ihm ein märchenhafter Aufstieg gelang. 1816 heiratete er nämlich die künftige Thronerbin Prinzessin Charlotte, Tochter von König Georg IV. von England und Hannover. Als englischer Staatsbürger, der er inzwischen geworden war, verschaffte er sich mit Tüchtigkeit, Energie und Takt bald großes Ansehen, was ihm, außer seinem Landsitz Claremont bei London, auch die Würde eines Generals und Herzogs von Kendall einbrachte. Bedauerlicherweise währte seine Ehe nur kurz. Schon ein Jahr später starb Prinzessin Charlotte bei der Geburt eines toten Sohnes. Leopold hat sie ein Leben lang betrauert. »Nie habe er das Gefühl des Glücks, mit dem sein erstes kurzes Eheleben gesegnet war, wiedererlangt«,[1] sagte er noch im Alter von 72 Jahren.

Nach dem Tod seiner Frau ging Leopold auf Reisen. Als ihm im Jahre 1830 der griechische Thron angeboten wurde, schlug er ihn jedoch ebenso aus wie den eines Kaisers von Mexiko. Die Aussicht, größeren Einfluß auf die neue Thronerbin Victoria, die Nichte des Königs, nehmen zu können, war ihm anscheinend wichtiger.

Inzwischen hatte das Tauziehen um das unabhängig gewordene Belgien begonnen, das nun einen Herrscher brauchte. Eine andere Regierungsform konnte man sich damals noch nicht vorstellen. Der Wiener Kongreß hatte die Restauration, die Abkehr von allen revolutionären Ideen, gebracht und, so weit das möglich war, die Verhältnisse vor der Französischen Revolution wiederhergestellt.

Als künftigen Herrscher Belgiens zog man zuerst einen Sohn des französischen Königs Louis-Philippe in Betracht, der 1830 als »der Bürgerkönig« den Thron bestiegen hatte. Aber da legte England sein Veto ein. Ein König aus dem Hause Orléans hätte die Macht Frankreichs zu sehr gestärkt. Die nächste Wahl fiel auf Leopold von Sachsen-Coburg und Gotha, wie dessen Familie sich nun nannte. Da dies aufgrund der früheren Ehe des Prätendenten mit der britischen Thronerbin eine Stärkung des englischen Einflusses bedeutete, versuchte Frankreich diese Einwirkung auf andere Weise wettzumachen. Es betrieb eine Heirat zwischen dem Witwer Leopold und der Tochter des französischen Königs. Das »europäische Gleichgewicht« sollte schließlich gewahrt bleiben. Dieser politische Grundsatz war im 16. Jahrhundert gefaßt worden und beruhte auf dem angestrebten Gleichgewicht der fünf europäischen

Großmächte. Demnach sollte kein Staat so viel Macht erlangen dürfen, daß ihm nicht alle übrigen Nationen zusammen das Gegengewicht halten könnten. Er wurde besonders zur Richtschnur der englischen Politik.

Am 21. Juli 1831 zog Leopold in Brüssel als »König der Belgier« ein. Durch Zurückhaltung in den Kämpfen der belgischen Parteien gewann er bald großen Einfluß im Land und galt als das Vorbild eines konstitutionellen Herrschers.

Marie-Louise, Prinzessin von Orléans

Nicht Liebe, sondern nur politisches Interesse verband den damals Zweiundvierzigjährigen mit der gerade zwanzigjährigen französischen Prinzessin. Aber das war in Herrscherhäusern die Regel. Prinzessinnen waren hauptsächlich eine Art Ware, von der man sich politische Vorteile erhoffte. Nach ihrer Meinung gefragt wurden sie nur selten.

Auch Prinzessin Marie-Louise wurde nicht gefragt. Doch wie die meisten ihrer Standesgenossinnen fügte sie sich dem Wunsch ihrer Eltern, als sie am 9. August 1832 mit König Leopold vermählt wurde. Glücklich wurde die Ehe nicht. Aber dieses Los teilte die junge Königin mit dem Schicksal ihrer meisten Standesgenossinnen.

In einem Brief, den sie knapp zwei Wochen nach ihrer Hochzeit an ihre Eltern richtete, äußert sie sich erstaunlich offen. »Ich liebe ihn jetzt nicht mehr als vorher. Ich fühle nichts bei seinen Zärtlichkeiten. Ich ertrage sie und lasse sie über mich ergehen, aber ich finde dabei mehr Widerwillen als Vergnügen …«[2] Dennoch bemühte sie sich wohl, ihre Pflicht zu erfüllen. Das hieß, dem König und seiner jungen Dynastie möglichst bald Kinder zu schenken.

Der erste Sohn, Louis-Philippe, starb im Alter von neun Monaten, doch am 9. April 1835 wurde der Erbe, Leopold, geboren; zwei Jahre später folgte ein zweiter Junge, der den Namen Philipp erhielt, und am 7. Juni 1840 ein Mädchen, das auf die Namen Marie-Charlotte, Amélie, Victoire, Clémentine, Léopoldine getauft wurde, ein gesundes, auffallend hübsches Kind. Dennoch war König Leopold enttäuscht. Er hätte einen weiteren Sohn vorgezogen.

Die kleine Prinzessin entwickelte sich prächtig. Auch ihr Vater konnte ihren großen, dunklen Augen und ihrer zärtlichen, lebhaften und vergnügten Art nicht lange widerstehen. Sie war ein wißbegieriges, ungewöhnlich begabtes Kind. Schon im Alter von nicht einmal drei Jahren hatte sie den Wunsch, lesen zu lernen, und mit dreizehn vertiefte sie sich in die Schriften Plutarchs! An ihrem vierten Geburtstag schrieb die Königin an ihre Mutter: »Charlotte ist, wie Sie vorausgesagt haben, der ganze Liebling ihres Vaters geworden … Heute speist sie mit uns, umgeben von ihren Geschenken und mit Rosen gekrönt.«[3]

Königin Marie-Louise, eine junge Frau voller Herzensgüte, ging auf in der Fürsorge für ihre Kinder und widmete sich mit Hingabe allen Hilfsbedürftigen. Ihre besondere Liebe galt jedoch ihrer kleinen Tochter.

Das Verhältnis zu ihrem Gemahl verbesserte sich nicht. Im Gegenteil! König Leopold war oft auf Reisen, wie seine Standesgenossen liebte er die Jagd, und mit der ehelichen Treue nahm er es nicht sehr genau, auch wenn er dabei um größtmögliche Diskretion bemüht war. Bis zu dem Tag, an dem Arcadie Claret de Viescourt, eine üppige Schönheit, ihn in ihren Bann zog. Leopold verheiratete sie mit einem Angehörigen seines Hofstaats, der aber bald nach Deutschland abgeschoben wurde. Die nunmehrige Madame Meyer von Eppinghoven hatte jedoch nicht die Absicht, zurückgezogen in einer verschwiegenen Villa einzig der Liebe zu leben. Sie wollte ihre Macht demonstrieren – in einem vornehmen Stadthaus und in einer eleganten Karosse mit Lakaien und Vorreitern. Stolz zeigte sie die beiden Söhne, die sie dem König geboren hatte. Das Volk war empört und bewarf sogar ihr Haus mit Steinen. Es liebte seine »gute, kleine Königin«, der eine solche Schmach angetan wurde. Leopold ließ sich jedoch nicht beirren.

Auch wenn Marie-Louise keine große Liebe für ihren Gatten empfand, so litt sie doch unter der offen zur Schau getragenen Taktlosigkeit. »Was könnte ich auf Erden mehr verlangen, als Ihre Freundin zu sein«, schrieb sie Ende 1849 dem König. »Ich gebe mir an allem, was mich bekümmert, selbst die Schuld. Wenn ich nicht mehr jung bin, wenn es mir nicht geglückt ist, Freude in Ihr Leben zu bringen, kann ich es nur meinem unseligen Geschick zuschreiben ...«[4] Aber selbst wenn Leopold möglicherweise davon beeindruckt war, so ließ er sich nicht von seinen Besuchen bei seiner Geliebten abhalten.

Erschwerend für die Königin kam hinzu, daß die politischen Umstände ihren Vater, König Louis-Philippe, zur Abdankung genötigt und ins Exil nach England getrieben hatten, wo er mit seiner Frau in Schloß Claremont Zuflucht fand. Doch er verwand das Exil nie und starb schon zwei Jahre später.

Nicht nur für Königin Marie-Louise war das Schicksal ihrer Eltern ein schwerer Schlag. Auch die damals achtjährige Charlotte war von den Ereignissen tief betroffen. Die Flucht ihrer Großeltern, die sie als schmähliche Niederlage empfand, wird Jahre später ihr eigenes Leben auf tragische Weise beeinflussen.

Prinzessin Charlotte

Der Tod der Mutter

Charlotte wurde ebenso wie ihre Brüder privat unterrichtet, wobei besonderes Augenmerk auf Sprachen gelegt wurde. Gefördert wurde dies durch Aufenthalte in England bei den Großeltern oder bei ihrer Cousine Victoria. Aber auch musische Fächer, wie Zeichnen und Musik, wurden nicht vernachlässigt. Da Charlotte mit ihrem Lerneifer ihre Brüder übertraf, wurde sie oft als leuchtendes Vorbild für sie hingestellt, was das geschwisterliche Verhältnis nicht gerade begünstigte. Das galt besonders für den älteren Bruder Leopold, der die Schwester oft mit Neckereien und sarkastischen Bemerkungen quälte.

Charlottes Jugend wurde durch Krankheiten kaum beeinträchtigt. Nur im Juni 1850 litt sie ebenso wie ihr Bruder Philipp an einem hartnäckigen Keuchhusten, der bei ihr zu Komplikationen führte. Königin Marie-Louise, deren Gesundheit nicht besonders stabil war, rieb sich bei der Pflege ihrer Kinder so auf, daß sie selbst erkrankte. Ihre wenig erfreuliche Ehe und der Tod ihres Vaters im August desselben Jahres überstiegen ihre Kräfte. Man brachte sie noch nach Ostende, hoffte, daß die Seeluft ihr guttun würde, doch es war vergebens. Sie starb, erst achtunddreißigjährig, am 11. Oktober 1850.

Der Tod der geliebten Mutter traf die zehnjährige Charlotte besonders hart. Zwar war auch König Leopold, der die Baronin Eppinghoven zu einer längeren Reise nötigte, vom frühen Hinscheiden seiner Frau zutiefst getroffen, aber die Regierungsgeschäfte sorgten für Ablenkung. Charlotte hingegen war allein.

Ihr Bruder Leopold fühlte sich immer mehr als der künftige Thronerbe und ließ es seine Umgebung fühlen. Freundinnen oder auch nur Gespielinnen hatte sie nie gehabt. So kam es, daß das bisher so fröhliche Mädchen mit einem Schlag alle Kindlichkeit abstreifte, sehr ernst wurde und sowohl sich selbst als auch ihrer Umgebung gegenüber große Strenge walten ließ. Das Zusammenleben mit dem nun schon sechzigjährigen Vater, der es als selbstverständlich erachtete, auch mit ihr über Politik und Geschichte zu sprechen, mag dazu beigetragen haben. Immer größer trat die Ähnlichkeit zwischen Vater und Tochter hervor: der scharfe Intellekt, die Energie, die Fähigkeit, Distanz zu halten und Befehle zu erteilen, aber auch die Hingabe an eine Aufgabe. Charlotte lernte, sich die Denkweise des Vaters zu eigen zu machen: die Verantwortung vor Gott, der die Herrscher einsetzte, der aber auch einst Rechenschaft über deren Regierungstätigkeit fordern würde.

Wie selbstverständlich übernahm sie in den folgenden Jahren die Aufgaben der Mutter. Als Vierzehnjährige kümmerte sie sich um den täglichen Speisezettel, arrangierte mit erstaunlicher Sicherheit Festessen und Empfänge und gab ihre Anweisungen mit einer Entschiedenheit, die keinen Widerspruch duldete.

Außer ihrem Vater hatte nur ihre Gouvernante, Gräfin d'Hulst, einigen Einfluß auf die junge Prinzessin. Eingedenk der Mahnungen der verstorbenen Königin trug die Gräfin Sorge für Charlottes religiöse Erziehung und Bildung: Nicht nur Plutarch und andere Geschichtswerke – Charlottes Lieblingslektüre –, sondern auch religiöse Schriften mußte sie lesen.

Die Briefe von der Gräfin d'Hulst und von Charlottes Beichtvaters wiesen die junge Prinzessin immer wieder auf die Wichtigkeit hin, ihre religiösen und moralischen Pflichten zu erfüllen. Das wurde zu einer schweren Bürde für das junge Mädchen. »Es verlangt mich nicht, zu beten. Ich lerne nicht eifrig genug. Ich spüre, es ist schlecht von mir, Gott für all die geistigen und materiellen Wohltaten, die er mir erwiesen hat, so wenig dankbar zu sein.«[5]

Wie Laurence van Ypersele in ihrem Buch über Charlotte bemerkt, machten die Pflichten, die man ihr auferlegte, und die Schwierigkeiten, ihnen Genüge zu leisten, aus Charlotte eine Frau, »stolz, hoheitsvoll, unnahbar, reserviert, aber auch mutig und großzügig, intelligent und aktiv, beseelt von großem sozialem Bewußtsein, und die davon träumt, große Aufgaben der Menschlichkeit und Humanität Wirklichkeit werden zu lassen«.[6]

Charlottes Arbeitseifer und ihr Streben nach persönlicher Vollkommenheit und absoluter Pflichterfüllung in allen Ehren! Aber der ungeheure Ehrgeiz, die Strenge, die scharfe Kritik, das hoheitsvolle und wenig duldsame Wesen – Eigenschaften, die schon das junge Mädchen an den Tag legte – muten eher befremdend an. Sie duldete auch bei anderen keine Schwäche, nichts entging ihrem scharfen Blick. Und sie vergaß auch nichts. Charlotte hatte weit mehr Veranlagungen von ihrem Vater als von ihrer sanftmütigen Mutter geerbt. »Cher Papa« wurde zu ihrem Leitbild. Der frühe Tod der Mutter aber, ihre Liebe und der Einfluß, den sie auf ihre Tochter ausübte, war ein Verlust, der nicht hoch genug einzuschätzen ist.

Sie war dreizehn Jahre alt, als König Leopold seinen älteren Sohn mit Erzherzogin Marie Henriette, einer Tochter des Palatins von Ungarn, des Stellvertreters des ungarischen Königs, verheiratete. Sie stammte aus einer großen Familie und war ein fröhliches Mädchen, dessen Interessen sich hauptsächlich auf Pferde und Musik beschränkten und überhaupt nicht mit denen ihres Bräutigams übereinstimmten. Eine glückliche Ehe wurde es nicht.

Auch Charlotte fand bald an ihrer neuen Schwägerin etliches auszusetzen. Wie Joan Haslip bemerkt, kritisierte sie Marie Henriette »mit der Strenge einer verbitterten alten Jungfer«. Sie habe nur Leichtsinn im Kopf und sei nur damit beschäftigt, Konzerte zu arrangieren. »Es langweilt mich zu Tode und kommt mir sinnlos vor, daß man nichts als Musik im Kopf hat«, lautete Charlottes Urteil.[7]

Die ersten Bewerber

Als Charlotte noch keine sechzehn Jahre alt war, stellten sich bereits die ersten Bewerber um ihre Hand ein. Die Kunde, daß es in Belgien eine junge Prinzessin gab, die nicht nur sehr hübsch, sondern auch eine sehr gute Partie war, hatte sich an den europäischen Höfen längst herumgesprochen. Mit ihren regelmäßigen Gesichtszügen, den großen, ausdrucksstarken Augen und dem zarten magnolienfarbenen Teint schien sie tatsächlich der Voraussage ihres Vaters zu entsprechen, einmal die schönste Prinzessin Europas zu werden. Dazu kam ein schlanker Wuchs und eine aufrechte Haltung, die sie größer erscheinen ließ, als sie wirklich war.

Obwohl König Leopold nur ein kleines Land repräsentierte, nahm er in Europa eine bedeutende Stellung ein. Durch ein persönliches und politisches Netzwerk war es ihm gelungen, für etliche seiner Verwandten vorteilhafte Heiraten zu arrangieren und die Hausmacht der Coburger und damit sein eigenes Ansehen in Europa zu erhöhen. Als sein Meisterstück galt die Ehe seines Neffen Albert mit der englischen Königin Victoria. Der Einfluß, den man König Leopold auf die englische Politik zuschrieb, wurde allerdings reichlich übertrieben.

Der erste Heiratsanwärter war Prinz Georg von Sachsen, der jüngere Bruder des sächsischen Königs. Ob ein Leben mit ihm für die junge Prinzessin glücklich verlaufen wäre? Jedenfalls hatte später die Schwiegertochter Georgs, Erzherzogin Luise von Toskana, einiges mit ihm auszustehen.

Der zweite war Pedro (V.) von Portugal, Enkel jenes anderen Pedro, der von 1822 bis 1831 unter dem Namen Peter I. Kaiser von Brasilien gewesen war und 1826 als Peter IV. für kurze Zeit auch den portugiesischen Thron bestiegen hatte. Pedro (V.) war ebenfalls ein Coburger und ein Cousin Charlottes. Sein Vater Ferdinand von Coburg, ein Neffe Leopolds, war durch dessen Vermittlung mit der inzwischen verstorbenen portugiesischen Königin Maria II. da Glória, Pedros Mutter, verheiratet worden. Wenn Charlotte nun Pedro ehelichen würde, wäre sie also Königin.

Königin Victoria von England setzte sich sehr für Pedro ein. Er sei »durch und durch der trefflichste Prinz, den es gibt, und obendrein gut, wacker und solide, wie man es sich nur wünschen kann ... ich würde ihm jede meiner Töchter zur Frau geben, wenn er nicht katholisch wäre«, schrieb die Queen.[8] Für Charlottes Erzieherin, Gräfin d'Hulst, waren dagegen »alle Portugiesen nicht viel besser als Orang-Utans«.[9] War ihr nicht bewußt, daß der König von Portugal gar kein Portugiese war, sondern ein Coburger?

Ob dieses strenge Urteil Charlotte wirklich beeinflußte? Jedenfalls trat bald ein anderer Mann auf den Plan, der sie weit mehr beeindruckte als Georg von Sachsen oder König Pedro von Portugal. Charlotte verliebte sich.

Erzherzog Ferdinand Maximilian von Österreich

Die Herkunft

Erzherzog Ferdinand Maximilian war der Bruder des um zwei Jahre älteren Franz Joseph, der im Jahre 1848 den österreichischen Kaiserthron bestiegen hatte. Beide waren Söhne des österreichischen Erzherzogs Franz Karl und der Prinzessin Sophie von Wittelsbach.

Als König Max I. von Bayern seine Tochter Sophie mit dem wenig ansehnlichen und auch nicht mit besonderen Geistesgaben versehenen österreichischen Erzherzog verheiratet hatte, dachte jedermann, Franz Karl würde die Nachfolge seines Vaters Franz I. als Kaiser von Österreich antreten. Der Erstgeborene, Ferdinand, litt an einer schweren Form von Epilepsie und war anfangs nicht einmal imstande, Treppen zu steigen. Seine Betreuer hatten größte Mühe, ihm die einfachsten Dinge des täglichen Lebens beizubringen. Allerdings war er trotz mancher Behinderung geistig keineswegs zurückgeblieben, sondern sprach fünf Sprachen und war ein vielfach interessierter junger Mann. Doch Sophie hatte, wie die meisten, erhebliche Vorbehalte. Die Aussicht, Kaiserin von Österreich zu werden, entschädigte sie jedoch für die erzwungene Ehe.

Doch alle hatten die Rechnung ohne den allmächtigen Staatskanzler Fürst Metternich gemacht. Dieser, ein überzeugter Anhänger des Legitimitätsprinzips, nahm eine allmähliche Besserung im Befinden des Kronprinzen zum Anlaß, eine Heirat für ihn zu arrangieren und für seine Thronfolge einzutreten. Die Ehe blieb wie erwartet kinderlos, und die Wirren des Revolutionsjahres 1848 ließen einen Thronwechsel geboten erscheinen.

Nun trat Erzherzogin Sophie – wie man behauptet, »der einzige Mann« im Kaiserhaus – in Aktion. Unter Mithilfe der Kaiserin wurde Ferdinand zum Rücktritt und der nächste Thronanwärter, Sophies Gatte Franz Karl, zum Verzicht bewogen – was beiden wohl nicht besonders schwerfiel. Sophie war es klar, daß nach dem schwachen Ferdinand auch Franz Karl nicht der richtige Kaiser für Österreich war. Geeigneter erschien ihr der erst achtzehnjährige Franz Joseph, der von ihr von Kindheit an dazu erzogen worden war. Sophies Einfluß auf seine Regierung ist nicht von der Hand zu weisen.

Ferdinand Maximilian erhielt die gleiche Erziehung und Ausbildung wie sein Bruder, doch schon früh trat die Verschiedenheit ihre Charaktere und Anlagen zutage. Franz Joseph war eher ein nüchtern denkender, pflichteifriger Mensch, Ferdinand Maximilian war dagegen schwärmerisch und von sprunghaftem Wesen. Wenn der Ältere begeistert mit Zinnsoldaten und Ritterburgen spielte und schon früh großes Interesse für das Militär zeigte, so offenbarte der Jüngere von Anfang an Begeisterung für die Natur mit ihrer vielfältigen Fauna und Flora und fühlte sich früh zum Meer und zur Ferne hingezogen. Während Franz Joseph über seine kleinen Ausgaben minutiös Buch führte und nicht mehr ausgab, als er besaß, war Ferdinand Maximilian immer in Geldverlegenheit und machte Schulden, die seine Mutter großzügig beglich. Denn wenn Franz Joseph der künftige Kaiser war, dann war »Maxi«, wie sie ihn nannte, der Sohn ihres Herzens.

Sollte es also doch stimmen, was böse Zungen hinter vorgehaltener Hand flüsterten? Daß »Maxi« nicht Franz Karls Sohn, sondern der des Herzogs von Reichstadt war? Des unglücklichen Sohnes Napoleons, den sein stolzer Vater bei seiner Geburt zum »König von Rom« ernannt hatte? Er kam nach der Verbannung des Korsen an den Hof seines Großvaters nach Wien und hieß schließlich »Franz Herzog von Reichstadt«. Die damals noch sehr junge Sophie und der noch jüngere Sprößling Napoleons hatten sich angefreundet. Sophies Briefe an ihre Mutter sollen laut Haslip sogar bezeugen. daß sie sich in Reichstadt verliebt hatte. Tatsache ist, daß der einsame Junge, der ohne Eltern aufwuchs und am Hofe seines Großvaters ein Außenseiter war, für die angeheiratete Tante schwärmte. Auch sie fühlte sich zu ihm hingezogen, um so mehr, als der »deliziöse Reichstadt«, wie man ihn nannte, zu einem charmanten, frühreifen jungen Mann herangewachsen war und sehr bald der Schwarm vieler Gräfinnen und Prinzessinnen wurde. »Fränzchen« wurde Sophies Begleiter nicht nur für Theater und Oper, sondern auch bei Bällen im Fasching. Er war genauso jung und fröhlich wie sie und sichtlich unterhaltsamer als ihr Mann, der am liebsten seine Ruhe haben wollte.

Ob man der frommen Erzherzogin Sophie, die seit Herbst 1831 wieder ein Kind erwartete, wirklich eine Affäre mit ihrem Neffen zutrauen darf, läßt sich durch nichts beweisen. Es fällt schwer anzunehmen, daß sie sich tatsächlich über die Konventionen von Moral, Erziehung und Religiosität derart hinweggesetzt haben sollte. Seltsam allerdings scheint es, daß sie dem damals schon todkranken jungen Mann, der an einer rasch fortschreitenden Tuberkulose litt, in Schönbrunn ein Zimmer neben dem Kinderzimmer überließ. Ein wenig gibt ein Satz des Herzogs von Reichstadt in einem Brief an seine Mutter zu denken, den er einen Tag nach der Geburt von Ferdinand Maximilian geschrieben haben soll: »Sie muß am Leben bleiben um des Kindes willen, das sie an ihrer Brust hält.«[10] Einen Beweis bietet auch das nicht.

Der Herzog von Reichstadt starb am 22. Juli 1832 im Alter von nur 21 Jahren und wurde in der Kapuzinergruft beigesetzt. Bei der Nachricht, daß Sophie am 6. Juli einen Jungen zur Welt gebracht hatte, soll er zum letzten Mal gelächelt haben …

1940 ließ Hitler seinen Sarg als Zeichen der Ehrerbietung an Frankreich in den Pariser Invalidendom überführen. Dort fand »l'Aiglon«, »der junge Aar«, wie das Drama des französischen Schriftstellers Edmond Rostand in der aus dem Jahr 1925 stammenden Nachdichtung von Klabund heißt, an der Seite seines Vaters seine letzte Ruhe.

Erzherzogin Sophie soll sich nach dem Tod des Herzogs sehr verändert haben. Aus der lebensfrohen jungen Prinzessin war eine strenge, bigotte, erzreaktionäre und nur auf ihre Kinder und den Ruhm des Hauses Habsburg konzentrierte Frau geworden, die später der armen Sisi das Leben schwermachte und als böse Schwiegermutter zur Legende geworden ist.

Der junge Erzherzog

Je älter Ferdinand Maximilian wurde, um so mehr wurde ihm der Unterschied zwischen ihm, dem gewöhnlichen Erzherzog, und dem künftigen Kaiser bewußt. Dem trug auch die Erzherzogin trotz aller Liebe immer wieder Rechnung. Franz Joseph war zum Kaiser bestimmt, »Maxi« nur der zweitgeborene Sohn. Das wurde dem Sechzehnjährigen besonders klar, als Franz Joseph im Dezember 1848 tatsächlich zur höchsten Würde im Staat aufgestiegen war. »Von Gottes Gnaden Kaiser«, die »Majestät«, das war im monarchistischen Österreich beinahe schon wie der liebe Gott persönlich. Und er, um lediglich zwei Jahre jünger, war zwar ebenfalls privilegiert, aber doch nur einer unter den vielen Erzherzögen der Dynastie.

Ferdinand Maximilian liebte seinen Bruder, dennoch neidete er ihm seinen Rang. Und Franz Joseph neidete dem Jüngeren die große Beliebtheit, die er aufgrund seines offenen, freundlichen Wesens genoß. »Maxis« eher weiche und mitfühlende Wesensart brachte es mit sich, daß die harten Strafmaßnahmen, die der junge Kaiser und seine Ratgeber für die ungarischen Revolutionäre beschlossen hatten, ihm gründlich mißfielen. Diese Kritik an seiner Regierung nahm Franz Joseph übel. Er schätzte liberale Ideen nicht und schon gar nicht ihre mögliche Verbreitung durch einen Erzherzog aus seinem engsten Familienkreis. Da eine militärische Laufbahn für die jungen Erzherzöge ohnehin geboten und Ferdinand Maximilians Vorliebe für das Meer bekannt war, verfügte der Kaiser, daß er in die kaiserliche Marine eintrat. Ihr Hauptquartier befand sich in Triest – also weit entfernt von Wien und der Hofburg.

Nach einer Reise auf dem Dampfer *Vulkan,* die Ferdinand Maximilian mit seinem jüngeren Bruder Karl Ludwig nach Griechenland unternahm, begann er seine Laufbahn als Leutnant der Marine.

Ferdinand Maximilian, der sich keineswegs abgeschoben fühlte, war glücklich in seiner neuen Stellung im Kreis junger Offiziere. Bald stellte er mit Mißbilligung fest, daß die Marine das Stiefkind der kaiserlichen Armee war, und beschloß, bei nächster Gelegenheit seinem Bruder die Augen darüber zu öffnen.

Doch der Kaiser hatte andere Sorgen. Die Marine war ihm nicht wichtig. Erst viel später gelang es Ferdinand Maximilian, aus der kaiserlichen Kriegsmarine eine schlagkräftige Flotte zu machen, die in Zukunft durchaus ihre Berechtigung bewies. Vorerst mußte der junge Offizier sich damit begnügen, Reisen im Mittelmeer zu unternehmen, wie nach Gibraltar oder nach Neapel. Dort herrschte damals noch ein Zweig der Bourbonen, die vielfach mit habsburgischen Prinzessinnen verehelicht waren.

Königin in Portugal war Maria II. da Glória, die Tochter von König Pedro I. und Maria Leopoldine von Österreich, Ferdinand Maximilians Tante. Pedros zweiter Ehe entstammte eine Tochter namens Maria Amalia, in die Ferdinand Maximilian sich auf den ersten Blick verliebte. Die beiden waren ein schönes Paar, und der Erzherzog zog zum ersten Mal eine Heirat in Betracht. Doch dazu mußte der Kaiser in Wien seine Zustimmung geben.

Franz Joseph fand zwar, daß die junge Prinzessin von Portugal keine geeignete Partie für den Bruder des Kaisers von

Österreich sei, gab aber schließlich seine Erlaubnis. Erzherzogin Sophie hatte sich sehr für ihren zweiten Sohn eingesetzt. Ein Jahr später sollte anläßlich der Volljährigkeit von Ferdinand Maximilian die Verlobung gefeiert werden. Doch dazu kam es nicht. Maria Amalia starb im darauf folgenden Winter während eines Aufenthalts in Madeira an Tuberkulose. Ferdinand Maximilian scheint sie wirklich geliebt zu haben. Er trauerte aufrichtig um sie und behielt sie in liebevollem Andenken. Vielleicht war die zarte Prinzessin sogar die einzige Frau, die er je geliebt hat. Einen Ring, der einige ihrer Haare enthielt, soll er bis zu seinem Tod getragen haben.

Im September 1854 ernannte Kaiser Franz Joseph seinen Bruder zum Konteradmiral und Chef der kaiserlichen Kriegsmarine. Ferdinand Maximilian setzte sich mit allen Kräften dafür ein, die veraltete Flotte nach englischem Vorbild auszubauen. Das kostete eine Menge Geld – in Wien fanden zwar viele, daß es das nicht wert wäre, aber sie waren machtlos, da der Kaiser sein Einverständnis erteilt hatte. Die moderne österreichische Marine, deren Grundlagen damals geschaffen wurden, ist der Initiative des Erzherzogs Ferdinand Maximilian zu verdanken.

Im Frühjahr 1854 wurde der Erzherzog mit einer größeren außenpolitischen Mission betraut: Offiziell wurde er nach Paris gesandt, um die Glückwünsche des österreichischen Kaiserhauses zur Geburt des französischen Thronfolgers zu überbringen, inoffiziell, um das Verhältnis zwischen den beiden Staaten zu verbessern. Der Staatsbesuch verlief erfolgreich, aber die Folgen, die er zeitigte, sollten verhängnisvoll sein.

Ferdinand Maximilian hatte ebenso wie sein Bruder Franz Joseph für den »Parvenükaiser« Napoleon III. keine besondere Sympathie gehabt. Franz Joseph mochte überhaupt die Bonapartes nicht. Für das österreichische Herrscherhaus, das ja nun wirklich keine guten Erinnerungen an den ersten Napoleon hatte, waren sie nichts weiter als Emporkömmlinge von einer obskuren Mittelmeerinsel. Napoleon III. war ein Neffe Napoleons I. Sein Vater, König Ludwig von Holland, verdankte sein Reich nur dem Familiensinn seines Bruders, der es sich zur Pflicht gemacht hatte, all seine Angehörigen mit Kronen zu versorgen. Die Mutter Napoleons III. war Hortense, eine Tochter des französischen Vicomte de Beauharnais und Napoleons I. erster Frau Joséphine, einer eher unbedeutenden Adligen von der Karibikinsel Martinique.

Alles in allem war das keine Familie, die einem Habsburger Respekt abnötigte. Doch wider Erwarten war Erzherzog Ferdinand Maximilian, der als Bruder des Kaisers von Österreich mit allem Prunk empfangen wurde, fasziniert von der Persönlichkeit und dem Charme seiner Gastgeber. »Leben und leben lassen« war deren Devise.

Der Erzherzog genoß die Ungezwungenheit des französischen Hofes, an dem schöne Frauen und Männer, die in Wien nie die Schwelle der Hofburg überschritten hätten, eine tonangebende Rolle spielten, Leute wie Außenminister Graf Walewski, Sohn einer Geliebten Napoleons I., oder der Herzog von Morny, Sohn von Königin Hortense und ihrem langjährigen Geliebten, dem Grafen Flahaut. Auch Eugénie, eine geborene Gräfin Montijo aus Spanien, weit davon entfernt, den strengen Gesetzen der Habsburger zu genügen, hätte in Österreich nie die Gattin eines Kaisers werden können. Napoleon hatte sie dazu gemacht, nachdem die alten Höfe ihm als Brautwerber die kalte Schulter gezeigt hatten.

Gespart wurde nicht am französischen Hof, die Wirtschaft florierte, das Bürgertum hatte daran teil. Bälle und Lustbarkeiten aller Art wurden veranstaltet, die Toiletten der Damen wetteiferten mit denen ihrer Rivalinnen an Prunk, die Juwelen an Kostbarkeit. Jacques Offenbach sorgte mit Operetten wie *Pariser Leben* für Stimmung. Dazu trugen auch die Tänzerinnen nicht wenig bei, die beim »Cancan« für Einblicke sorgten, die für die strengen Moralbegriffe des Bürgertums ein Tabu darstellten.

Kein Wunder, daß Erzherzog Ferdinand Maximilian beeindruckt war, denn das französische Kaiserpaar und seine Umgebung überboten einander an Liebenswürdigkeit und taten alles, um ihren Gast zu ehren.

Obwohl er in seinen persönlichen Botschaften nach Wien gelegentlich nicht mit Kritik sparte, konnte der Erzherzog nicht umhin, sich durch den Charme Napoleons III. bezaubern zu lassen, der, wie er schreibt, »zwar nicht das Genie seines Onkels besitzt, aber dennoch eine starke Persönlichkeit ist, der sein Jahrhundert dominiert und seine Spuren hinterläßt«.[11] Es sollte nicht das einzige Mal sein, daß er sich leicht beeinflussen ließ und seine Meinung rasch änderte.

Nach einem Aufenthalt von zwölf Tagen verließ Erzherzog Ferdinand Maximilian höchst befriedigt Paris. Der Grundstein zu einer Freundschaft, in die sich deutliche Bewunderung mischte, war gelegt. An Bord der kaiserlichen Jacht *Reine Hortense* reiste er nach Belgien weiter.

Der Bräutigam

Der erste Eindruck

Die Reise nach Belgien, getarnt als Freundschaftsbesuch, hatte noch einen anderen, inoffiziellen Grund. Erzherzogin Sophie hielt Ausschau nach einer geeigneten Gattin für ihren zweitgeborenen Sohn. Kaiser Franz Joseph war seit zwei Jahren verheiratet und hatte bereits ein Töchterchen. Für die Erzherzogin war die Wahl ihres Ältesten zwar nicht ganz nach Wunsch verlaufen, sie hätte die ältere Schwester der Braut entschieden vorgezogen, aber Franz Joseph hatte sich Hals über Kopf in die Jüngere verliebt und auf einer Heirat mit Elisabeth, Herzogin in Bayern, aus dem Hause Wittelsbach bestanden. Erzherzogin Sophie stand der jungen Frau immer noch skeptisch gegenüber. Die Schwierigkeiten, die sie von Anfang an befürchtet hatte, waren ja auch prompt eingetreten. Nun konnte sie nur hoffen, daß es mit der Heirat von Ferdinand Maximilian besser klappte. Vor allem sollte er endlich seine Wahl treffen. Seit dem Tod von Maria Amalia machte er nämlich keinerlei Anstalten dazu.

Eine Verbindung mit dem Hause Coburg war zwar nicht gerade der Traum der Erzherzogin. Früher hätte man im österreichischen Kaiserhaus vermutlich kaum daran gedacht. Aber inzwischen hatte König Leopold – und mit ihm sein Land – bekanntlich an Renommee gewonnen. Für die Wittelsbacherin Sophie, die nun eine Angehörige der Familie Habsburg war, sprach also nichts dagegen, ihren Sohn mit der Tochter des Königs der Belgier zu verheiraten. Daß diese als reichste Prinzessin Europas galt, stellte schließlich auch nicht gerade ein Hindernis dar. Aber selbstverständlich überließ sie letztendlich Ferdinand Maximilian die Wahl. Deshalb sollte er sich das Mädchen erst einmal unverbindlich ansehen.

Erzherzog Ferdinand Maximilian hatte zunächst einige flandrische Städte, wie Tournai, Gent und Antwerpen, besucht und mit einigem Stolz dort Spuren seiner Vorfahren gefunden, die das Land einst beherrscht hatten. Bewundernd schrieb er: »Ich habe bisher kein solch blühendes Land gesehen, das so sehr alle Elemente von Wohlstand und Fülle vereinigt: fruchtbare Erde, reiche Städte, ein ausgedehntes Eisenbahnnetz, Handel und Industrie, wie ich sie sonst nirgends getroffen habe. Kurz, es ist ein Musterland.«[12]

Das sprach durchaus für die Regierungstätigkeit von König Leopold. Der erste Eindruck, den der Erzherzog von diesem gewann, war allerdings nicht nur positiv. So sehr er dessen Klugheit und Regierungserfahrung anerkannte, hielt er doch Leopold für zu belehrend, denn er betonte zu sehr seine Mittlerrolle in Europa.

Charlotte hingegen fand er reizend, charmant und intellektuell ihrem Alter weit voraus, ihre noch unentwickelte Schönheit vielversprechend. Leopold antwortete: »Ich denke, daß sie eine der schönsten Prinzessinnen Europas werden wird. Hoffentlich bringt ihr das Glück.«[13] Obwohl sich der Erzherzog nicht weiter äußerte, stellte der König befriedigt fest, daß die beiden jungen Menschen offenbar Gefallen aneinander gefunden hatten.

Dennoch schwankte er noch, wem er den Vorzug geben sollte: Pedro von Portugal oder dem österreichischen Erzherzog. Ein Brief an seine Tochter gibt davon Zeugnis: »Pedro hat einen guten und loyalen Charakter … in den man unbegrenztes Vertrauen setzen kann … Portugal hat Zukunft, wenn es auch ein wenig außerhalb liegt … Du würdest dich unbestreitbar in einer guten Familie befinden und Du würdest die Erste sein. Ich möchte Dich aber nicht beeinflussen … Du sollst

Dich auch erst nach reiflicher Überlegung entscheiden … Auf keinen Fall sollte man an eine Heirat vor dem Sommer 1857, also nach Deinem Geburtstag, denken.«[14] Allem Anschein nach zog also der König Pedro vor.

Auch Königin Victoria befürwortete entschieden den König von Portugal und lobte ihn über die Maßen. »Ihr Brief gibt mir die Hoffnung, daß Charlotte sich noch nicht endgültig entschlossen hat, da wir beide so tief überzeugt sind, daß Pedro jedem anderen jungen Prinzen unendlich überlegen ist«, schrieb sie ihrem Onkel aus Balmoral … »Und überdies ist die Position grenzenlos vorzuziehen. Die österreichische Gesellschaft ist skandallüstern, liederlich und wertlos, und die Besitzungen in Italien sehr unsicher. Pedro ist äußerst begabt, er liebt die Musik, das Zeichnen, Sprachen, Naturgeschichte und Literatur, und in allem würde Charlotte zu ihm passen, und sie wäre ein wahrer Segen für sein Land … Ich bin sicher, daß Sie hinsichtlich Charlottes Glück weit ruhiger sein könnten, als wenn Sie sie einem dieser unzähligen Erzherzöge gäben oder dem Prinzen von Sachsen.«[15]

Doch Charlotte hatte sich schon entschieden. Das sechzehnjährige Mädchen, das seit dem Tod der Mutter so sehr Liebe entbehrte, hatte sich spontan in den gutaussehenden charmanten Erzherzog verliebt, den sie mit aller Vollkommenheit versah, die sie sich für ihren künftigen Gatten wünschte und die er so gar nicht besaß.

Der König mußte sich ihrem Wunsch beugen, was ihm nicht allzu schwerfiel, da er ohnehin vorhatte, sich enger an Österreich zu binden, in dem er ein Gegengewicht zu Frankreich und dessen Gelüsten auf Belgien sah. In seinem Brief an den Erzherzog heißt es: »Ich bemerkte bald, daß auch mein Töchterlein diese Ansicht teilte, doch war es Pflicht, mit Vorsicht zu verfahren. Nun haben wir das schöne Resultat, daß ich Ihnen sagen kann, daß meine Tochter die Verbindung wählt und allen anderen, die sich ihr boten, vorzieht und daß ich dieser Wahl mit Freuden meine Zustimmung gebe.«[16]

Wie nahm Ferdinand Maximilian diese Entscheidung auf? Man hat fast den Eindruck, der Bau seines Schlosses Miramare bei Triest beschäftige ihn beinahe mehr als die Heirat. In einem Brief an seinen Bruder Karl Ludwig schreibt er zum ersten Mal über die belgische Prinzessin: »Sie ist klein, das ist mir recht, sie ist brünett und ich blond, das ist auch sehr gut, sie ist sehr gescheit, das ist wohl etwas bedenklich, allein ich werde mich schon dreinfinden.«[17] Nach großer Verliebtheit klang das nicht.

In Wien nahm man die Nachricht, daß Erzherzog Ferdinand Maximilian die Tochter des Königs der Belgier heiraten werde, mit Wohlwollen auf. Man erhoffte sich davon einen günstigen Einfluß auf die Beziehungen zu England.

Die Verlobung

Die Verlobung fand am 23. Dezember 1856 im Schloß Laeken statt, wo der Bräutigam Weihnachten und Neujahr verbrachte. Am Neujahrstag wohnte er – als künftiger Schwiegersohn – dem offiziellen Empfang bei, am 6. Januar fand ein großer Ball statt. Charlotte trug ein weißes, mit kleinen grünen Sträußen besticktes Organdykleid und kam ihm noch reizender und hübscher vor als im Sommer. Alle Anwesenden waren sich einig in dem Urteil, daß die beiden jungen Menschen, die sich da im Walzertakt wiegten, wirklich gut zusammenpaßten. Ferdinand Maximilian, der an das strenge jahrhundertealte Zeremoniell des Wiener Hofs gewöhnt war, bemerkte allerdings später mit einer gewissen Süffisance, daß die geladenen Gäste einer recht gemischten Gesellschaft angehörten. Trotz seiner liberalen Ansichten konnte der Erzherzog seine Herkunft doch nicht ganz verleugnen.

Charlotte war glücklich und voll rosiger Erwartungen für die gemeinsame Zukunft. Die frühreife Strenge, die nicht zu ihrem Alter gepaßt hatte, war von ihr abgefallen, und sie war nur mehr ein junges, schwärmerisches Mädchen. Den Erzherzog hielt sie für ein vollkommenes Wesen, ihre künftige Familie für ideal. Vor allem rühmte sie die Ritterlichkeit und Frömmigkeit, das noble, zartfühlende Wesen und die Großzügigkeit von Ferdinand Maximilian. »Für so viele Wohltaten werde ich Gott nie genug danken können«, schrieb sie an Gräfin d'Hulst. »Ohne Zweifel wird er viel von mir fordern, nachdem er mir so viel gegeben hat. Ich würde vor diesem Übermaß an Gnaden fast erschrecken, wenn ich nicht dächte, daß die Vorsehung sich nicht so meiner angenommen hätte, ... wenn sie mir nicht helfen wollte, alles das zu erfüllen, was sie von mir fordert.«[18]

In Portugal war man verärgert, die Beziehungen erkalteten. Pedro heiratete später eine Prinzessin aus dem Hause Hohenzollern-Sigmaringen, starb aber schon im Jahre 1861 an Sumpffieber. Auch Georg von Sachsen war enttäuscht und warnte König Leopold vor dem berechnenden Charakter des österreichischen Erzherzogs.

Ganz unrecht hatte er nicht. Schon im Herbst 1856 und um so mehr während seines Aufenthalts in Brüssel hatte Ferdinand Maximilian mit seinem künftigen Schwiegervater um die Mitgift der Braut gefeilscht. Der sonst so idealistisch gesinnte Erzherzog erwies sich dabei als gewiefter Geschäftsmann. Die Verhandlungen dauerten bis weit in das Frühjahr hinein, denn auch König Leopold war ein zäher Taktierer und bekannt für seinen Geiz.

Er wollte Charlotte lediglich das Erbteil überlassen, das ihre Mutter ihr hinterlassen hatte, und die vereinbarte Schenkung des belgischen Parlaments. Das erschien dem Bräutigam zu wenig. Um mit seiner Frau ein standesgemäßes Leben führen zu können, erwartete er auch einen persönlichen Beitrag des Königs. Am 14. Januar 1857 schrieb er zu diesem Thema an seinen kaiserlichen Bruder, »wie notwendig es sei, daß fürstliche Menagen eine angenehme Stellung haben, und daß es einen schlechten Eindruck machen würde, daß der König sich nicht dazu herbeilasse, zugunsten seiner geliebten Tochter in den Säckel zu greifen«.[19]

Der Erzherzog war auch bestrebt zu erfahren, welches Erbe Charlotte später antreten würde. Im belgischen Königshaus verstärkte sich daher der Eindruck, daß der Bräutigam mehr an der Mitgift als an seiner Braut interessiert sei.

Vielleicht erklärt sich Maximilians Hartnäckigkeit ein wenig aus der Tatsache, daß er selbst außer seiner Apanage von 150 000 Gulden jährlich über kein nennenswertes Vermögen verfügte. Das galt übrigens auch für den Kaiser, dessen Besitz sich erst beträchtlich vergrößerte, als er 1875 das reiche Erbe seines Onkels, des zu seinen Gunsten zurückgetretenen Kaisers Ferdinand I., antrat.

Zudem hatte Ferdinand Maximilian Schulden. Ziemlich große sogar, denn der Bau von Schloß Miramare überstieg bei weitem seine finanziellen Möglichkeiten. Er konnte nur durch einen Zugriff auf den Habsburger Familienfonds finanziert werden, wobei es sich jedoch nur um eine Anleihe, nicht um ein Geschenk handelte. Sein Leben lang, auch später als Kaiser von Mexiko, lebte Ferdinand Maximilian weit über seine Verhältnisse, belastete den Staatshaushalt mit vielen unnötigen Ausgaben und trug damit zum Untergang seines Kaiserreiches bei.

Seine Hartnäckigkeit in der Mitgiftangelegenheit führte zum Erfolg. König Leopold bewilligte zusätzlich ein jährliches »Nadelgeld« von 20 000 Gulden. Kaiser Franz Joseph gewährte als Gegengabe zu Charlottes Mitgift 100 000 Gulden, dazu ein Hochzeitsgeschenk von 30 000 Gulden. König Leopold, der offensichtlich am Finanzgebaren seines Schwiegersohnes zweifelte, bestand auf Gütertrennung, so daß ausschließlich Charlotte über ihr persönliches Vermögen verfügen konnte, das sich auf 2 874 460 Francs belief und aus Wertpapieren aller Art in London und Brüssel bestand. (Im Vergleich dazu belief sich der Jahresverdienst einer belgischen Arbeiterfamilie auf 457 Francs.[20])

Über den Erfolg bei König Leopold schrieb der Erzherzog dem Kaiser: »Ich tue mir ein wenig darauf zugute, dem alten Knauser schließlich doch von dem, was seinem Herzen am teuersten ist, abgerungen zu haben.«[21]

Dazu kam eine Fülle wertvoller Juwelen. Allein ein Brillantcollier hatte einen Wert von 200 000 Francs. Auch die Aussteuer *(trousseau)* war einer königlichen Braut würdig. Kleider, Leib-und Tischwäsche wurden nach Dutzenden gezählt, darunter beispielsweise 18 Dutzend Taschentücher mit gestickten Initialen und mit Spitzen umrahmt, 288 Paar Strümpfe und 100 Paar Schuhe. Allein das Hochzeitskleid, dessen Stoff in Gent gewebt worden war, und der Schleier aus 18 Metern kostbarster Brüsseler Spitzen hatten einen Wert von 12 000 Francs. Es war ein Geschenk der Stadt Brüssel. Die Brüsseler Spitzenmanufaktur war weltberühmt. Es gab 1860 in Flandern 220 einschlägige Schulen, in denen Zehntausende junger Mädchen lernten, dieses kostbare Gewebe herzustellen. Seltsamerweise standen auf der langen Inventarliste nur ein einziger Mantel, aus schwarzem, mit Zobel verbrämtem Satin, und ein Sonnenschirm, da man doch immer darauf bedacht war, den kostbaren blassen Teint vor den Sonnenstrahlen zu schützen.

Doch abgesehen davon sorgte König Leopold auf andere Weise für die Zukunft des jungen Paares. Die Stellung seines künftigen Schwiegersohns als Oberbefehlshaber der Flotte in Triest entsprach seines Erachtens bei weitem nicht dem königlichen Rang seiner Tochter, und er erwirkte bei Kaiser Franz Joseph die Ernennung Ferdinand Maximilians zum Generalgouverneur des Königreichs Lombardo-Venetien. Es handelte sich dabei allerdings nur um eine eher repräsentative Stellung, die militärische Gewalt hatte General Graf Gyulai inne.

Charlotte schwelgte in Zukunftshoffnungen. »Das ist eine schwierige Mission, eine Art Apostolat des Guten, das wir da übernehmen müssen«, schrieb sie am 24. Januar 1857. »Ich erkenne die Dornen darin, aber ich sehe auch eine große Befriedigung und eine Fülle des Guten, das sich dort schaffen läßt.«[22]

Mit der ihr eigenen Gewissenhaftigkeit, die sie schon in ihrer Schulzeit ausgezeichnet hatte, begann sie, Italienisch zu lernen und sich mit den politischen, kulturellen und wirtschaftlichen Verhältnissen des Landes auseinanderzusetzen. Sie wollte für ihre Aufgabe gerüstet sein.

Der Vatikan mußte für die Heirat einen Dispens erteilen, weil eine Urgroßmutter Charlottes aus dem Hause Habsburg stammte. Es war eine reine Formalität, denn der Vatikan sanktionierte im Laufe der Jahrhunderte weit engere Familienbande, ohne auch nur im geringsten an die Folgen solcher Ehen unter Verwandten zu denken.

Inzwischen hatte Erzherzog Ferdinand Maximilian als der neue Generalgouverneur von Lombardo-Venetien am 19. April 1857 seinen Einzug in Mailand gehalten. Die Aufnahme dort war geteilt. Da dem Habsburger der Ruf großer Liberalität vorausging, erwarteten manche eine Besserung der Lage, im großen und ganzen erstrebte die italienische Bevölkerung jedoch eine endgültige Befreiung von der österreichischen Herrschaft.

Die Hochzeit

Im Juni verließ Ferdinand Maximilian Triest an Bord der Fregatte *Elisabeth*, um dem Papst, Verwandten in Florenz und der Mutter seiner ehemaligen Braut in Portugal Besuche abzustatten. Es schien beinahe, als trauere er der Verstorbenen noch immer nach.

Am 15. Juli lief die *Elisabeth* in Portsmouth ein, und es wurden wie üblich zahlreiche Salutschüsse abgefeuert. Ein Salonzug brachte den Erzherzog nach Windsor, wo man sich gerade zur Taufe des jüngsten Kindes des Königspaares versammelt hatte.

In ihrem Brief an König Leopold schrieb Königin Victoria voll Begeisterung: »Ich kann Ihnen nicht sagen, wie sehr der

Erzherzog uns gefällt. Er ist charmant, so klug, natürlich, freundlich und liebenswürdig, so englisch in seinen Gefühlen und Vorlieben und so sehr um das beste Einvernehmen zwischen Österreich und England besorgt. Er sieht gut aus, ausgenommen Mund und Kinn, aber ich finde, das macht nicht das Geringste aus, da er so überaus freundlich klug und angenehm ist. Ich beglückwünsche Sie wirklich, liebster Onkel, einen solchen Ehemann für die liebe Charlotte bekommen zu haben, und ich bin überzeugt, daß er ihrer ganz würdig ist.«

Erzherzog Ferdinand Maximilian hatte Königin Victoria, die ihn vor kurzem noch so sehr abgelehnt hatte, im Sturm erobert. Auch Prinzgemahl Albert notierte in seinem Tagebuch: »Wir haben den Erzherzog ganz ins Herz geschlossen … Seine religiöse Toleranz und politische Freisinnigkeit geben einige Aussicht auf ein glücklicheres Schicksal der Italiener und auf Ruhe in jenem Land.«[23]

Das allerdings lag weder in Frankreichs noch in Österreichs Sinn. Kaiser Franz Joseph, der nur widerwillig seinem Bruder jene Stellung in Italien verliehen hatte, wünschte keineswegs eine Änderung seiner Politik.

Ferdinand Maximilian hatte in Antwerpen das Schiff verlassen und war mit seinem Gefolge per Bahn nach Brüssel weitergereist, wo er am Abend des 23. Juli 1857 ankam. Wie die Wiener *Presse* in ihrer Ausgabe vom 29. Juli berichtete, hatte sich »eine große Volksmenge in der Umgebung des Bahnhofes eingefunden … Der Herr Erzherzog trug die Galauniform eines k.k. Admirals und das Großkreuz des Leopoldordens. Ihre königlichen Hoheiten der Herzog von Brabant und der Graf von Flandern in großer Generalsuniform warteten der Ankunft Sr. Kaiserlichen Hoheit im Bahnhof … Sämtliche Mitglieder des diplomatischen Corps waren erschienen. Eine Ausnahme bildete nur der Vertreter von Portugal. Se. Kaiserliche Hoheit und die Prinzen ließen die in Parade aufgestellten Regimenter Revue passieren, wobei die österreichische Volkshymne und die Brabançonne gespielt wurde. Die durchlauchtigsten Personen, die Gesandten ect. fuhren in 7 Hofgalawagen zum königlichen Palais. Der Volksandrang war sehr groß. Am 24. war im Schloß Laeken großes Déjeuner, dem die königliche Familie, Se. Kaiserliche Hoheit, der durchlauchtigste Herr Erzherzog Ferdinand Maximilian, die Königin Amélie … beiwohnten … Die Stadt Brüssel bereitet großartige Empfänge aus Anlaß der Vermählungsfeier vor. Die Gemeinde Laeken hat Ihrer königlichen Hoheit der Prinzessin Charlotte ein Gebetbuch … präsentiert, das als ein ausgezeichnetes Kunstwerk gerühmt wird.«

Auch der Erzherzog hatte für seine Braut Geschenke aus Wien mitgebracht: Kaiser Franz Joseph sandte seiner künftigen Schwägerin ein kostbares Diadem mit passendem Collier, Armband und Brosche, Erzherzogin Sophie schenkte der Schwiegertochter eine antike Diamantenbrosche mit einem Miniaturbild Ferdinand Maximilians.

Der Kaiserhof war durch Ferdinand Maximilians Bruder, Erzherzog Karl Ludwig, und dessen junger Frau vertreten, die Häuser Coburg und Orléans mit zahlreichen Mitgliedern, vor allem Ex-Königin Marie-Amélie war mit vier Söhnen gekommen, um an der Hochzeit ihrer Lieblingsenkelin teilzunehmen. England zeigte seine Verbundenheit durch die Anwesenheit von Prinzgemahl Albert.

Brüssel erstrahlte in festlichem Glanz. »Alle Straßen, alle Fenster sind mit Fahnen, Teppichen, Blumen und Laubgewinden gar anmutig ausgeziert und unablässig von einer vergnügten, sonntäglich geputzten Menge durchwogt. Heute um Mittag durchwallte eine prächtige Prozession von der Kathedrale aus in zweistündigem Zuge die Stadt. Dazu gab es Ballspiel und Armbrustschießen auf den öffentlichen Plätzen, Konzert und Eröffnung der Blumenausstellung im Park«, hieß es in der *Presse* über die weiteren Festlichkeiten.

Am 27. Juli 1857 nahm der Bürgermeister von Brüssel die vom Gesetz vorgeschriebene Ziviltrauung vor. Danach fand in der Kapelle des königlichen Schlosses die kirchliche Zeremonie in dem Saal neben dem großen Ballsaal statt. *Die Presse* vom

28. Juli schrieb darüber: »Vor Ankunft des Königs, seiner hohen Gäste und der königlichen Familie hatten die Geladenen in der Kapelle Platz genommen. Um halb zwölf Uhr näherte sich Monseigneur Sterck, Kardinal und Erzbischof von Mecheln, Primas von Belgien, der Tür der Kapelle, die Mitra auf dem Haupt, in Begleitung der beiden Generalvikare. Das königliche Gefolge trat heran, Erzherzog Ferdinand Maximilian ging an der rechten Seite der Prinzessin Charlotte, der König reichte der Königin Marie-Amélie den Arm.« Charlotte trug ein Kleid aus weiß-silbernem Brokat, der Erzherzog die weiße Paradeuniform eines österreichischen Admirals, um den Hals die Kollane des Ordens vom Goldenen Vlies, des Hausordens der Habsburger, den einst Herzog Philipp der Gute von Burgund gestiftet hatte. Er war durch die Heirat Kaiser Maximilians I. mit der Erbtochter des letzten Burgunderherzogs an das Haus Habsburg gekommen.

Nach Beendigung der vom Kardinal gelesenen Messe setzte sich der Brautzug in derselben Ordnung, wie er gekommen war, wieder in Bewegung. Nach der Trauung fand im Palais ein großer »diplomatischer Cercle« statt und abends ein Diner mit hundert Gedecken.

Am nächsten Tag wurde im Stadthaus für den König und die königliche Familie ein festliches Bankett gegeben. In der *Presse* hieß es darüber am 1. August 1857 nach einem Bericht des *Moniteur Belge:* »Um 6 Uhr fuhren die Eingeladenen ins Stadthaus, wo sie vom Bürgermeister, seiner Frau und seiner Tochter empfangen wurden. Im Saal waren drei Tafeln gedeckt. Die erste, an welcher der König den Vorsitz führte, stand auf einer Estrade. Beim Dessert erhob sich der König und brachte einen Toast auf den Kaiser von Österreich aus, den der Erzherzog mit einem ebensolchen auf ›Seine Majestät, den König Leopold, unseren vielgeliebten Vater‹, erwiderte ... Das wirkte wie ein Funke der Begeisterung auf alle Anwesenden und feuerte zu stürmischen Lebehochs auf den König und den Erzherzog an.«

»Das venezianische Fest auf dem Kanal an der grünen Allee war ... vom besten Wetter begleitet ... Ein Meer von Köpfen umwogte den Kanal. Die Beleuchtung war zauberhaft. Drei große Feuerwerke waren auf der Laekener Brücke vorbereitet. Um halb elf erschien die königliche Familie in fünf Hofwagen, begrüßt von endlosen Jubelrufen. Sofort begann das Feuerwerk. Etwas Reizenderes, Feenhafteres und Gelungeneres läßt sich nicht denken«, begeisterte sich die belgische Zeitung.

Die Presse würdigte die Vermählung des österreichischen Erzherzogs Ferdinand Maximilian am 2. August mit einem Leitartikel: »Das hohe Vermählungsfest, welches soeben in Brüssel begangen wurde, knüpft die Familienbande noch fester, welche seit dem Jahre 1853, wo der Kronprinz von Belgien, Se. Königliche Hoheit der Herzog von Brabant, Ihre kaiserliche Hoheit, die Erzherzogin Marie als Braut heimgeführt, zwischen dem kaiserlichen Haus von Österreich und der königlichen Familie von Belgien bestehen, und es fehlt nicht an Leuten, welche dieser Doppelheirat eine hohe politische Bedeutung beilegen.« Das Blatt verwies auf die guten Beziehungen des belgischen Königshauses zu England und auf die Heirat des preußischen Kronprinzen mit der ältesten Tochter Königin Victorias: »Die gleichzeitige Allianz mit Preußen und Österreich sichert England für den Notfall die Mitwirkung von ganz Mitteleuropa ... Überblicken wir die heutige Weltlage so können wir diese Bestrebungen nur mit Freude begrüßen, denn wir erblicken in ihnen die beste Bürgschaft für eine bessere Zukunft. Ein starkes Band zwischen Mitteleuropa und Großbritannien ist allein imstande, die Gewitter fernzuhalten, die im Osten oder Westen unseres Weltteils aufsteigen.« Die Heiratspolitik, der man damals immer noch so große Bedeutung beimaß, nützte leider nichts, um das große »Gewitter« zu bannen, das ein halbes Jahrhundert später über Europa hereinbrach.

Nach all diesen Festlichkeiten schlug für Charlotte am 30. Juli die Stunde der Trennung von der Stätte ihrer Kindheit. Sie fiel ihr sichtlich schwer, vor allem der Abschied vom Grab ihrer Mutter, an dem sie tränenüberströmt nahezu eine Stunde verweilte.

Mit einem Flußdampfer ging es nach Mainz, von dort über Nürnberg nach Regensburg, wo ein weiteres Schiff auf das Paar wartete, um es auf der Donau nach Wien zu bringen. Erzherzogin Sophie hatte es sich nicht nehmen lassen, Sohn und Schwiegertochter bis Linz entgegenzukommen.

Ein Kurzbesuch in Wien

Den Empfang in Wien hatten sich die Neuvermählten jedoch anders vorgestellt. Kaiser Franz Joseph begrüßte seine Schwägerin zwar liebenswürdig als neues Familienmitglied, im Kaiserhaus herrschte jedoch Hoftrauer, die nur zu Ehren des frisch getrauten Paars für einen Tag unterbrochen wurde. Die kleine Sophie, das zweijährige Töchterchen von Kaiser Franz Joseph und Kaiserin Elisabeth, war während einer Ungarnreise in Budapest gestorben. Elisabeth, die gegen den Willen ihrer Schwiegermutter darauf bestanden hatte, ihre beiden Kinder mitzunehmen, gab sich die Schuld an dem tragischen Ereignis. Verzweifelt hatte sie sich auf Schloß Laxenburg zurückgezogen und kam nur äußerst unwillig zur Begrüßung der ihr unbekannten Schwägerin nach Wien. Lob und Bewunderung, die Charlotte von Erzherzogin Sophie und so manchen Mitgliedern des Hofes zuteil wurden, taten ein übriges. Der Vergleich, den einige Hofdamen zwischen der geborenen Königstochter und der doch recht einfach im ländlichen Possenhofen aufgewachsenen Kaiserin anstellten, fiel nicht zu deren Gunsten aus. Zwar nahm Elisabeth an dem Galaempfang in Schönbrunn teil, zeigte aber deutlich ihren Widerwillen und sprach beinahe kein Wort. Von gegenseitiger Eifersucht beherrscht, blieb das Verhältnis zwischen ihr und Charlotte immer getrübt.

Damen in märchenhaften Roben, glitzernde Diademe, Offiziere in Galauniformen, dazwischen die farbenfrohen Trachten der ungarischen Magnaten – der Kaiserhof hatte die ganze Pracht seines Zeremoniells zu Ehren der neuen Erzherzogin aufgeboten. Aber Franz Joseph hatte seinem Bruder auch zu verstehen gegeben, seinen Aufenthalt in Wien doch besser auf einen Tag zu beschränken. So befand sich das junge Ehepaar bereits am nächsten Tag auf dem Weg nach Triest.

Dennoch schrieb Charlotte ihrer ehemaligen Erzieherin: »Der Kaiser und die Kaiserin und die ganze Familie waren charmant. Ich fühlte mich jetzt schon als echte Erzherzogin. Ich liebe sie alle sehr und fühlte mich vom ersten Tag an zu Hause.«[24]

Die junge Ehe

Schloß Miramare

Triest prangte im Schmuck unzähliger Flaggen und Blumen, die im Hafen ankernden Kriegsschiffe schossen Salut, eine begeisterte Menschenmenge füllte die Straßen, während die beiden Nationalhymnen erklangen: die ehrwürdige Haydn-Hymne zu Ehren des Erzherzogs und die Brabançonne, die Hymne Belgiens, für Charlotte.

Zwischen dem dichten Spalier der Triestiner fuhr das junge Ehepaar zum Rathaus, wo Charlotte dem Bürgermeister auf italienisch für den Empfang dankte und ihm erklärte, wie lieb ihr Triest schon jetzt geworden sei. Es war keine Übertreibung. Der strahlende Himmel, das blaue Meer, die liebliche Luft des Südens und die sichtliche Freude der Bevölkerung waren für Charlotte nach dem kühlen Empfang in Wien wohltuend.

Besonders begeistert aber war sie von Miramare – ein Schloß hoch über dem Meer auf einem Felsvorsprung, ein Bauwerk aus weiß leuchtendem Kalkstein mit flachem, zinnengekröntem Dach und einem viereckigen Turm, von dem der Blick weit über die Bucht und die Stadt Triest hinüberschweift. So präsentiert sich Miramare auch heute noch seinen Besuchern, wenn es auch längst nicht mehr den Habsburgern gehört, sondern dem italienischen Staat. Vor allem im Sommer, wenn spätabends die Reflexe der *Licht-und-Tonschau* erstrahlen und die Stimmen von Schauspielern des Wiener Burgtheaters das Schicksal von Maximilian und Charlotte im *Kaisertraum von Miramare* neu aufleben lassen, wirkt es noch immer wie ein

Märchenschloß. Man sagt, daß der Erzherzog die einsame, felsige Halbinsel entdeckt hatte, als er während eines starken Sturms beinahe Schiffbruch erlitten und dort in der Bucht Zuflucht gefunden hatte. Daraufhin soll er beschlossen haben, an jener Stelle ein Schloß zu bauen.

Wie viele seiner Wittelsbacher Verwandten war Ferdinand Maximilian sehr kunstbegeistert und liebte es, Bauten zu errichten, selbst wenn diese Vorliebe seine finanziellen Möglichkeiten überstieg. Auch während seiner kurzen Regierungszeit in Mexiko verließ ihn die Baulust nicht.

Anfang 1856 erwarb der Erzherzog das Grundstück in Miramare, am 1. März wurde mit den Bauarbeiten begonnen. Dabei wurden weder Mühen noch Kosten gescheut. Sogar Erdreich mußte von weither herangeschafft werden, damit auf dem kahlen Felsen der Park entstehen konnte, die würdige Umrahmung des Schlosses, die sich der Erzherzog vorstellte: Oleander, Myrte und Lorbeer, silbrig schimmernde Olivenbäume, schlanke, dunkle Zypressen und blühende Blumenrabatte in allen Farben.

Doch so weit war es im Sommer 1857 noch nicht. Nicht einmal das kleine, im selben Stil wie Miramare erbaute Schlößchen an der Westseite des Parks, das Castelletto, war fertig. Das erzherzogliche Paar mußte einstweilen mit der am Südhang des Hügels von San Vito oberhalb von Triest gelegenen Villa Lazarovich vorliebnehmen, die Ferdinand Maximilian bereits 1852, als er in die Marine eintrat, gemietet hatte und prunkvoll ausstatten ließ. Auch von hier aus hatte man einen herrlichen Blick auf das Meer; den Garten hatte der Erzherzog mit tropischen Gewächsen bepflanzen lassen.

»Man kann sich im Norden gar keine Vorstellung machen von einem ganz und gar blauen Meer. Als ich es zum ersten Mal sah, war ich von einer wirklichen Begeisterung ergriffen«,[25] schrieb Charlotte, die von Venedig und seinen zahllosen Kunstschätzen nicht minder begeistert war. Nun bot sich ihr die Gelegenheit, mit ihrem Gemahl all die Sehenswürdigkeiten zu besichtigen, für die sie sich von frühester Jugend an interessiert hatte.

Hofhaltung in Monza

Am 6. September 1857 zog der neue Generalgouverneur des Königreichs Lombardo-Venetien feierlich in Mailand ein.

Die Lage war prekär. Schon seit Jahren gärte es in den unter habsburgischer Herrschaft stehenden italienischen Provinzen. Das Revolutionsjahr 1848 hatte in Mailand mit einem Boykott österreichischer Zigarren begonnen. Der damals 82jährige Feldmarschall Joseph Graf Radetzky hatte daraufhin mit seinen Siegen in der Poebene die Ruhe wiederhergestellt, konnte aber nicht verhindern, daß die Bevölkerung weiterhin nach Freiheit strebte. Als das Kaiserpaar 1856 die unter österreichischer Herrschaft stehenden oberitalienischen Gebiete bereiste, fuhr es wie durch ein feindliches Land. Der lombardische Adel brüskierte die Besucher, indem er eine Galavorstellung in der Mailänder Scala boykottierte und nur seine Lakaien und Bedienten dorthin schickte. Auch das Volk tat seine Aversion kund. Doch die Ernennung Maximilians, dessen liberale Gesinnung bekannt war, ließ wenigstens in einem Teil der Bevölkerung neue Hoffnung aufkeimen.

Das erzherzogliche Paar, das die im klassizistischen Stil erbaute Villa Reale in Monza zu seinem Wohnsitz gewählt hatte, bestieg drei Kilometer vor Mailand die zu diesem Anlaß frisch restaurierte Prunkkarosse. Maximilian trug Admiralsuniform, Charlotte eine kirschfarbene, mit Spitzen verzierte Seidenrobe und ein mit frischen Rosen umwundenes Diamantendiadem. Die Behörden empfingen das Paar in einem an der Porta Venezia errichteten Pavillon und geleiteten es zum königlichen Schloß. Auch diesmal hielt sich ein Großteil des Adels fern. Dennoch war der Eindruck, den der neue Generalgouverneur und seine Gemahlin machten, nicht ungünstig. Charlotte sprach perfekt italienisch und erklärte, daß sie sich von nun an Carlotta nennen werde. Zudem rief die liberale Regierung ihres Vaters allgemeine Bewunderung hervor.

Der Hof in Monza war eines Königs würdig. Es gab eine Unzahl von Lakaien und Kammerherren, jeden Tag waren an die dreißig Personen zum Diner geladen, das ein Orchester musikalisch begleitete. Charlotte fühlte sich ganz in ihrem Element. Sie liebte das Land, seine Farbenpracht und seine Musik. Sie besuchte Schulen, Krankenhäuser und Wohltätigkeitsorganisationen, spendete, wo es nottat, aus ihrem Privatvermögen und unterstützte ihren Mann, wo sie nur konnte. Den glänzenden Bällen und Empfängen, die sie organisierte, blieb jedoch nach wie vor der Großteil des Adels fern. Daran nahmen höchstens die geladenen Gäste aus dem Bürgertum teil. Im Gegensatz zu Maximilian hatte Charlotte Freude an solchen repräsentativen Veranstaltungen, wie sie ihr von Jugend an vertraut waren. Sie war sichtlich stolz auf ihre neue Stellung und hatte den Ehrgeiz, sich deren Herausforderungen gewachsen zu zeigen.

»Glücklicher als ich kann man nicht sein. Max ist in jeder Hinsicht eine Vollkommenheit, so vortrefflich, so fromm, so zärtlich. Ich genieße das Glück in vollen Zügen«, ist in einem Brief an Gräfin d'Hulst vom 15. September 1857 zu lesen. Und über ihre Repräsentationspflichten: »Vielleicht wird mich all das, wenn ich ein wenig älter bin, langweilen. Aber jetzt bin ich in der glücklichen Lage, daß alles für mich reizvoll und neu ist.«[26] Am 2. Dezember schrieb sie: »Mein Namenstag wurde im Familienkreis in Monza gefeiert mit meiner guten und lieben Schwiegermutter, die ich zärtlich liebe und meinem vortrefflichen Philipp, der uns einen reizenden Besuch abstattete. Mein liebenswürdiger und zärtlicher Gatte hat mir eine Fülle von Geschenken beschert, und meine ganze neue Familie hat mir telegraphisch gratuliert. Sie sind alle so gut zu mir, und ich bin so glücklich, umgeben von Zuneigung und allem, was das Glück begründen kann, glücklich in meinem Herzen, glücklich in diesem schönen Land zu wohnen, wo mir alles zu Herzen geht. Ich weiß gar nicht wie ich dem gütigen Gott dafür danken soll, daß er mir alles gegeben hat. Bis heute habe ich auch nicht einem Schatten auf dem Bild gefunden, das ich Ihnen entwarf. Ich weiß gut, daß dieses Leben hienieden nicht immer so rosenrot bleiben kann«,[27] setzte sie ahnungsvoll hinzu. Charlotte sollte recht behalten. Die Schatten blieben nicht aus, sie stellten sich sogar früher ein, als sie damals dachte.

Auch Ferdinand Maximilian gab sich jede erdenkliche Mühe, um die Provinzen der österreichischen Herrschaft zu erhalten. Er rief eine Lotterie zugunsten der notleidenden Bevölkerung im Veltlin ins Leben; er erschien persönlich vor Ort, als Überschwemmungen die Poebene verheerten, und stellte für die Obdachlosen Unterstützungen aus eigenen Mitteln bereit. Als Freund von Kunst und Wissenschaft ließ er die Ambrosianische Bibliothek in Mailand restaurieren und sorgte für die Renovierung von Kirchen in Venedig und Padua und beriet sich mit Juristen und Wirtschaftwissenschaftlern, um dem Land neue Impulse zu geben.

Der Großteil des Adels und viele Intellektuelle waren zwar nach wie vor gegen Österreich und damit auch gegen den Generalgouverneur eingestellt, die Bevölkerung begann aber anzuerkennen, wie sehr sich das junge Paar um das Land bemühte. Sie erkannte, daß sich die beiden stark unterschieden von dem strengen Radetzky, der jeden Widerstand genauso blutig ahnden ließ, wie er es tat, wenn seine Soldaten gegen die Disziplin verstießen.

Doch Ferdinand Maximilian, der sich in dem Glauben gewiegt hatte, mit Güte und Nachsicht herrschen zu können, traf auf erbitterten Widerstand, sowohl seitens der italienischen Freiheitskämpfer als auch der Konservativen in Österreich.

Die Erfolge des Generalgouverneurs begannen Graf Camillo Benso di Cavour, den Premierminister des Königreichs Piemont-Sardinien, das vom Hause Savoyen regiert wurde, und

Verfechter des Widerstands gegen Österreich, allmählich zu beunruhigen. Für ihn und seine freiheitlichen Pläne war es höchste Zeit, daß Italien die Fremdherrschaft abschüttelte – wenn nötig mit Hilfe einer Kriegshandlung.

Aber auch im konservativen Lager um Kaiser Franz Joseph regte sich Unwillen. Vor allem die alten Militärs und Parteigänger Radetzkys konnten sich keineswegs mit dem italienfreundlichen Regime Maximilians abfinden, der von Strafen gegen Aufrührer nichts wissen wollte. Als der italienische Revolutionär Graf Felice Orsini nach einem Attentatsversuch vom 14. Januar 1858 auf Napoleon III. hingerichtet und dadurch zum Märtyrer für die Befreiung Italiens wurde und es zum Jahrestag der Revolution von 1848 zu Demonstrationen kam, reagierten die Militärbehörden von Graf Gyulai mit aller Strenge. Ferdinand Maximilians heftigen Protest beachteten sie nicht.

Als dieser im April 1858 zu einer Unterredung mit Kaiser Franz Joseph nach Wien kam, stieß er überall auf Ablehnung. Seine liberalen Maßnahmen und seine Milde gegenüber italienischen Freiheitskämpfern wurden ebenso streng verurteilt wie die Verschwendungssucht seiner Herrschaft. Nach Ansicht des Wiener Hofes hatte er weit mehr auf seine persönliche Popularität geachtet als auf die Einheit des österreichischen Staates. Auf besondere Empörung stieß sein Vorschlag einer Selbstverwaltung der italienischen Provinzen, die in den Augen des Kaisers und der Minister einer Abtrennung von Österreich gleichkam. »Jedenfalls kann von einer Regierung dieser Provinzen, die von den Zentralstellen in Wien unabhängig ist, und nur durch einen Minister mit dem Zentrum in Verbindung wäre … nie die Rede sein. Überhaupt muß man nicht bloß und vorherrschend den italienischen Standpunkt ins Auge fassen, sondern es ist die Lage und es sind die Verhältnisse der ganzen Monarchie zu beherzigen«,[28] erklärte der Kaiser kategorisch. Um diese Einheit zu betonen, sollte die Landeswährung abgewertet und durch den österreichischen Gulden ersetzt werden!

Ferdinand Maximilian war ein volles Vierteljahr in Wien geblieben – vielleicht auch nicht gerade ein vorteilhafter Umstand unter diesen schwierigen Verhältnissen. Als er nach Mailand zurückkehrte, fand er eine völlig veränderte Lage vor. Die antiösterreichische Bewegung hatte stark an Boden gewonnen. Von vierzehnhundert zu einem Fest geladenen Gästen erschienen bloß achthundert. Bei einem Besuch Venedigs wurde Charlotte beschimpft und die österreichische Flagge bespuckt. »Mit einem Gefühl tiefer Scham bin ich neulich nach Mailand hineingefahren, doppelt gedrückt und gedemütigt durch die freundliche und wohlwollende Art, mit der man uns beide persönlich .... empfangen hat. Diese desavouierende Privatfreundlichkeit zeigt meine Ohnmacht, zeigt aber auch, wie unverantwortlich die Regierung mit dem guten Willen der Masse umgeht. Es ist nunmehr eine Stimme, die der Entrüstung und Mißbilligung, die sich durch das ganze Land hinzieht und der vis-à-vis ich allein und machtlos stehe. Ich fürchte mich nicht, denn das ist nicht Sitte der Habsburger, aber ich schäme mich und schweige«, schrieb er damals an seine Mutter.[29]

Auch die außenpolitische Lage hatte sich zu Ferdinand Maximilians Ungunsten geändert. Graf Cavour, der unermüdliche Kämpfer für die Einigung Italiens unter dem Haus Savoyen, wußte, was er zu tun hatte, um den erwünschten Erfolg zu erreichen. Der Angelpunkt war Kaiser Napoleon III. Wenn es gelang, ihn in die Befreiungspolitik einzubeziehen, dann war viel gewonnen. Cavour kannte sehr wohl die Schwäche des französischen Kaisers für schöne, verführerische Frauen. Und er wußte auch schon, welche Frau er mit dieser Aufgabe betrauen würde: seine Cousine, die schöne Gräfin Virginia de Castiglione, die als Gattin des piemontesischen Gesandten in Paris lebte und als solche Zutritt zum französischen Kaiserhof hatte. Napoleon war zwar kein ansehnlicher Mann, aber zweifellos ein großer Charmeur. Die Aura der Macht umgab ihn und machte ihn für so manche begehrenswert.

Der Plan hatte Erfolg. Napoleon verliebte sich Hals über Kopf in die schöne Gräfin, der es unschwer gelang, den ihr sehr bald hörigen Liebhaber für ihr unterdrücktes Heimatland einzunehmen, das unter der Knute der österreichischen Herrschaft litt und sich so sehr nach Freiheit sehnte!

Allerdings aus Liebe allein handelte auch Kaiser Napoleon nicht. Lohnen mußte sich das Geschäft für ihn schon. Und Cavour wußte andererseits, daß er ein Opfer bringen mußte. Aber man wurde bald handelseinig. Bei einem geheimen Treffen in Plombières-les-Bains im Juli 1858 versicherte sich Cavour gegen die Abtretung von Nizza und Savoyen an Frankreich dessen Unterstützung im Kampf gegen Österreich. Savoyen war zwar die Heimat der Königsfamilie, aber trotzdem erschien Viktor Emanuel II. der Preis für die französische Waffenhilfe nicht zu hoch. Angreifen wollte man Österreich aber nicht. Im Gegenteil, der Gegner sollte der Aggressor sein und so lange provoziert werden, bis er die Geduld verlor. Und Österreich tappte prompt in die Falle, die der schlaue Cavour ihm gestellt hatte. Die Generäle in Wien hatten schon lange zum Krieg gedrängt. Was Piemont da in Szene setzte, konnte eine Macht wie Österreich sich doch nicht gefallen lassen! Österreich verlangte also in einem Ultimatum Abrüstung und Abzug von den Grenzen sowie Verzicht auf jede weitere Propaganda. Der junge Kaiser Franz Joseph tat 1859 genau dasselbe, was er als alter Mann im Jahre 1914 wiederholen sollte, um einen aufsässigen kleinen Nachbarn zur Raison zu bringen. Damals ging es um Piemont, ein halbes Jahrhundert später um Serbien und letzen Endes um den Bestand der Monarchie.

Schon Anfang des Jahres 1859 war Charlotte mit ihrer persönlichen Habe nach Miramare zurückgekehrt, wo Ferdinand Maximilian sie in Sicherheit wußte. »Ich sitze hier wie ein Eremit im weiten Palast von Mailand. Ich bin der verlachte Prophet, der nun ... das auskosten muß, was er Wort für Wort den tauben Ohren vorausgesagt hat ... Trotz erwartetem Spott und aller Verleumdung harre ich auf meinem Posten aus. In der Gefahr kehre ich nicht um. Zwei Gründe halten mich zurück: die Pflicht in schweren Augenblicken den mir anvertrauten Posten nicht zu verlassen und die durch Angst und Nervosität hervorgerufenen Übergriffe so viel als möglich zurückzuhalten. Wo es brennt, da helfe ich bis zum letzten Augenblick, und sollte ich mitten in den Flammen stehen«, schrieb er am 24. Januar 1859.[30] Der Tag wird kommen, an dem er ähnlich denken wird.

Am 19. April 1859 erhielt der Erzherzog aus Wien die Abberufung von seinem Posten. Seine Befugnisse gingen an Gyulai über, der nun die Stellung einnahm, die ihm selbst verweigert worden war. Es sah beinahe so aus, als ob Kaiser Franz Joseph seinen Bruder fürchtete, weil dieser beliebter war als er und mit seinem offenen, freundlichen Wesen die Menschen mehr für sich einnahm.

»Endlich können wir aufatmen, der Mann, der unser größter Feind in der Lombardei war, den wir mehr als jeden anderen fürchteten und dessen Erfolg wir täglich wachsen sahen, ist entlassen worden. Seine Beharrlichkeit, seine redliche, liberale Gesinnung hatten ihm schon viele Anhänger gewonnen. Niemals erfreute sich die Lombardei eines solchen Wohlstandes, wurde sie so gut verwaltet. Dann greift, gottlob, die Wiener Regierung ein, stiftet auf ihre übliche Art ein großes Durcheinander und verdirbt sich alles, indem sie den Bruder des Kaisers zurückruft, weil dessen kluge Reformen den alten Perükken in Wien mißfallen haben«, schrieb Graf Cavour nicht ohne Schadenfreude.[31]

Zwei Tage später begann der Krieg. Österreich stand zwar allein, aber infolge seiner militärischen Überlegenheit hätten dennoch gute Chancen für seinen Sieg bestanden, denn die französische Armee befand sich noch im Anmarsch. Doch General Gyulai war sichtlich überfordert, seine Organisation entsprechend chaotisch. Er war ängstlich, zögerlich, wich einer Entscheidung aus und verlor wertvolle Zeit. Die Schlacht bei Magenta ging verloren.

Nun übernahm Kaiser Franz Joseph selbst den Oberbefehl »über Meine gegen den Feind stehenden Armeen«. Er wolle »an der Spitze Meiner braven Truppen den Kampf fortsetzen, den Österreich für seine Ehre und sein gutes Recht aufzunehmen gezwungen ist«.[32]

Doch der Kaiser war kein begnadeter Feldherr. Was er vor allem beim Militär erlebt hatte, waren glanzvolle Paraden und gelungene Manöver, den blutigen Ernst aber kannte er mehr oder minder nur vom Hörensagen. Mit der verlorenen Schlacht von Solferino gingen die Lombardei und die meisten der übrigen von Österreich beherrschten italienischen Gebiete endgültig verloren. Nicht die Truppe war schuld daran, sondern die unfähige Führung. Volksabstimmungen in der Toskana, in Modena und Parma brachten bald darauf einen überwältigenden Sieg für den italienischen Nationalismus. Viktor Emanuel II. zog als König in Florenz ein, im Süden eroberte Giuseppe Garibaldi mit seiner berühmten Freischar aus tausend rotgekleideten Abenteurern Sizilien und zog gegen Neapel. Die vielfach mit den Habsburgern verschwägerte bourbonische Königsfamilie von Neapel und beider Sizilien mußte fliehen. Auch sie kehrte nie wieder auf ihren Thron zurück.

Nach der Schlacht von Solferino erreichte Franz Josephs Beliebtheit einen Tiefpunkt. Als er nach langer Abwesenheit in der Öffentlichkeit erschien, war der Empfang reichlich kühl. Es kam sogar zu feindseligen Demonstrationen, und der Ruf nach einer Abdankung zugunsten Maximilians wurde laut. Diese Vorfälle waren nicht dazu angetan, das distanzierte und von Eifersucht geprägte Verhältnis Franz Josephs zu seinem Bruder harmonischer zu gestalten. Vergebens hatte König Leopold nach dem Verlust der Lombardei versucht, den Kaiser zu bewegen, Ferdinand Maximilian als Gouverneur von Venetien einzusetzen.

»Es ist so traurig, unsere schöne und ehemals kräftige Monarchie durch Ungeschicklichkeit, Mißverständnisse und rätselhaftes Vorgehen immer mehr und mehr sinken zu sehen«,[33] schrieb der Erzherzog voller Resignation an seinen Schwiegervater.

Wieder in Miramare

Enttäuschung

Enttäuscht und resigniert kehrte Maximilian zu seiner Frau nach Miramare zurück. Da das Schloß immer noch nicht fertig war, wohnten sie im Castelletto, und der Erzherzog nahm seinen Dienst in Triest bei der Marine wieder auf. Auch wenn er die Flotte liebte, so war es zweifellos ein Knick in seiner Karriere. Er war eben nur der jüngere Bruder, den man auf ein Nebengeleise abgeschoben hatte, wo er nicht viel zu sagen hatte … Auch in der Thronfolge war er hinter dem im August 1858 geborenen Kronprinzen Rudolf an die zweite Stelle gerückt, und beim jugendlichen Alter des Kaiserpaares lag es durchaus nahe, daß sie noch weitere Prinzen zeugten, die dann den Vorrang vor dem Bruder hätten.

Für Charlotte war die Situation noch bedrückender als für ihren Gemahl. Sie hatte sich in Monza und Mailand sehr wohlgefühlt. Ihre Tätigkeit als eine Art Landesmutter hatte ihr Freude gemacht und sie als solche durchaus bestätigt. Von Kindheit an dazu erzogen, tätig zu sein, eine Aufgabe zu haben, kam sie sich nun vollkommen überflüssig vor. Haushalt und Hofstaat waren klein geworden, ihre karitative Tätigkeit nahm nicht mehr viel Zeit in Anspruch. Viele Stunden verbrachte Charlotte fortan an jenem Schreibtisch aus Rosenholz, der einmal das Eigentum der unglücklichen Königin Marie-Antoinette gewesen war. In ihrer gut leserlichen Schrift unterhielt sie eine rege Korrespondenz mit ihrer Familie sowie mit anderen nahestehenden Menschen wie beispielsweise Gräfin d'Hulst. Sie schrieb auf französisch oder englisch, deutsch oder italienisch, lauter Sprachen, die sie perfekt beherrschte.

Mehr aber noch kränkte sie die Zurücksetzung Ferdinand Maximilians. Seine Regierungstätigkeit in Mailand schien ihres Erachtens genügend bewiesen zu haben, welche Fähigkeiten in ihm steckten und daß er der geborene Herrscher war. Sie war sogar der Meinung, daß er der Monarchie die Lombardei erhalten hätte, wäre er auf seinem Posten geblieben und hätte ihm Wien nicht dauernd Steine in den Weg gelegt. Wien war an allem schuld. Das war Charlottes feste Überzeugung, die ihre Bitterkeit noch erhöhte.

Ob sie hier nicht irrte? Das Ziel der italienischen Regierung und mehr noch des italienischen Nationalismus war noch längst nicht erfüllt. Es umfaßte alle die von Landsleuten bewohnten Gebiete, die der Monarchie angehörten: in erster Linie Venetien, aber auch Triest und Südtirol (das »Trentino«), am besten überhaupt das ganze östliche Ufer der Adria. Hatte doch die nationale Bewegung des »Risorgimento«, der Wiederherstellung der Einheit Italiens, bereits das Schlagwort vom »Mare nostro« geprägt. Und »unser Meer«, das war in ihren Augen die Adria, die zu einem guten Teil noch österreichisch war. Nicht alle Blütenträume reiften. Aber vieles davon wird der italienischen Politik im Laufe der folgenden Jahrzehnte gelingen, so manches ihr allerdings auch versagt bleiben.

Erzherzogin Sophie, der die Spannungen zwischen ihren beiden älteren Söhnen nicht entgangen waren, versuchte zu vermitteln und lud alle nach Ischl ein. Doch die Zusammenkunft zeigte nicht den erwünschten Erfolg. Man gab die Schuld daran den Frauen. Elisabeth und Charlotte mochten einander ebensowenig wie bei ihrer ersten Begegnung. Aber auch Franz Joseph dachte nicht daran, dem Bruder einen neuen Wirkungskreis zu geben. Enttäuscht kehrte das erzherzogliche Paar nach Miramare zurück.

Ferdinand Maximilian kümmerte sich neben seinen Aufgaben für die Marine nun verstärkt um die Fertigstellung des

Schlosses von Miramare, die mehr Zeit in Anspruch nahm, als er es sich vorgestellt hatte. Verzögerungen gab es auch beim Innenausbau, erst zu Weihnachten 1860 wurde zumindest das Erdgeschoß fertig.

Ausgedehnte Reisetätigkeit

Erzherzog Ferdinand Maximilian hatte immer schon gerne Reisen unternommen. Nun, da seine Aufgaben in Triest es erlaubten, unternahm er mit Charlotte auf der Dampfjacht *Fantaisie* ausgedehnte Kreuzfahrten in der Adria, die sie bis Korfu und Sizilien führten. Charlotte, die die romantische Inselwelt noch nicht kannte, mochte es wie eine verspätete Hochzeitsreise anmuten. Besonders begeistert waren die beiden von der vor der Stadt Ragusa, dem heutigen Dubrovnik, gelegenen kleinen Insel Lacroma (heute Lokrum).

Angeblich war König Richard Löwenherz bei seiner Rückkehr vom dritten Kreuzzug dort gestrandet und hatte nach seiner Rettung aus Seenot versprochen, eine Kirche zu bauen. Aber die Bürger von Ragusa sollen den König bewogen haben, sie doch lieber in ihrer Stadt zu errichten. Später fiel der damals im romanischen Stil errichtete Bau einem Erdbeben zum Opfer und wurde durch eine prunkvolle Barockkathedrale ersetzt. Die Insel Lacroma war jahrhundertelang im Besitz der Benediktinermönche, die hier eine Kirche und Abtei errichtet hatten; später gehörte sie zum habsburgischen Territorium Dalmatien, heute zu Kroatien.

Die idyllische Lage des verfallenen Benediktinerklosters und die üppige Vegetation hatten es dem naturbegeisterten Erzherzog besonders angetan. Er faßte den Plan, dort ein Schloß zu errichten und die Insel zu seinem zweiten Wohnsitz zu machen. Angesteckt von Maximilians Begeisterung, kaufte Charlotte das Inselchen für ihn. Hatte sie nichts gehört von der Geschichte, die man sich dort erzählt? Von dem Fluch, mit dem der letzte Mönch von Lacroma sämtliche Bewohner der Insel verwünscht haben soll? Die Insel sollte niemandem mehr Glück bringen. Fast könnte man daran glauben, denn sie alle, Erzherzog Maximilian, Kronprinz Rudolf, Kaiserin Elisabeth, Erzherzog Franz Ferdinand, starben eines gewaltsamen Todes.

Bald darauf war eine noch weit längere Fahrt geplant. An Bord des Raddampfers *Elisabeth* unter dem Befehl von Ferdinand Maximilians Marinekameraden und späteren Admirals Tegetthoff sollte es zunächst eine Reise rund um die Welt werden. Dabei war ein Besuch beim Kaiser von Brasilien geplant. Die ersten Stationen waren Málaga, Gibraltar und Madeira. Wehmütige Erinnerungen an seine erste früh verstorbene Braut mochten dort für den Erzherzog wachgeworden sein. Er besuchte das Krankenhaus, in dem Maria Amalia gestorben war, und stand vor der Mamortafel, die zu ihrem Andenken dort angebracht worden war. »Vom Spitale wanderte ich zum nahen Haus, aus welchem der beweinte Engel schied und weilte in Wehmut und Trauer unter dem herrlichen indischen Riesenbaume, der seine gigantischen, schattenreichen Äste schützend darum legt«, schrieb er damals.

Und: »Ich sah mit Wehmut das Tal von Machico wieder und das liebliche Santa Cruz. Sieben Jahre waren seitdem über mein Haupt gestrichen, sieben Jahre voll Pein und Freude, voll Schicksalstürmen und wenig Segen. Und doch ergriff mich Wehmut, wenn ich damals und jetzt verglich.«[34] War es Enttäuschung über das Ende seiner beruflichen Hoffnungen? Oder gar über seine Ehe?

Seltsamerweise blieb Charlotte auf Madeira zurück. Ein Sturm auf dem Weg zu den Kapverdischen Inseln, der bei ihr und ihren Damen zu Seekrankheit führte, soll die Ursache gewesen sein.

Waren es wirklich nur die Unbilden des Sturms und seine Folgen, die Charlotte bewogen, die Reise mit ihrem Mann abzubrechen? War es der Ärger einer hübschen, noch nicht einmal zwanzigjährigen Frau, die sich konfrontiert sah mit der Erinnerung an eine Tote, die ihr Mann kaum zwei Wochen lang gekannt hatte und die er dennoch mit romantischer Verklärung umgab? Charlottes klarsichtigem, kritischem Geist mußte das ziemlich versponnen erscheinen. Oder war sie überhaupt von ihrer Ehe enttäuscht? Fühlte sie sich vernachlässigt? Über die Ehe der beiden und die Gründe, warum diesem jungen Paar, das doch offensichtlich eine echte Zuneigung verband, der erwünschte und von allen erwartete Kindersegen versagt blieb, ist viel geschrieben worden.

Die ersten Schwierigkeiten traten wohl während dieser Reise auf. Damals soll der Erzherzog damit begonnen haben, getrennt von seiner Frau zu schlafen und lieber die eine oder andere Nacht auf der Kommandobrücke des Schiffes zu verbringen.

Was aber war geschehen? Vielfach wurde kolportiert, daß Ferdinand Maximilian sich später in Brasilien bei einer Prostituierten eine Geschlechtskrankheit geholt hätte, die ihn zeugungsunfähig machte. Ähnliche Geschichten einer venerischen Infektion sind allerdings auch über Kaiser Franz Joseph in Umlauf gebracht worden. Sie dürften allesamt auf bösartigen Erfindungen beruhen.

Es müssen also andere, subtilere Gründe dafür verantwortlich sein. Curt Elwenspoek führt sie in seinem Buch über Charlotte auf den Charakter der Eheleute zurück. Gewiß war Ferdinand Maximilians Entschluß, die Prinzessin von Belgien zu heiraten, von politischen und materiellen Gründen nicht frei, aber er fühlte sich zweifellos auch von der hübschen Siebzehnjährigen körperlich angezogen. Die so aussichtsreich erscheinende Aufgabe in Mailand, die vielfältigen Verpflichtungen, die dort zu erfüllen waren, die wertvolle Hilfe, die Charlotte ihrem Gatten leistete, hatte sie aneinander geschmiedet. In Miramare waren sie aber nur noch Privatpersonen, die ihren Alltag gestalten mußten: »In dieser neuen Lage mußte die Gegensätzlichkeit ihrer Naturen schärfer hervortreten und Gefahren heraufbeschwören, die um so größer waren, als der Teil, der von Natur aus der anschmiegende, sich einordnende hätte sein sollen, ohne Zweifel der härtere und gewichtigere war. Maximilians frauenhaft weiche ... ganz von Gefühl und Impression lebende ... Seele konnte den präzisen, scharf denkenden, logischen und objektiven Geist Charlottes nie und nimmer führen.«[35]

Joan Haslip sieht es ähnlich: »So sehr er auch ihre Klugheit bewunderte, als Frau zog sie ihn nicht mehr an. Sie war ihm zu besitzergreifend, zu anspruchsvoll und vielleicht auch zu leidenschaftlich für sein unbeständiges Wesen.«[36] Es ist durchaus möglich, daß sich Ferdinand Maximilian von seiner Frau instinktiv überfordert fühlte und sich darum von ihr zurückzog. Vielleicht versagte er auch in seiner Männlichkeit.

In den Tagebüchern des Paares findet ihr persönliches Verhältnis keine Erwähnung. Charlotte war wohl zu stolz, über ihre Eheschwierigkeiten zu schreiben. Die sonst so eifrige Briefschreiberin hat, entgegen ihrer Gewohnheit, nichts darüber ihrer Familie berichtet.

Erst am 4. März schrieb sie an ihren Bruder: »Was Max betrifft, denke ich, daß er bald zurückkommen wird. Ich hörte letzthin, daß er in Bahia war. Er machte die Reise allein, die wir beide eigentlich zusammen hätten unternehmen wollen. Übrigens ist es unnötig, Papa darüber vor Max' Rückkehr zu sprechen.«[37]

Offiziell hieß es, Charlotte sei aus gesundheitlichen Gründen in Funchal zurückgeblieben, sie selbst erwähnte davon nichts.

Sie konnte keine Kritik hinnehmen: »Ich bitte Dich, schlag Dir Portugal aus dem Sinn! Max ist weit mehr wert als es die

Krone von Portugal ist», liest man in einem Brief an ihren Bruder, der es wohl bedauerte, daß seine Schwester nicht Cousin Pedro gewählt hatte. »Wer weiß, was eines Tages Max' Bestimmung sein wird. Es scheint mir aber wenig wahrscheinlich, daß wir den Rest unserer Tage damit verbringen werden, Kohl zu pflanzen.«[38]

Da sie sich offensichtlich nicht einmal selbst die mindeste Kritik an ihrem Mann gestattete, ließ sie es um so weniger zu, daß andere ihn kritisierten, und seien es ihre engsten Verwandten. Sie hatte ihre Wahl getroffen. Zweifel daran waren nicht angebracht, denn das hieß, an sich selbst zu zweifeln.

Nach der Rückkehr nach Miramare schien das Ehepaar nicht viel Zeit gemeinsam verbracht zu haben. Die Bemerkungen, daß Max soeben für einige Tage fortgefahren sei oder daß sie Max bald zurückerwarte, tauchen oft in Charlottes Korrespondenz auf. Offensichtlich litt sie unter Heimweh, denn sie wünschte sich sehnlichst, im Herbst nach Belgien zu reisen, und sei es nur für einen Tag.

Die Reise nach Brasilien hatte bei Ferdinand Maximilian unauslöschliche Eindrücke hinterlassen. Die tropische Natur versetzte seine schwärmerische Seele in Entzücken. Der Anblick, der sich ihm am Morgen des 22. Januar 1860 bei der Landung an einem einsamen Strand bei Bahia bot, übertraf all seine Erwartungen. »Für einen Naturfreund und leidenschaftlichen Reisenden wie ich ist es ein unvergeßliches Moment, in jene Welt zu treten ... wo die mühseligen und beschränkten Sammlungen des alten Europa in Fleisch und Blut vor uns stehen ... wo das Buch Leben, der Traum Wirklichkeit wird«, brachte er seine ersten Eindrücke in seinem brasilianischen Tagebuch zu Papier.[39] Und später: »Eine neue Welt hat sich mir in ihrer reichsten Fülle erschlossen.«[40]

Er schlenderte unerkannt durch Bahia, wo ihn schließlich ein besorgter Konsul in einem kleinen Hotel bei einem guten Essen aufstöberte. Er verbrachte Stunden mit Botanisieren auf einer kleinen Insel, erfuhr beim Besuch einer Zuckerplantage, wie ein reicher Brasilianer lebte, und bestand zum Entsetzen seiner Begleitung sogar darauf, den Urwald des Mato Grosso im Süden des Landes kennenzulernen. Im weißen Anzug, den Kopf geschützt durch einen großen Hut, an dessen breiter Krempe ein grüner Schleier befestigt war, ging der Erzherzog auf seine Expedition. Ein Diener folgte ihm mit einer Machete, einem Reisenecessaire und dem unvermeidlichen Schmetterlingsnetz. Die Nacht im Urwald hatte ihre Tücken, was aber seiner Begeisterung keinen Abbruch tat.

Er unterließ es aber auch nicht, Kritik zu üben. Die weitverbreitete Sklaverei mit ihren harten Körperstrafen mißfiel ihm gründlich. In seiner liberalen Gesinnung hatte die Versklavung freier Menschen, gleich welcher Hautfarbe und Rasse sie angehörten, keinen Platz. Es war unwürdig, und er verurteilte die Regierung, vor allem aber die Geistlichkeit, die Sklavenhaltung nicht nur erlaubte, sondern sogar Profit daraus zog.

Schließlich wurde es höchste Zeit, dem Kaiser von Brasilien den längst fälligen Höflichkeitsbesuch abzustatten. Pedro II. war immerhin sein Cousin. Ferdinand Maximilians Vater und Pedros Mutter Maria Leopoldine waren Geschwister. Es blieb ihm also nichts anderes übrig, als seine Admiralsuniform anzuziehen und Pedro und seiner Familie seine Aufwartung zu machen.

Dieser Pflichtbesuch, der ihm reichlich lästig war, trug wohl dazu bei, daß er sowohl die Hauptstadt Rio de Janeiro als auch die sehr hübsch in den Bergen gelegene Sommerresidenz Petrópolis ziemlich negativ beurteilte. Den Kaiser und seine Familie fand er erst recht langweilig, so daß er froh war, als sein Schiff wieder in See stach.

Mitte März 1860 war der Erzherzog wieder an Bord der *Elisabeth*, um die Rückreise anzutreten und Charlotte in Madeira abzuholen. Mitte April befand sich das erzherzogliche Paar nach einen Zwischenaufenthalt auf Lacroma wieder in Miramare, wo das Schloß nun seiner Vollendung entgegensah. »Wir genießen in Ruhe, was die Gegenwart uns zu bieten hat. Die

Vorsehung hat uns so viel geschenkt, daß wir, selbst wenn uns einige ihrer Geschenke jetzt genommen sind, noch immer genug haben, um glücklich zu sein, wenn auch auf andere Art«, schrieb Charlotte an ihre ehemalige Erzieherin. Und einige Wochen später: »Selbst wenn das Leben, das wir gegenwärtig führen, nicht so ist, wie ich es mir vorgestellt habe, so kann ich Ihnen doch versichern, daß ich zuweilen Gott dafür danke, denn so wie die Dinge jetzt stehen, ist es besser, abseits der Welt zu leben, da ja der, der weniger besitzt, weniger zu verlieren hat.« Eine eigenartige Resignation, die so gar nicht zu der ehrgeizeigen, mit Energie geladenen jungen Frau zu passen scheint, spricht aus diesen Zeilen. Aber ganz gab sie die Hoffnung doch nicht auf: »Sollte die Situation wieder normal werden, dann glaube ich ... wird der Tag kommen, an dem der Erzherzog wieder eine führende Rolle in den Geschicken der Welt spielt, denn er ist zum Herrschen geschaffen, begnadet mit allen Eigenschaften, die Menschen glücklich zu machen. Es scheint mir unmöglich, daß all diese Gaben vergeudet sein sollen, nachdem sie sich in weniger als drei Jahren so glücklich bewährt haben.«[41]

So versuchte sie sich angesichts der unerfreulichen Situation offensichtlich selbst Mut zu machen. Denn Wien hatte ihren Gemahl abgeschoben, kaltgestellt, und eine Wende war nicht in Sicht. Vielleicht hatte sich Charlotte nach der Rückkehr Ferdinand Maximilians aus Brasilien eine positive Wendung in ihren privaten Beziehungen erhofft, doch das war allem Anschein nach nicht eingetreten.

Manche weisen im Gegenteil auf eine Reise nach Wien hin, die der Erzherzog allein unternahm und von der er sehr niedergeschlagen zurückkam. Handelte es sich dabei wirklich um einen Arztbesuch wegen jener geheimnisvollen Krankheit, die er sich angeblich in Brasilien zugezogen hatte? Auch eine Augenkrankheit, die ihn nur schlecht Licht ertragen ließ und für die er inkognito Spezialisten aufsuchte, könnte damit in Zusammenhang stehen. Oder war es einfach eine Unterredung mit seinem kaiserlichen Bruder, die ihn so deprimierte? Allerdings bezeugt der langjährige Kammerdiener des Erzherzogs, Anton Grill, daß das Ehepaar seit damals getrennte Schlafzimmer hatte und auch keinerlei Austausch von Zärtlichkeiten mehr beobachtet wurde. Etwas dürfte also vorgefallen sein. Doch über solche Dinge sprach man nicht – ein Gebot, das bekanntlich noch bis tief ins 20. Jahrhundert galt.

Ferdinand Maximilian war oft abwesend, und manchmal hatte es den Anschein, als beginne er die Vorteile des Junggesellenlebens wieder zu schätzen: die Gesellschaft seiner Marinekameraden, die vertraute Gemeinschaft bei einer Flasche Wein und einer guten Zigarre, gewürzt mit Witzen, die nicht immer für Damenohren geeignet waren.

Manchmal kamen natürlich auch Gäste nach Miramare – aus Wien oder aus Monza und Mailand. Aber es geschah recht heimlich, offensichtlich um beim neuen Regime nicht unliebsam aufzufallen. Das trug dazu bei, den Groll auf die Hofburg in Wien zu steigern, die in Charlottes Augen alles, was so schön begonnen, durch ihre rüde Politik verdorben hatte. Daß die österreichische Regierung damit gescheitert war, verschaffte zwar ein wenig Genugtuung, vermochte aber nicht, an der eigenen Lage etwas zu ändern.

Ein Kaiser wird gesucht

José-Maria Gutierrez de Estrada

Man suchte einen Kaiser. Die Herren, die diesen Wunsch zu ihrer Lebensaufgabe gemacht hatten, waren streng konservativ und monarchisch gesinnt und lebten schon lange in Europa. Der eifrigste unter ihnen hatte sein Heimatland sogar seit mehr als zwanzig Jahren nicht mehr betreten. Die chaotischen Verhältnisse, die dort herrschten, waren ihm zu gefährlich. Das Leben in seinem römischen Palazzo kam seinen Bedürfnissen jedenfalls mehr entgegen. Er hieß José Maria Gutierrez de Estrada und war der Schwiegersohn der Gräfin Maria Ignatia von Lützow. Diese hatte dem Haushalt des Erzherzogs Ferdinand Maximilian und seiner Gemahlin Charlotte schon in Monza vorgestanden und war später mit nach Miramare übergesiedelt.

Der Gräfin, die das junge Ehepaar sehr schätzte, war es nicht entgangen, daß es über die herrschende Situation nicht gerade glücklich war. Was lag daher näher, als daß sie ihrem Schwiegersohn davon berichtete! Und der nahm die Nachricht mit Begeisterung auf. Für ihn war der Erzherzog der Kandidat par excellence. Er war der Bruder des Kaisers von Österreich und entstammte dem ältesten und berühmtesten Herrscherhaus Europas, an dessen konservativer und streng katholischer Gesinnung niemand zweifeln konnte. Er war jung und ehrgeizig, und was ausschlaggebend war: Er war unzufrieden mit seiner untergeordneten Stellung. Kurz, einen besseren Anwärter auf den Thron von Mexiko konnte er gar nicht finden!

Der nun folgende kurze Rückblick auf die mexikanische Geschichte soll das Verständnis für Gutierrez' Bestrebungen erleichtern.

Ein wenig mexikanische Geschichte

Den indianischen Bewohnern Mexikos müssen die Fremden, die im Jahre 1519 bei Veracruz ihr Land betraten, wie Wesen aus einer anderen Welt vorgekommen sein. Sie hatten eine helle Haut, manchmal sogar helles Haar, und einige saßen auf riesigen Tieren, die sie noch nie gesehen hatten. Pferde waren in Mexiko damals ebenso unbekannt wie die seltsamen feuerspeienden Waffen, mit denen sie schließlich unter ihrem Anführer Hernando Cortez Mexiko eroberten. Das Aztekenreich wurde nun in Neuspanien umbenannt, und Cortez war sein erster Statthalter und Generalkapitän. Auf den Ruinen der durch die Belagerung völlig zerstörten Hauptstadt Tenochtitlán errichteten die Spanier ihre neue Hauptstadt und bauten den Nationalpalast, eine Kathedrale und eine Universität. Spanische Beamte kamen ebenso ins Land wie ein großes Aufgebot an Klerikern und Mönchen, vor allem Dominikaner und Franziskaner. Die heidnischen Azteken, die auch mit blutigen Menschenopfern ihre Götter gnädig zu stimmen versuchten, sollten zum Christentum bekehrt und der allein seligmachenden Kirche zugeführt werden. Wer sich dagegen zur Wehr setzte, war eben ein uneinsichtiger Ketzer und wurde als solcher bestraft. – Den größten Einfluß hatten die in Spanien Geborenen; die in den spanischen Kolonien Amerikas geborenen Nachkommen spanischer Eltern, die Kreolen, waren schon etwas weniger angesehen. Für die Mischlinge zwischen Weißen und Indios, Mestizen genannt, vor allem aber für die Indios selbst, die Abkömmlinge der indianischen Ureinwohner, kamen nur untergeordnete, hauptsächlich dienende Stellungen in Betracht. Mexiko mit seinen ergiebigen Silbervorkommen und sonstigen Bodenschätzen wurde zu einer wertvollen Kolonie, neue Gebiete – wie Texas und Kalifornien – wurden bald angegliedert.

Die Unabhängigkeitserkärung der Vereinigten Staaten von Amerika (4. Juli 1776) und die Französische Revolution (1789) und ihre Folgen beeinflußten auch die Entwicklung in Mexiko. Am 16. September 1810 wurde der Kampf um ein freies Mexiko eingeläutet. Doch erst nach zehn Jahren gelang es dem jungen Offizier Agustín de Itúrbide, als Sohn spanischer Eltern in Mexiko auf die Welt gekommen, die Unabhängigkeit des Landes zu besiegeln und sich selbst als Agustín I. zum Kaiser auszurufen. Die Privilegien der katholischen Staatskirche, des größten Landeigentümers, wurden garantiert und die Gleichheit aller Mexikaner proklamiert. Doch Itúrbides Herrschaft dauerte nicht lange. General Antonio López de Santa Ana (Santana) nutzte die entstandenen Streitigkeiten, um sich an die Spitze des Staates zu stellen. Itúrbide dankte ab und erklärte sich kampflos damit einverstanden, das Land zu verlassen. Im Gegenzug wurde ihm eine Pension gewährt. Er ging zunächst nach Italien, später nach London ins Exil, wo er seine Autobiographie veröffentlichte. Unzufrieden mit seinem Leben, entschied er sich, nach Mexiko zurückzukehren, wo er Mitte Juli 1824 im Hafen von Tampico eintraf. Sofort nach seiner Ankunft wurde er jedoch von den örtlichen Behörden gefangengenommen und kurz darauf erschossen. Santa Ana schaffte es zwar, sechsmal Präsident von Mexiko zu sein, konnte aber den erbitterten Bürgerkrieg, der zwischen Konservativen und Liberalen tobte, nicht verhindern. In dreißig Jahren gab es dreißig Präsidenten. Sie alle versprachen viel und hielten wenig, versorgten vor allem sich selbst und ihre Anhänger mit lukrativen Pfründen und blieben so lange im Amt, bis das Geld, über das sie verfügten, verbraucht war. Der Verlust von Texas, Neu-Mexiko und Kalifornien an die Vereinigten Staaten verkleinerte das Staatsgebiet um die Hälfte.

Unter dem Indio Benito Juárez, der als einer der größten Reformer Mexikos gilt, wurde eine neue, antiklerikale und liberale Regierung gebildet. Er war ein Idealist, zweifellos aber auch eine starke Führungspersönlichkeit. Juárez verfügte eine vollständige Trennung von Kirche und Staat. Die Kirche verlor ihren Grundbesitz und hatte kein Recht mehr, solchen neu zu erwerben, eine liberale Verfassung wurde erlassen. Die Regierung hoffte, sich mit dem Verkauf des reichen Kirchenbesitzes der drückenden Auslandsschulden zu entledigen. Doch die Rechnung ging nicht auf. Die Nachfrage war weit geringer als das Angebot. Verständlich, daß der Klerus und die konservativen Großgrundbesitzer mit allen Mitteln gegen die liberale Partei kämpften. Sie unterstützten den jungen General Miguel Miramón und wählten ihn 1859 zum Präsidenten. Aber auch sein Geld ging bald aus. Das bekamen vor allem die Soldaten zu spüren, die keinen Sold mehr erhielten und der Reihe nach desertierten. Also nahm Miramón, dem das Wasser bis zum Halse stand, beim Schweizer Bankhaus Jecker eine Anleihe auf. Zu katastrophalen Bedingungen. Das wenige Geld, das die Anleihe brachte, reichte wiederum nur für kurze Zeit. Miramón unterlag den Truppen seines Feindes Juárez und floh aus Mexiko. Ab Januar 1861 war Juárez endgültig Herr im Land, nur einige Generäle des konservativen Lagers leisteten noch vereinzelt Widerstand.

Im konservativen Europa war man entsetzt. Was aber das Faß zum Überlaufen brachte, war, daß Juárez, nach wie vor von Geldsorgen geplagt, seinen ausländischen Zahlungsverpflichtungen nicht mehr nachkam. Er zahlte überhaupt nichts mehr, weder für die Jecker-Anleihe noch für die schon früher aufgenommenen Schulden. Guerillakämpfe, Raub und Diebstahl waren zudem an der Tagesordnung, auch die in Mexiko lebenden Ausländer blieben nicht verschont. Das war zuviel. Die Großmächte, vor allem England, Frankreich und die ehemalige Kolonialmacht Spanien, beschlossen, zu handeln.

Gutierrez, ein streng katholischer Jesuitenzögling, konservativ und patriotisch gesinnt von Jugend an, hatte sich nie von seiner Überzeugung abbringen lassen, daß einzig eine Monarchie seinem Land zu neuer Blüte verhelfen könne. Das Chaos der Bürgerkriege, die ständig wechselnden Präsidenten hatten ihn darin nur bestärkt.

Eine Zeitlang hatte Gutierrez Mexiko als Diplomat in verschiedenen Ländern Europas vertreten, 1840 kehrte er in seine Heimat zurück und war dort als Außenminister tätig. Doch seine monarchistische Überzeugung, die er lautstark vertrat, machte ihn bald überall so unbeliebt, daß er es vorzog, das Land zu verlassen. Sein Vermögen nahm er soweit wie möglich mit. Er ließ sich in Rom nieder, wo er heiratete und das angenehme und sichere Leben eines reichen Privatiers führte. Seine Lieblingsidee hatte er jedoch nicht aufgegeben.

Damit stand er nicht allein. Schon Mitte der 1850er Jahre hatte Santa Ana ihn beauftragt, unter Wahrung der größten Diskretion Erkundigungen einzuziehen, ob ein Prinz aus einem europäischen Herrscherhaus geneigt wäre, die Krone Mexikos anzunehmen. Schon viel früher hatte Gutierrez ja der Abordnung angehört, die dem österreichischen Erzherzog Karl die Herrschaft über Mexiko antrug. Der Erzherzog hatte Berühmtheit erlangt, als er Napoleon I. im Jahre 1809 in der Schlacht bei Aspern die erste Niederlage beigebracht hatte. Vielleicht empfahl ihn das als Kaiser für Mexiko. Die Pläne verliefen jedoch im Sand. Schließlich war ja bereits auch König Leopold seinerzeit die Krone Mexikos angetragen worden. Die Idee, dort eine Monarchie zu errichten, war also nicht neu. Selbstverständlich sollte es eine Monarchie nach streng konservativen Grundsätzen sein, gestützt und getragen vor allem von Großgrundbesitz und Kirche, deren Interessen sie zu vertreten hatte. Aber auch die größtenteils unpolitische Bevölkerung sehnte sich nach den chaotischen

Verhältnissen der Vergangenheit vor allem nach Ruhe und Ordnung. Eine stabile Regierung schien die Garantie dafür zu bieten.

José Hidalgo und Kaiserin Eugénie

Gutierrez stand mit seinen Ideen nicht allein. Er hatte einen Assistenten, der zwar keine sehr einflußreiche Stellung hatte, aber über freundschaftliche Beziehungen verfügte, deren Wert, wie die Zukunft lehren wird, unbezahlbar war: José Hidalgo, Zweiter Sekretär der mexikanischen Gesandtschaft zuerst in London, dann in Madrid, schließlich in Paris.

Auch Hidalgo hatte hauptsächlich in Europa gelebt, vor allem in Spanien, wo er sich bald in der besten Gesellschaft einen großen Freundeskreis schuf. Dazu zählte die Gräfin Montijo mit ihren schönen Töchtern. Eine davon, Eugénie, wurde später die Gemahlin von Kaiser Napoléon III. und damit Kaiserin der Franzosen.

Als Hidalgo an die mexikanische Gesandtschaft in Paris wechselte, hatte er natürlich größtes Interesse daran, die alten Beziehungen wiederaufzunehmen. Bei einem Besuch in Biarritz, einem der Lieblingsaufenthalte der Kaiserin, fiel es ihm nicht schwer, die Bekanntschaft aufzufrischen.

Eugénie war sichtlich erfreut, den charmanten Mexikaner, der ihr von Madrid in bester Erinnerung war, wiederzusehen. Ihre Stimmung war damals etwas getrübt. Zwar galt sie als eine der schönsten Frauen ihrer Zeit, was aber ihren Gemahl nicht daran hinderte, sie nach Strich und Faden zu betrügen. Der Klatsch blühte, und so erfuhr Eugénie binnen kurzem von dem Verhältnis, das Napoleon III. mit der Gräfin Castiglione unterhielt. Besonders empört war sie darüber, daß sich ihr Gemahl mit der Gräfin eingelassen hatte, während sie schwanger war und sich nach der schwierigen Geburt des Thronerben nur langsam erholte. Wie beschämend, wenn diese Geschichte in ganz Europa die Runde machte. Die Frau, die man als eine der schönsten der Welt pries, vermochte es nicht einmal, ihren Gatten zu fesseln!

Die amüsante Gesellschaft des jungen mexikanischen Diplomaten war für Eugénie eine willkommene Abwechslung und Hidalgo bald ein häufiger Gast in den Tuilerien und in Saint-Cloud. Am Hof des französischen Kaiserpaars herrschte bei weitem keine so strenge Etikette wie in Wien, wo ein unbedeutender Diplomat ohne klingenden Adelstitel und derzeit außer Dienst kaum Zutritt gefunden hätte. Zwar hatte die liberale Regierung in Mexiko Hidalgo seiner Stellung an der Gesandtschaft enthoben, aber er war vermögend genug, um auch weiterhin seinen eleganten Junggesellenhaushalt in Paris zu finanzieren.

Was lag also näher, als daß er bei seinen häufigen Besuchen der Kaiserin von den Wirren in seinem Vaterland berichtete und die unerträglichen Verhältnisse beklagte, die dort herrschten. Sein Bericht stieß bei ihr auf lebhaften Widerhall und weckte nicht nur ihr Mitgefühl, sondern auch ihr Interesse.

Seit ihr Mann sie so sichtlich betrog, hatte Eugénie begonnen, sich mit Politik zu beschäftigen, um sich von ihrer Enttäuschung abzulenken. Napoleon war zwar nicht besonders erfreut darüber – schließlich war Politik Männersache –, aber er hatte ein schlechtes Gewissen und scheute eine Auseinandersetzung. Also gewöhnte er es sich an, seine Frau über politische Probleme zu informieren und diese mit ihr zu besprechen.

So kamen nicht nur die bedauerlichen Zustände in Mexiko zur Sprache, sondern auch der wachsende Einfluß der Vereinigten Staaten, die in den vergangenen Jahren auf Kosten Mexikos ihr eigenes Territorium erheblich ausgedehnt hatten – eine Machtvergrößerung, die man in Europa mit wachsender Skepsis betrachtete. Und sie waren das einzige Land, das die liberale Regierung von Juárez anerkannte und unterstützte.

Am französischen Kaiserhof war es Brauch, im Herbst in den herrlichen Wäldern im Gebiet von Schloß Compiègne Jagden zu veranstalten und verdiente Persönlichkeiten aus Politik, Kunst und Kultur dazu einzuladen. Die Gäste speisten gemeinsam mit dem Kaiserpaar an der großen Mittagstafel in der prächtigen Galerie Heinrichs II. und hatten auch Gelegenheit, mit dem Kaiser in näheren Kontakt zu treten. Auf Anregung der Kaiserin zählte Don José Hidalgo im Jahr 1858 ebenfalls zu den illustren Gästen jener Jagdgesellschaft. Dennoch war er ziemlich überrascht, als der Kaiser ihn schon am ersten Tag ins Gespräch zog und sich über Neuigkeiten aus seiner Heimat erkundigte.

»Die Nachrichten sind sehr schlecht, und das Land wird zugrunde gehen, wenn Eure Majestät nicht zu Hilfe kommen«,[42] antwortete Hidalgo, worauf der Kaiser ihn beiseite nahm und sich eine halbe Stunde mit ihm unterhielt. Bei diesem Gespräch unterrichtete Hidalgo den Monarchen über alle Schritte, die bisher unternommen wurden, um eine Monarchie in Mexiko zu installieren. Kaiser Napoleon antwortete, daß man ohne England nichts tun könne und dazu »eine Armee, Millionen und dann ein Prinz gehöre«.[43]

So viel Interesse hätte sich der junge Mexikaner gar nicht träumen lassen. Um so mehr bemühte er sich, den Kaiser für seine Idee einzunehmen. Und im Laufe dieses Gesprächs fiel dann der Name des Prinzen, der möglicherweise an dem Projekt interessiert sein würde: Erzherzog Ferdinand Maximilian, der Bruder des Kaisers von Österreich, der untätig in Miramare saß.

Die Idee, auf die die Gräfin Lützow gekommen war, hatte auf verschlungenen Wegen den Kaiser der Franzosen erreicht. Dieser war sich der Schwierigkeiten durchaus bewußt, in Mexiko eine Monarchie einzurichten. Nicht nur daß England eifersüchtig über die Wahrung des Gleichgewichts unter den Mächten wachte und Spanien Mexiko als sein ehemaliges Kolonialgebiet betrachtete, auch Amerika würde der Errichtung einer Monarchie direkt vor seiner Haustür erheblichen Widerstand entgegensetzen und sich dabei auf die sogenannte Monroe-Doktrin vom 2. Dezember 1823 berufen. Sie bestimmte, »daß die USA auf jede Einmischung in Europa verzichten, aber alle Kolonisationsversuche, Gebietsübertragungen und Interventionen nichtamerikanischer Mächte gegenüber unabhängigen Staaten der westlichen Hemisphäre als unfreundlichen Akt betrachten würden«.[44] Für den Fall, daß die europäischen Kolonialmächte diese politischen Grundsätze ignorieren sollten, kündigte sie ein Eingreifen der USA an. »Amerika den Amerikanern«, hieß das Schlagwort.

Günstig stimmte andererseits, daß es innerhalb der Vereinigten Staaten zu großen Gegensätzen gekommen war. Die Südstaaten wehrten sich gegen die von den Nordstaaten propagierte Sklavenbefreiung. Sie bedrohte ihre Plantagenwirtschaft und damit ihren Wohlstand. Im Jahre 1861 brach der Amerikanische Bürgerkrieg, auch Sezessionskrieg genannt, zwischen den Nord- und den Südstaaten aus. Er nahm einen beträchtlichen Einfluß auf die Ereignisse in Mexiko.

In den europäischen Monarchien war man nicht gerade unglücklich über diese Entwicklung in Amerika. Sie erleichterte die mexikanischen Pläne, an denen Juárez letztendlich selbst schuld war. Warum hatte er auch seine Schulden nicht bezahlt und dadurch Europa gegen sich aufgebracht?

Der Traum vom eigenen Reich

Die Jecker-Anleihe

Bekanntlich macht Geld zwar nicht glücklich, aber es beruhigt ungemein. Auch in der mexikanischen Tragödie, die nun langsam ins Rollen kam, spielte es eine wichtige Rolle.

Juárez hatte mit seiner Weigerung, seinen Verpflichtungen nachzukommen, eine Lawine ausgelöst. Von ihr wurde zuerst der Schweizer Bankier Jecker erfaßt. Er hatte sein gutes Geld im besten Glauben verliehen, damit es, um Zins und Zinseszins vermehrt, regelmäßig an seine Bank zurückfloß. Nun sah er es im fernen Mexiko versickern. Der Verlust – und es sah tatsächlich nach einer toteln Einbuße aus – traf ihn hart. Wie Jecker behauptete, brachte er ihn sogar an den Rand des Bankrotts. Dabei war die Anleihe, die Präsident Miramón aufgenommen hatte, damals für die Bank mehr als ein gutes Geschäft gewesen. Von 75 Millionen Francs an mexikanischen Staatsschuldverschreibungen bekam Mexiko nämlich nur den Bruchteil von lächerlichen dreieinhalb Millionen ausbezahlt – ein Wuchergeschäft, bei dem eine Menge einflußreicher Leute für ihre Hilfe Provisionen kassierte!

Auch den Herzog von Morny plagten Geldsorgen. Der Herzog war im neu erstandenen französischen Kaiserreich zu einer wichtigen Persönlichkeit geworden. Hatte er doch eine entscheidende Rolle bei jenem Staatsstreich vom 2. Dezember 1851 gespielt, bei dem sein Halbbruder Napoleon III. an die Macht gekommen und ein Jahr später zum Kaiser der Franzosen gewählt worden war! Zunächst mit dem Amt des Innenministers betraut, war Charles de Morny nun Präsident der Gesetzgebenden Nationalversammlung. Aber er war auch ein Lebemann, der auf meist zu großem Fuß lebte. Ein kostspieliges Umfeld, schöne Frauen, vor allem aber das leidige Glücksspiel, bei dem das Glück ihn bedauerlicherweise oft im Stich ließ, waren die Ursache dafür, daß seine Ausgaben immer größer waren als seine Einnahmen – mit einem Wort, Morny hatte Schulden. Da traf es sich gut, daß er einen Freund hatte, sofern ein hochgeborener Herzog eben einen Freund einfachbürgerlicher Herkunft haben kann. Dieser Freund war Bankier und hieß Jean-Baptiste Jecker.

Um Juárez begreiflich zu machen, daß es unter zivilisierten Menschen üblich war, Schulden zu bezahlen, und England, Frankreich und Spanien in dieser Hinsicht nicht mit sich spaßen ließen, wurde beschlossen, ein Expeditionskorps nach Mexiko zu schicken.

Herzog von Morny wußte das. Auch Jecker wußte es und schlug dem Herzog ein Geschäft vor. Er bot ihm für seine politische Unterstützung dreißig Prozent seiner mexikanischen Schuldverschreibungen an. Der Herzog griff zu. Jecker wurde in aller Eile französischer Staatsbürger. Seine Ansprüche waren nun ein Teil der Forderungen, die der französische Staat an Mexiko hatte. Auch Herzog von Morny, nun ein Gläubiger Mexikos, hatte größtes Interesse daran, daß sich dort etwas änderte.

Ein österreichischer Erzherzog für Mexiko?

Der Plan, in Mexiko zu intervenieren, war auch das Werk von Hidalgos Überredungskunst. »Mexiko wird angesichts der vereinigten drei Flaggen die ganze Macht und Überlegenheit dieser Allianz erkennen. Die ungeheure Mehrheit des Landes wird sich dann auf die intervenierenden Mächte stützen, die Demagogen vernichten und die Monarchie proklamieren, die allein das Land retten kann. Die Vereinigten Staaten sind in Kriegsnöten, sie werden sich nicht rühren und sich übrigens niemals den drei vereinigten Mächten entgegenstellen. Möge sich die alliierte Fahne zeigen, Sire, und ich bürge Eurer Majestät dafür, daß sich das Land in Massen erheben wird, um die glückbringende Dazwischenkunft zu unterstützen.«[45]

Die Zukunft wird zeigen, wie viele von Hidalgos rosaroten Prophezeiungen in Erfüllung gehen werden. Napoleon gab zu, daß der Zeitpunkt günstig sei, denn die Vereinigten Staaten waren mit internen Problemen beschäftigt. Man beschloß daher in Paris, daß Gutierrez vorsichtig Ferdinand Maximilians Bereitschaft sondieren solle.

In Wien hielt man zunächst nichts von dieser Idee. Das änderte sich erst, als Fürst Richard Metternich, ein Sohn des ehemaligen Staatskanzlers und derzeit österreichischer Botschafter in Paris, einen Brief erhielt, der sich auf Mexiko bezog. Kaiserin Eugénie ließ ihn wissen, daß die französische Regierung bereit sei, Erzherzog Ferdinand Maximilian »moralisch« zu unterstützen.

Aus unterschiedlichen Gründen hatte das französische Kaiserpaar großes Interesse an Mexiko. Die Kaiserin, eine gebürtige Spanierin, wünschte sich, daß in der ehemaligen Kolonie ihres Heimatlandes wieder normale Verhältnisse herrschten und die katholische Kirche ihre angestammten Rechte zurückbekam. Napoleon III. ging es vor allem um wirtschaftliche Vorteile und eine Vergrößerung des Ruhmes Frankreichs.

Spanien hoffte insgeheim, seine alte Stellung in Mexiko wiederzugewinnen, und England, dem Wahrer des europäischen Gleichgewichts, war daran gelegen, daß nichts von den Wünschen der anderen in Erfüllung ging, sondern daß sich die mexikanischen Verhältnisse normalisierten und die Schulden bezahlt würden.

Nun wurde man aber auch in Wien aktiv. Außenminister Johann Bernhard Graf Rechberg, der selbst der Angelegenheit ablehnend gegenüberstand, mußte feststellen, daß Kaiser

Franz Joseph diesem Vorschlag nicht ganz abgeneigt war. Den Kaiser schien der Gedanke, Ferdinand Maximilian jenseits des Ozeans zu wissen, keineswegs zu stören. Es kam ihm sogar gelegen, wenn sein Bruder mit seinen unbequemen Ansichten, die so wenig in seinen eigenen Regierungsstil paßten, anderswo ein neues Betätigungsfeld fand. Vielleicht war es eine günstige Chance, das in letzter Zeit etwas ramponierte Ansehen Habsburgs wieder zu erhöhen. Rechberg erhielt den Auftrag, nach Miramare zu reisen, um zunächst die Meinung des Erzherzogs einzuholen.

Der Erzherzog war über den Besuch des österreichischen Außenministers nicht besonders überrascht. Gutierrez, Gräfin Lützow und König Leopold hatten dafür gesorgt, daß seit Wochen Mexiko in Miramare Gesprächsthema Nummer eins war. Die Begeisterung, mit der Charlotte die Entwicklung aufnahm, tat ein übriges. Ferdinand Maximilian wunderte sich höchstens, daß sein Bruder seinen Außenminister schickte, die Angelegenheit also anscheinend recht wichtig nahm.

Charlotte hatte zwar immer wieder beteuert, wie wohl sie sich in Miramare fühle, wie glücklich sie sei und daß sie weder unter der Einsamkeit noch unter der Bedeutungslosigkeit ihrer Stellung litt. Doch damit belog sie sowohl sich selbst als auch ihre Umgebung. In Wahrheit sehnte sie sich nach Tätigkeit, denn ihr Ehrgeiz ertrug nur schwer die Zurücksetzung – vor allem die ihres Mannes. Seine Stellung, die sie seiner für unwürdig und erniedrigend hielt, kränkte sie mehr als ihre eigene Position.

Und wie kam der Erzherzog selbst damit zurecht? War er sich seines Ranges nicht mehr bewußt? Schließlich hatte er doch bei seinem ersten Spanienbesuch voller Ehrfurcht in der Königlichen Kapelle der Kathedrale von Granada vor den Sarkophagen des Herrscherpaares Ferdinand von Aragon und Isabella von Kastilien, ihrer Tochter Johanna und ihrem Schwiegersohn Philipp gestanden, die seine Vorfahren waren und deren Blut auch in seinen Adern floß.

Isabella und Ferdinand hatten im Jahre 1492 den letzten maurischen König aus Granada vertrieben und damit der Herrschaft der Muslime in Spanien ein Ende gesetzt. Im selben Jahr hatte Königin Isabella den Visionen eines Mannes namens Kolumbus vertraut und ihm Geld und Schiffe gegeben. Den Weg zu den Schätzen Indiens hatte er nicht gefunden, aber dafür einen bisher unbekannten Kontinent entdeckt, den man später Amerika nannte – eine neue Welt für Spanien, für Habsburg, die Welt, in der die Sonne nicht unterging. Maximilians Ahnherr, Kaiser Karl V., der Enkel Ferdinands und Isabellas, hatte darüber geherrscht.

Das war Geschichte und längst vergangen. Das Angebot Mexiko aber war Realität. Auch Mexiko war jahrhundertelang ein Teil jenes Weltreichs gewesen, und nun sollte erneut ein Habsburger die Krone Mexikos tragen? – Maximilian, Kaiser von Mexiko. Allein der Gedanke daran war berauschend und entschädigte den Erzherzog für all die Erniedrigung der letzten Zeit. Endlich würde er nicht mehr hinter seinem Bruder, dem Kaiser, zurückstehen, sondern selbst ein Kaiser sein und ihm beweisen, daß auch er imstande sei, ein Land zu regieren. Und seine lebhafte Phantasie und sein Sinn für Romantik gaukelten ihm sogar die Vision eines weltumspannenden habsburgischen Reichs vor, das schemenhaft und wider alle Vernunft vor seinem geistigen Auge aufstieg. Hatte er nicht einen jüngeren Bruder und Kaiser Pedro von Brasilien eine beinahe heiratsfähige Tochter?

Doch Ferdinand Maximilian war eine schwankende Natur. Sogleich kamen ihm Bedenken. Das Angebot annehmen hieß zugleich, alles zurücklassen, an dem er hing: die Flotte, für deren Erneuerung er sich eingesetzt hatte und die ihm so sehr am Herzen lag, das wunderschöne Schloß, das er nach eigenen Plänen hatte bauen lassen und das nun fast vollendet war. Er liebte es ebensosehr wie das ganze Land, das es umgab. Würde er das alles je wiedersehen, wenn er Kaiser von Mexiko wurde?

Sein Realismus gewann indes bald wieder die Oberhand. Das Angebot war zweifellos verlockend, aber seine Verwirklichung nicht ohne Gefahr. In einer Denkschrift heißt es: »Man wird mich stets ... bereit finden, für Österreich und die Machtstellung meines Hauses jedes, wenn auch noch so schmerzhafte Opfer zu bringen. Im vorliegendem Falle wäre es ein doppeltes, sowohl für mich als für meine Frau, denn es hieße sich von Europa und seinen Verhältnissen für immer losreißen. Die Vorteile für Österreich, für den neu zu belebenden Ruhm meines Hauses verkenne ich keineswegs ... Unser Haus ist durch das Andrängen der jetzigen Zeitumstände in seinem ehemaligen Glanz verdunkelt; während die Coburg Thron um Thron erringen ... hat unsere Familie gerade in den allerletzten Zeiten in Modena und Toskana zwei Souveränitäten verloren.«[46]

Aber war es wirklich ein Opfer, das er bringen würde? Ging es ihm nur um die Vermehrung habsburgischer Macht? Sein Tagebuch offenbart den Groll und die Frustration, die er in seiner Lage empfand: »Mein Wesen und mein Individualismus mißfallen meinem Bruder, wie Franz Joseph mir ins Gesicht gesagt hat. Der Kaiser ist empört über meine liberale Gesinnung. Er fürchtet die aufrichtige und impulsive Art des Bruders ... Schließlich ist er der Kaiser, dessen Macht ich als erster anerkenne. Deshalb habe ich mich völlig zurückgezogen in den Frieden Miramares und Lacromas.«[47] Das war wohl der Hauptgrund, weshalb es sich bereits damals um weit mehr als ein Liebäugeln und Kokettieren mit jenem Angebot handelte, das ihm plötzlich die Chance zu geben schien, mit der drückenden Enge und Bedeutungslosigkeit seines Lebens zu brechen. Er wollte nicht – wie so viele andere Erzherzöge – untätig sein, nur untergeordnete Pflichten erfüllen und von der Apanage leben.

Noch war er sich unschlüssig.

Es besteht völlige Übereinstimmung darüber, daß Charlotte die treibende Kraft der Unternehmung war und ihren vielleicht noch nicht entschlossenen Gemahl immer wieder zu begeistern verstand. Laut Haslip bestätigt das auch das private Tagebuch Maximilians.

»Und nun komme plötzlich das Angebot des mexikanischen Thrones, der ihm die Möglichkeit gebe, einem Leben bedrükkender Untätigkeit und voller Einschränkungen zu entfliehen. Welcher gesunde junge Mann in seiner Stellung, so fragt er, den noch dazu eine liebende und energische Ehefrau ansporne, würde diese Offerte ausschlagen?«[48]

Charlotte kannte die Stärken, aber auch die Schwächen ihres Gemahls und wußte, wie sie ihn am besten überzeugen konnte. Sie hob seine Fähigkeiten hervor: Wie gut er die Lombardei regiert und weitgehend Anerkennung gefunden habe, welch große Aufgabe jetzt vor ihm liege, daß er viel zu jung sei, um zu resignieren, und daß es empörend sei, wie man ihn in Wien behandle! Daher sei es an der Zeit, seinen Widersachern zu beweisen, wie man ein Volk glücklich mache. Sie wird gewiß auch erwähnt haben, daß es eine Ehre sei, den geknechteten Menschen in Mexiko die Freiheit zu bringen und zugleich den Namen Habsburg und Österreich neuen Glanz zu verleihen. Daß Ferdinand Maximilian für einen Appell an seine Ehre besonders empfänglich war, wird sich noch des öfteren zeigen.

Persönliche Gründe mochten, vielleicht ohne daß es Charlotte selbst bewußt wurde, eine große Rolle spielen. Maximilian hatte in ihr die Sehnsucht nach körperlicher Erfüllung geweckt. Nun hatte er sich von ihr zurückgezogen, welche Ursachen auch immer dafür verantwortlich waren. Charlotte litt darunter, doch ihr Stolz verbot es ihr, um ihn zu werben, ihn zu verführen. Das war ihrer Ansicht und ihrer Erziehung nach die Rolle des Mannes.

Als Ferdinand Maximilian damals nach Brüssel gekommen war, hatte sie sich in ihn verliebt. Er war die Erfüllung ihrer Jungmädchensehnsüchte gewesen, und obwohl ihr eheliches Glück einen Riß bekommen hatte, liebte sie ihn noch immer. Und weil sie ihn liebte, wünschte sie sich, daß er ein Mann sein sollte, von dem die Welt sprach, ein Fürst, der Geschichte machte, wie es seiner Herkunft zukam. An seinen Fähigkeiten zweifelte sie nicht.

Alles, was einer Frau naturgemäß Erfüllung bot – das sexuelle und das Mutterglück –, war ihr verwehrt. Daher konzentrierte sie sich auf das, was in ihrer Macht lag und nur sie ihrem Mann geben konnte: Beraterin zu sein, Helferin mit ihrer ganzen Kraft und all ihren Fähigkeiten. Gemeinsam mit ihm wollte sie jenes Land regieren, mit starker Hand, aber auch mit Milde und Weisheit dem Beispiel des »cher Papa« folgend, der es ihr in Belgien vorgelebt hatte. Ihr Gemahl würde Kaiser sein und sie die Kaiserin. Der Glanz der Kaiserkrone würde auf sie beide fallen … Das war das Traumbild, das nun Charlottes Leben beherrschte.

Vielleicht träumte sie insgeheim auch davon, daß sie sich auch als Ehepaar einander wieder näherkämen und alles wieder so werden würde, wie es am Anfang war.

Aber Charlotte war nicht nur eine Träumerin; sie wollte keine folgenschwere Entscheidung alleine treffen. Besonders wichtig war ihr der Rat ihres Vaters, von dessen Klugheit und Weitblick sie seit Kindheit an überzeugt war. Leider ließ König Leopold jene Vorsicht, die ihn selbst einst bewogen hatte, den mexikanischen Thron abzulehnen, diesmal im Stich. Die Aussicht, seine geliebte Tochter als Kaiserin zu sehen, nicht zu vergessen die Ehre, die das Haus Coburg dadurch gewinnen würde, trübte offensichtlich seinen sonst so klaren politischen Blick. War es nicht üblich, Prinzen aus angestammten Herrscherhäusern auf vakante Throne zu heben? Ein europäischer Kaiser in Mexiko folgte schließlich nur diesem Brauch. König Leopold riet also nur, darauf zu bestehen, daß die beiden Seemächte, England und Frankreich, militärisch und finanziell das Unternehmen unterstützten. Das schien ihm eine ausreichende Garantie für den Erfolg.

Kaiser Franz Joseph hatte ebenfalls in ähnlichem Sinn seinen Botschafter angewiesen. Sein Bruder würde die Vorschläge nicht ablehnen, sofern sie mit der Würde eines Erzherzogs vereinbar seien und entsprechende Garantien bestünden. Im übrigen gab er ebenfalls seinem Bruder den Rat, auf einer Garantie Englands zu bestehen und mit Gutierrez vorsichtig zu sein.

Fürst Metternich war über diese schon recht deutliche Zusage aus Wien entsetzt. Er sah das Unternehmen als weit gefährlicher an als die Mexikaner, die Mexiko seit Jahren nicht mehr betreten hatten. Allerdings zweifelte er daran, daß seine warnende Stimme noch Gehör finden werde.

Aus diplomatischen Kreisen kamen ebenfalls versteckte Warnungen. So heißt es in einem Bericht des britischen Gesandten in Mexiko an das Außenministerium in London: »Solange die derzeitige unehrliche und unfähige Regierung am Ruder bleibt, wird es immer mehr bergab gehen. Mit einer Regierung aus achtbaren Männern hingegen kann das Land dank seiner großen Ressourcen seine Verpflichtungen unschwer erfüllen … Und was will das mexikanische Volk selbst? Ich glaube fast, die Antwort darauf ist, daß die intelligenten Leute hier der republikanischen Staatsordnung den Vorzug geben.«[49] Das klang für die englische Regierung nicht besonders hoffnungsvoll.

Dennoch wurde am 30. Oktober 1861 in London eine Konvention unterzeichnet, nach der England, Frankreich und Spanien gemeinsam Veracruz besetzen sollten. Auf Wunsch Londons wurde in einer Klausel verfügt, daß territoriale Absichten oder Einmischung in die inneren Verhältnisse des Landes untersagt waren. Schließlich ging es ja nur darum, die Rechte der eigenen Staatsbürger zu wahren und die Bezahlung der Schulden zu veranlassen. Da mochte eine deutliche Drohgebärde, wie die Besetzung der wichtigsten Häfen, genügen.

Zu Weihnachten 1861 stellte sich Gutierrez in Miramare vor. Auch er wußte ganz genau, wie er den Erzherzog am besten für sein Anliegen begeistern konnte. Seine Schwiegermutter hatte ihm rechtzeitig mitgeteilt, wie empfänglich Ferdinand Maximilian für Schmeicheleien war. Gutierrez hatte schon seit längerer Zeit seinen Kandidaten mit meterlangen Briefen und honigsüßen Worten überschüttet und war dem Erzherzog damit eher lästig geworden. Auch der Zeitpunkt seines Besuchs ausgerechnet am Heiligen Abend, während die Bescherung vorbereitet wurde, war nicht gerade glücklich gewählt.

Dennoch gelang es seiner Überzeugungskraft und Redegewandtheit, den Erzherzog voll für sich einzunehmen. Von der Schönheit seiner mexikanischen Heimat sprach er, von den zahlreichen noch unerschlossenen Bodenschätzen, die reiche Einnahmen garantierten, vor allem aber von dem Unstern, der so lange über dem Land und seinen unfähigen Regierungen stand. Wie segensreich könnte dagegen ein europäischer Fürst in dem Land wirken! Das Haus Habsburg sei von jeher ein Verteidiger des katholischen Glaubens gewesen. Die einflußreiche konservative Partei und die Kirche warteten ja nur darauf, einen katholischen Kaiser zu unterstützen, der sie in ihre alten Rechte einsetze und den Antichristen Juárez hinwegfege: »… so wahr es den Glauben an das Gute gibt, Kaiserliche Hoheit, der Kampf gegen das Unrecht ist noch nicht zu Ende. In den Sierras warten unsere Leute auf ein Zeichen zum Angriff, gute Leute: Márquez, Mejía, viele Priester befinden sich unter ihnen, die ihre Kelche und Monstranzen hergegeben haben, um Waffen kaufen zu können. Ihr Leben und das tausend anderer hängt davon ab, ob es gelingt, Kaiserliche Hoheit für die Übernahme der Krone in meiner Heimat zu erwärmen.«[50]

So manches hätte dem zwar katholischen, aber liberal gesinnten Erzherzog zu denken geben müssen, denn die Forderungen des Klerus waren nicht ganz in seinem Sinn. Doch wie es seiner Art entsprach, zog er es vor, über das Problem hinwegzugehen. Jedenfalls verfehlten die blumigen Schmeichelworte des Señor Gutierrez de Estrada nicht ihre Wirkung. Fragten sich weder Ferdinand Maximilian noch Charlotte nicht, ob der Mexikaner, der so viele Jahre seine Heimat nicht mehr betreten hatte, die Zustände, die jetzt dort herrschten, überhaupt richtig beurteilen konnte?

Die Expedition

Die gemeinsame Expedition Frankreichs, Englands und Spaniens stand von Anfang an unter keinem guten Stern. Als die Franzosen und Engländer vor Veracruz eintrafen, waren die spanischen Truppen bereits dort. Sie kamen von Kuba und hatten den weit kürzeren Weg. Dennoch war es gegen die Vereinbarung, und es kam zu den ersten Protesten. In Mexiko konnte überdies von einer freundlichen Begrüßung keine Rede sein. Auch die wohlwollend Gesinnten hatten allen Grund, Angst zu haben. Nach einem jüngst von Juárez erlassenen Gesetz war jede Hilfeleistung für eine ausländische Macht nämlich unter Todesstrafe verboten worden. Der französische Admiral hatte von seiner Regierung einen Geheimbefehl erhalten, demzufolge er bis zur Hauptstadt vorrücken solle. Der englische Befehlshaber dagegen wollte, dem Londoner Vertrag entsprechend, nur an der Küste bleiben. England wünschte keinen Konflikt mit den Vereinigten Staaten.

Vor allem die französische Forderung, die der Gesandte Saligny vorbrachte, führte zum Zwist. Als Ersatz für die Schäden, die den französischen Bürgern zugefügt worden waren, verlangte er nicht weniger als 60 Millionen Francs, außerdem die volle Erfüllung des Jecker-Vertrags, also die Zahlung von 75 Millionen für die lächerlichen dreieinhalb Millionen, die Mexiko bekommen hatte. England und Spanien, die Frankreichs Vorpreschen ohnehin mit steigendem Unwillen betrachtet hatten, schlossen sich nicht an. Zweifel an der Existenz der angeblich vorhandenen monarchistischen Partei wurden laut, vor allem als der englische Delegierte, Sir Charles Wyke, aus der Hauptstadt eintraf und erklärte, die Mehrheit der Mexikaner stehe hinter Juárez. Der spanische Befehlshaber war überhaupt der Meinung, die Idee, eine Herrschaft unter einem Habsburger zu errichten, sei »absurd«. Das Ende der gemeinsamen Unternehmung sollte nicht mehr fern sein. Es bedeutete das Ausbleiben der von Maximilian und Charlotte erhofften Garantien.

Um so mehr hielt das französische Kaiserpaar an seinem Plan fest. In einem überschwenglichen Brief Napoleons III. war zu lesen, wie glücklich er darüber sei, den Erzherzog an der Spitze dieses großen und edlen Unternehmens zu sehen, dessen Gelingen durch seine persönlichen Eigenschaften und das Ansehen des illustren Hauses, dem er angehöre, gewährleistet sei. »Niemals wird in meinen Augen ein Werk in seinen Resultaten großartiger sein, denn es handelt sich darum, einen Kontinent der Anarchie und dem Elend zu entreißen, ganz Amerika das Beispiel einer guten Regierung zu geben, endlich die Fahne der Monarchie angesichts gefährlicher Utopien und blutiger Wirren emporzuheben, gestützt auf eine weise gehandhabte Freiheit und aufrichtige Liebe zum Fortschritt.«[51]

Wen wundert es, daß Ferdinand Maximilian und Charlotte sich auf dem richtigen Wege wähnten?

Anfang 1862 traf sich Kaiser Franz Joseph mit seinem Bruder in Venedig. Das Gespräch drehte sich um eine von den Großmächten garantierte neue Anleihe für Mexiko, ein österreichisches Freikorps, die Überfahrt auf einem österreichischen Kriegsschiff, ja sogar schon um den neuen Hofstaat. Zur Dekkung der ersten Ausgaben sollte der Erzherzog 200 000 Gulden aus dem Familienfonds geliehen bekommen. Von seinem Posten als Flottenchef würde er beurlaubt werden. Der Kaiser schien also mit der mexikanischen Unternehmung durchaus einverstanden zu sein. Kein Wort von einer Bedingung, auf der er viel später bestand, als ein Zurück kaum mehr möglich war.

Die kaiserlichen Damen dagegen waren gegen das Projekt. Erzherzogin Sophie hatte Angst um ihren Sohn, während die

Kaiserin überhaupt nicht verstand, wie man das schöne Miramare gegen das unbekannte Mexiko eintauschen könne. Ihrer Meinung nach war vor allem Charlotte schuld an dieser verrückten Idee.

Für den österreichischen Gesandten in Washington war das Projekt überhaupt nur ein Abenteuer, er prophezeite allen, die sich darauf einließen, die größten Schwierigkeiten. In England wunderte man sich, daß diese zweifelhafte Kandidatur einen österreichischen Erzherzog überhaupt reizen könne.

Im österreichischen Hochadel fand man es sogar beschämend für ein Mitglied des österreichischen Kaiserhauses, sich einem Mann wie Napoleon III. gewissermaßen zu verpflichten, und man war erstaunt, daß Kaiser Franz Joseph es billige. War doch bekannt, daß dieser nur mit Widerwillen die unter Monarchen übliche Briefﬂoskel »Monsieur Mon Frère« (Mein Herr Bruder) in einem Schreiben an den französischen Herrscher verwendete.

Im April 1862 kehrten die englischen Schiffe der Expedition nach England, die spanischen nach Kuba zurück. Die Franzosen standen nun allein. Doch der französische General Lorencez erklärte vollmundig, »Frankreich gewinne auch ohne Verbündete täglich neue Anhänger«.[52] Von seinen Schwierigkeiten schrieb er nichts. Denn von Anhängern war nicht viel zu merken, im Gegenteil: Die von einer schlecht ausgerüsteten Truppe verteidigte mexikanische Stadt Puebla, auf halbem Weg nach Mexiko gelegen, bereitete den Franzosen statt eines begeisterten Empfangs eine beschämende Niederlage.

Vor seiner Abreise aus Mexiko erklärte der spanische General, der Einfluß der Vereinigten Staaten habe großen Haß auf die Konservativen erzeugt. »Es werde ein leichtes sein, den Erzherzog zum Kaiser krönen zu lassen, doch sowie Napoleon seine Truppen zurückrufe, werde Maximilian keine Chance mehr haben, sich zu halten.«[53]

Schon vor dem Abzug von Spanien und England aus Mexiko

hatte Abraham Lincoln eine Warnung an die europäischen Mächte gerichtet: »Eine fremdstämmige Monarchie, in Anwesenheit europäischer See- und Landstreitkräfte auf mexikanischem Boden errichtet, wäre ein Affront gegen die republikanische Regierungsform ... Die Sympathien der Vereinigten Staaten wären auf Seiten ihrer Schwesterrepublik, denn die Befreiung des Kontinents von der europäischen Beherrschung war ein Hauptmerkmal der amerikanischen Geschichte in den letzten hundert Jahren.«[54]

Diese deutliche Warnung des amerikanischen Präsidenten war nach König Leopolds Meinung die Ursache für die »timide« (ängstliche) Haltung der englischen Regierung. All seine Bemühungen, von England eine Garantie für die geplante Monarchie zu verlangen, waren vergeblich. Höchstens eine »moralische« Unterstützung werde es geben. Übrigens sei Prinzgemahl Albert, der jüngst verstorbene Neffe Leopolds, auch ein Gegner der Intervention gewesen, Grund genug für seine trauernde Witwe, es ebenfalls zu sein

Die großen Verluste vor Puebla veranlaßten den Abgeordneten im französischen Parlament Jules Favre zu einer seiner geschliffenen Reden, in der er die mexikanische Unternehmung mit aller Schärfe verurteilte und ihr sofortiges Ende forderte. Doch er erreichte nur das Gegenteil. Jetzt ging es um die französische Waffenehre. Die Niederlage von Puebla mußte gerächt werden. Die Erfolge der amerikanischen Südstaaten im Kampf gegen die Nordstaaten machten Mut und ließen deren endgültigen Sieg erwarten. – Die Truppe wurde verstärkt, ein anderer General ernannt.

Dem neuen Befehlshaber der Infanterie, General Achille Bazaine, gelang es endlich, im März 1863 das eingeschlossene Puebla nach langer Belagerung zur Übergabe zu zwingen.

Die Nachricht, die in Paris Jubel auslöste, wurde zwar auch in Miramare mit Erleichterung aufgenommen, zeigte aber auch die Schwierigkeiten auf, mit denen sich die Armee konfrontiert sah. So leicht, wie man es sich vorgestellt hatte, wurde der Vormarsch denn doch nicht. Vor allem erkannte der Erzherzog endlich, daß eine konservative Partei, die hilfreich bereitstand und den Weg ebnete, in erster Linie ein Wunschtraum der mexikanischen Emigranten war, die in Europa lebten. Nun wollte er sich bei jemandem kundig machen, der in Mexiko lebte und mit den dortigen Verhältnissen vertraut war.

Zum Glück hielt Charlotte ihren Gemahl davon ab, seinen Sekretär Schertzenlechner, einen ehemaligen Lakaien der Wiener Hofburg, nach Mexiko zu entsenden. Schertzenlechner hatte sich in Miramare geschickt zu einer Vertrauensstellung hochgearbeitet. Einen unparteiischen Bericht erhoffte sich Charlotte hingegen von einem Journalisten namens Bourdillon. Der hielt zwar von den Mexikanern nichts, sie seien alle bestechlich, die Indios völlig unwissend und ohne jegliches politisches Urteil. Wahre Wunderdinge aber berichtete Bourdillon von den Bodenschätzen des Landes, die noch ungenutzt in der Erde ruhten, vor allem von den reichen Silbervorkommen in der Provinz Sonora. Er machte aber auch keinen Hehl daraus, daß er eine lange Besetzung des Landes, eine Truppe zum persönlichen Schutz und für die vielen anstehenden Aufgaben die Ernennung von tüchtigen europäischen Experten für nötig erachtete.

Das waren gute und zugleich schlechte Nachrichten. Ferdinand Maximilian und Charlotte tendierten allerdings dazu, vor allem die guten zu hören. König Leopold indessen vernahm sehr wohl auch die schlechten, was seine Begeisterung für den mexikanischen Kaiserthron etwas dämpfte. In diesem Zusammenhang ist das Angebot zu sehen, das die englische Regierung nun dem Erzherzog machte. Sie bot ihm die Krone von Griechenland an, die der aus Bayern stammende König Otto kurz vorher hatte aufgeben müssen. Aber sowohl Ferdinand Maximilian als auch Kaiser Franz Joseph lehnten entschieden ab. Sie sahen darin einen Affront gegen die Wittelsbacher Verwandten. Sogar Polens Krone für Ferdinand Maximilian war kurzfristig im Gespräch. Die polnischen Unabhängigkeitsbestrebungen wurden jedoch von Rußland rasch unterdrückt, so daß der Plan vereitelt wurde.

Man hielt also an Mexiko fest. Zwar bemühte sich Österreichs Botschafter Fürst Metternich, die Kandidatur des Erzherzogs zu verhindern, weil ihm das »Abenteuer Mexiko« nach wie vor äußerst suspekt schien, aber Ferdinand Maximilian war nicht mehr davon abzubringen. Beeinflußt von Charlotte, war er davon überzeugt, daß das Unternehmen von Erfolg gekrönt sein werde.

Der Traum wird wahr

Die Eroberung der Hauptstadt

Der Erfolg, den die nun verstärkten französischen Truppen errangen, schien dem erzherzoglichen Paar recht zu geben. Zwar waren die fähigsten republikanischen Generäle nach ihrer Gefangennahme in Puebla sehr bald wieder entflohen, aber die militärische Macht von Juárez war offensichtlich gebrochen. Der Widerstand der Republikaner wurde statt dessen zu einem gefährlichen Guerillakrieg, dessen Bekämpfung sich vielfach weit schwieriger gestaltete als eine offene Feldschlacht. Noch viele Jahrzehnte später und an ganz anderen Orten werden reguläre Truppen an den Überfällen der Guerillakämpfer, die man Partisanen nennen wird, scheitern.

Am 7. Juni 1863 zog General Bazaine in die Hauptstadt Mexiko ein. Juárez hatte sie kurz vorher aufgegeben und nach Norden fliehen müssen.

In Paris war man überzeugt, daß der Rest des Landes bald uneingeschränkt in französischer Hand sein werde. Die Emigranten sowie alle anderen, die das Unternehmen zuerst befürwortet, aber allmählich daran zu zweifeln begonnen hatten, bekamen wieder Oberwasser. Da die meisten keine geographischen Kenntnisse hatten, blieb es ihnen verborgen, daß die französische Expeditionsarmee nur einen kleinen Teil des Landes eingenommen hatte, eigentlich nicht mehr als die Straße von Veracruz bis in die Hauptstadt und deren engere Umgebung.

Um so mehr Eindruck machten die Berichte, die aus Mexiko

eintrafen. Der Jubel der Bevölkerung, vor allem der Konservativen, die sich nun hervorwagten, sowie der Mitglieder des Klerus, die die Rückgabe ihrer verlorengegangenen Privilegien erwarteten, war groß.

Eine Nationalversammlung wurde einberufen. Sie bestand wohlweislich jedoch nur aus den Konservativen, die dem französischen Einmarsch wohlwollend gegenüberstanden. Kein einziger Liberaler befand sich unter den 215 Mitgliedern. Diese Nationalversammlung nahm sich nun das Recht, die künftige Regierungsform des Landes zu bestimmen. Niemand in Europa ahnte, daß es sich um ein Gebiet handelte, dessen Bevölkerung zum größten Teil die Republik und Juárez anerkannte.

Ein Regentschaftsrat, bestehend aus dem ehemaligen Gesandten in Paris, Almonte, einem General und Antonio Pelagio Labastida, Bischof von Puebla und designierter Erzbischof von Mexiko-Stadt, war ausersehen, die provisorische Regierung zu führen. Vor allem Labatista ließ keinen Zweifel daran, was er von dem künftigen Kaiser erwartete, nämlich die Abwendung der »roten Gefahr«, die uneingeschränkte Rückgabe der Kirchengüter und die Wiederherstellung aller Standesprivilegien.

Kaiserreich Mexiko

Die Entscheidung der Mitglieder der Nationalversammlung fiel programmgemäß aus. Als seien sie die rechtmäßige Vertretung des ganzen Landes, stimmten sie für die Monarchie und boten am 12. Juni 1863 Erzherzog Maximilian die Krone des Landes an.

Kaiser Napoleon III. zögerte nicht, dem Erzherzog zu gratulieren: »Im Begriffe, Eurer kaiserlichen Hoheit zu schreiben, erhalte ich die Nachricht von Ihrer Proklamation zum Kaiser in der Stadt Mexiko. Ich bin glücklich über dieses erste Resultat und hoffe, daß bald ganz Mexiko dem Beispiel der Hauptstadt folgen und Euer kaiserliche Hoheit rufen wird, um es zur

Blüte zu führen. Die Kaiserin vereint ihre Glückwünsche mit den meinen.«[55]

Pflichtgemäß verständigte der Erzherzog sofort Kaiser Franz Joseph von dieser Wahl, worauf dieser seinen Bruder unverzüglich nach Wien kommen ließ. Dies erfolgte ordnungsgemäß nach dem Familienstatut, dem sich alle Angehörigen des Hauses Habsburg unterordnen mußten. Zwar verdankten sie ihre Privilegien ihrer Herkunft, aber der Kaiser bestimmte über ihre Lebensführung, ihre Stellung in der Monarchie und die Wahl ihrer Ehepartner. Man sah zwar über manche Sünden hinweg, deckte mit Geld manche Verfehlungen zu, aber wenn einer über die Stränge schlug, dann konnte er sich auf eine kaiserliche Standpauke gefaßt machen. Und wenn er weiterhin aufbegehrte, etwa ein bürgerliches Mädchen zu heiraten gedachte, dann riskierte er, seine Privilegien, sein Einkommen, seinen Namen, ja sogar seine Heimat zu verlieren. Ferdinand Maximilian, obwohl Bruder des Kaisers und zweiter in der Thronfolge, war dieser Verpflichtungen nicht enthoben. Eine Thronannahme in Mexiko bedurfte der Zustimmung des Kaisers.

Franz Joseph beanstandete zu Recht, daß nicht das ganze Land ihn gewählt habe. Auch würden Englands Garantien fehlen.

Doch England verhielt sich passiv, der englische Gesandte ließ dem Erzherzog sogar indirekt sagen, Mexiko sei ein »Hornissennest«, es besetzen zu wollen sei so, als wollte man das Meer austrinken. Der amerikanische Konsul in Triest meinte sogar: »Wer immer den Thron von Mexiko anstrebt, wenn er ihn wirklich erlangt, muß außerordentlich froh sein, wenn er mit dem Leben davonkommt.«[56]

Doch wer konnte ahnen, daß jene düstere Prophezeiung eines Tages Wahrheit werden würde? Die österreichische Presse verurteilte beinahe einmütig dieses »Abenteuer«, wie das »Unternehmen Mexiko« vielfach genannt wurde, und sprach sich dafür aus, daß der Erzherzog darauf verzichte solle.

In einer der bekanntesten humoristischen Zeitschriften Wiens, *Der g'rade Michel,* war am 15. August 1863 zu lesen: »Mit Gewalt, ohne einen Schein von Recht, sind die Franzosen in Mexiko eingedrungen, ohne einen Schein von Recht berufen sie die klerikale Partei zur Herrschaft, und diese Partei ist es nun, die die Verfassung dieses Landes umändert und einen Kaiserthron schafft. Napoleon ist es, der die Krone von Mexiko verschenkt ... Wie kann es reizen, in ein Land einzuziehen, das einem französischen General gehorcht, einen Thron zu besteigen, der sich auf französische Bajonette stützt, mit einer Partei zu regieren, welche die im Lande verhaßteste ist? Wie kann ein Prinz, selbst vom besten Willen beseelt, unter solchen Vorbedingungen die Liebe der Untertanen erringen?«

Doch Maximilian, wie er sich künftig als Kaiser von Mexiko nennen wird, war schon so eingenommen von seiner künftigen Würde, die Anrede »Sire« und »Majestät«, die ihm gelegentlich schon zuteil wurden, verfehlten nicht ihren Eindruck.

Auch der Brief seiner besorgten Mutter vermochte ihn nicht davon abzuhalten. Charlotte beeilte sich, ihn am 1. September 1863 anstelle ihres Gatten zu beantworten. »Die Sache ist weit davon, heute ungünstiger zu stehen als früher. Sie geht im Gegenteil einer günstigen und würdigen Lösung entgegen. Sie verstehe es nicht, warum die Ansichten sich nun gegen früher geändert hätten. Es handle sich um Geltendmachung eines historischen Rechts und um Annahme einer Krone auf Grund einer nationalen Wahl, sie sehe also nicht ein, wieso von fremdem Einfluß und fremder Eroberung die Rede sein könne. Ohne Unterstützung von außen sei es übermenschlich, von einer unter Terror und Anarchie seufzenden Bevölkerung zu verlangen, daß sie sich wieder aufrichte.«[57] Charlotte hatte sich mit dem »Unternehmen Mexiko« identifiziert und wies jeden Gedanken weit von sich, es aufzugeben. Dabei kränkte es sie, wenn man – wie ihre Erzieherin, Gräfin d'Hulst – ihr vorwarf, ehrgeizig zu sein.

König Leopold zögerte nicht, seine Tochter zu verteidigen:

»Philipp sagte mir, Sie fänden unsere liebe Charlotte etwas zu ambitioniert. Aber Sie können es nicht wirklich Ehrgeiz ihrerseits nennen. Sie will ja nicht mehr als ein tätiges, sinnvolles Leben und ein größeres Betätigungsfeld für ihre Gaben. Das Leben in Miramare ist wirklich sehr langweilig. Max, der Zweite in der Thronfolge, hat sämtliche Nachteile seiner Position ohne die finanziellen Mittel, sie zu verbessern. Das mexikanische Angebot ist Charlotte nicht zu Kopf gestiegen. Der in Wahrheit Begeisterte ist Max.«[58]

Auch ihre Großmutter, Ex-Königin Marie-Amélie, schien sich in diesem Sinn über ihre Enkelin geäußert zu haben, denn Charlotte antwortete ihr: »Ich bin die letzte, die einen Thron wünschte. Wie Sie sich erinnern, hätte ich mit siebzehn einen haben können, den ich ablehnte, weil ich auf andere Dinge mehr Wert legte. Aber es ist ein großer Unterschied, ob man einen sucht, oder man die gewaltige Verantwortung auf sich nimmt, einen abzulehnen, namentlich wenn man spürt, man hat die Gabe und die Möglichkeit, eine Aufgabe zu vollbringen, die sich wirklich lohnt. Damit würde man gegen sein Gewissen handeln und seine Pflicht Gott gegenüber versäumen, denn wenn man fühlt, man ist zum Herrschen aufgerufen, wird es zu einer Berufung wie jede andere religiöse Berufung … Mexiko ist ein sehr schönes Land – und es gibt nur sehr wenig Throne, die ungefährdet sind … Kann es Sie überraschen, wenn ein junger und tatenlustiger Mann von 31 Jahren sich verlockt fühlt, eine Aufgabe zu übernehmen, die so gewaltige Möglichkeiten bietet? Viele klagen mich an, ich sei ehrgeizig, aber sie beurteilen die anderen nach ihren eigenen Maßstäben, die gewiß nicht die meinigen sind. Ich wünsche nicht mehr, als etwas Gutes in der Welt zu leisten, und ich brauche einen weiteren Horizont, als ich ihn derzeit habe.«[59] Charlotte war also überzeugt, einer göttlichen Sendung zu folgen.

Von Gottes Gnaden und auserwählt von Gott! Davon waren die Monarchen, ob Herrscher einer Großmacht oder eines Duodezfürstentums, seit jeher überzeugt. Die Erzherzogin und geborene Königstochter folgte damit nur dem festen Glauben, nach dem ihre Standesgenossen seit jeher regiert hatten.

König Leopolds Haltung bezüglich Mexiko war vor allem von nachsichtiger Vaterliebe geprägt. Statt Charlotte das Projekt auszureden, als sie ihn in Brüssel besuchte, versprach er ihr, sich noch einmal in England um jene Garantien zu bemühen, die Kaiser Franz Joseph reklamierte. Charlotte schien an dem Erfolg ihres Vaters nicht zu zweifeln, denn sie sandte sofort ein Telegramm nach Miramare: »Entzückt, alles vortrefflich«,[60] stand darin zu lesen.

Kaiser Napoleon, ebenfalls weit davon entfernt, England zu Garantien für Mexiko bewegen zu können, beruhigte Maximilian. »Wenn das Land einmal physisch und moralisch befriedet ist, wird die Regierung Eurer kaiserlichen Hoheit von jedermann anerkannt werden.«[61]

Inzwischen wies er seine Truppen an, möglichst rasch ihren Eroberungsfeldzug fortzusetzen und in jeder eingenommenen Ortschaft eine Abstimmung für die Monarchie zu veranlassen. Es war vorauszusehen, wie die Menschen unter dem Eindruck der französischen Truppen wählen würden: Die indianischen Arbeiter auf den Haziendas, vielfach Analphabeten, die gar nicht wußten, worum es ging, würden ihr Kreuz dort machen, wo der konservative Grundbesitzer es befahl. Das Ergebnis war programmiert.

Die mexikanische Delegation in Miramare

Am 2. Oktober 1863 traf die mexikanische Delegation in Miramare ein, sichtlich enttäuscht über den Empfang, den sie sich weit prunkvoller und enthusiastischer vorgestellt hatte. In seiner überschwenglichen und schmeichlerischen Rede bat Gutierrez den Erzherzog, die Krone Mexikos anzunehmen.

Die Presse druckte in ihrer Ausgabe vom 3. Oktober 1863 die

Antwort des Erzherzogs ab: »Innig rühren mich die Wünsche, welche von der Notablen-Versammlung zu Mexiko in ihrer Sitzung vom 10. Juli ausgesprochen wurden, und die Sie mir zu überbringen beauftragt sind. Es kann nur schmeichelhaft für unser Haus sein, daß sich bei der Erwähnung des Wortes Monarchie sogleich die Blicke Ihrer Landsleute dem Geschlecht Karls V. zuwendeten. Ist auch die Aufgabe, Mexikos Unabhängigkeit und Wohl unter dem Schutze dauerhafter und freier Einrichtungen zu sichern, eine überaus edle, so muß ich doch … erkennen, daß die Monarchie nicht auf legitimer und fester Grundlage wieder hergestellt werden kann, ohne daß die ganze Nation in freier Kundgebung ihres Willens den Wunsch der Hauptstadt bestätigt hätte. Von dem Ergebnis der Abstimmung der Gesamtheit des Landes muß ich daher vorerst die Annahme des mir angebotenen Thrones abhängig machen. Anderseits gebietet mir aber auch das Verständnis der geheiligten Pflichten eines Herrschers für das wiederaufzurichtende Kaiserreich jene Garantien zu fordern, welche unerläßlich sind, um es vor den seine Integrität und Selbständigkeit bedrohenden Gefahren zu sichern.«

Maximilian verlangte aber nicht nur das Votum des ganzen Volkes, sondern auch Garantien der Großmächte für das Kaiserreich und Frieden im ganzen Land! Und er ließ niemanden im unklaren darüber, daß er eine konstitutionelle Regierung mit allen Parteien beabsichtigte. Den Wünschen der Konservativen entsprach dies allerdings nicht. Maximilian ahnte nicht, daß sich nur die eine Hälfte der Versammlungsdelegierten für eine Monarchie ausgesprochen, die andere sich der Stimme enthalten hatte.

Daß er den Entwurf zu dieser Rede seinem Bruder und Napoleon III. hatte vorlegen müssen, ärgerte ihn. Franz Joseph hatte prompt einiges daran verändert. Die österreichische Monarchie sollte weitgehend im Hintergrund bleiben. Auch in Frankreich hatte man am Konzept der Rede etwas auszusetzen und änderte kurzerhand den Text, bevor der Bericht in den

Zeitungen erschien. Man fand, der Erzherzog, für den man so viel investierte, habe kein Recht, Garantien zu verlangen, sondern höchstens, um solche zu bitten!

Auch die Mitglieder der mexikanischen Delegation fühlten sich ein wenig ernüchtert. Sie hatten freudige Zustimmung erwartet, aber nicht, daß man ihr großzügiges Angebot noch an Bedingungen knüpfte, die leidigen Garantien also noch immer Verhandlungsgegenstand waren. Dem Erzherzog mißfiel es hingegen, daß sich bis dahin doch nur ein geringer Teil Mexikos für ihn ausgesprochen hatte und Juárez noch immer im Lande war.

In dem am 4. Oktober in der *Presse* erschienenen Kommentar zur Rede des Erzherzogs wurden ernsthafte Zweifel am Zustandekommen der erforderlichen Garantien geäußert und sogar eine versteckte Ablehnung vermutet. Doch Gutierrez' Überzeugungskraft gelang es wieder einmal, alle Bedenken Maximilians zu zerstreuen. Und auch Charlotte war zuversichtlich, den sie schrieb ihrer Großmutter nach England: »Wenn das Ding auch schwierig ist, so ist es doch nicht unmöglich, insbesondere nicht für Max. Was für jeden anderen zu versuchen ein Wahnsinn wäre, ist es für ihn nicht.«[62]

Ein Memorandum vom 20. November 1863 gewährt uns Einblick in Maximilians seelische Verfassung: »... Nun tritt plötzlich der mexikanische Thronantrag an mich heran und mit ihm eine Gelegenheit, auf ehrenhafte und gesetzliche Weise die schweren Bande einer tatenlosen Existenz, eines vergessenen Vegetierens auf immer zu lösen. Wer hätte da in meiner Lage, mit dem Herzen auf dem rechten Fleck und in der Vollkraft des Mannesalters, an seiner Seite eine strebsame und tugendreiche Gattin, wer hätte da, sage ich, nicht mit beiden Händen zugegriffen!«[63]

Er war also entschlossen, die Chance zu nutzen, die das Schicksal ihm bot, aber die endgültige rechtskräftige Entscheidung war zu diesem Zeitpunkt noch nicht gefallen.

In Juárez' Lager in San Luis Potosí im Norden Mexikos war

man über die Vorgänge in der Hauptstadt begreiflicherweise empört. »Die Nation ist in allen ihren Rechten beschimpft, Recht, Sitte, Gerechtigkeit, alle Prinzipien sind unter dem Druck einer fremdländischen Macht mit Füßen getreten. Eine Partei aus Verrätern und Feiglingen bestehend, die in unseren Bürgerkriegen tausendmal besiegt wurden, eine Partei von blutdürstigen Bigotten, eine Partei Hab- und Ehrsüchtiger maßt sich an, die mexikanische Nation ihrer glorreichsten Titel zu berauben: ihres Namens, ihrer Unabhängigkeit, die der Mut braver Bürger gründete und das Blut derselben kittete, ihrer kostbarsten Freiheiten … Man nennt sich Sieger, weil man in einem Land von unendlicher Ausdehnung sich zweier oder dreier Städte bemächtigt hat. Man ermächtigt ›Notable‹ und erklärt …, daß sie die monarchische Form verlangen und zum König einen ausländischen Prinzen wünschen … Mögen die Verräter schreien, was sie wollen, die fremdländische Intervention bleibt unverträglich mit der Souveränität der Nation.« (*Die Presse*, 5. Oktober 1863)

Ganz im Sinne Napoleons III. berichtet die französische Zeitung *Le Constitutionnel* und kündigt eine »unermeßliche Majorität« für die Errichtung der Monarchie in Mexiko zugunsten Erzherzog Ferdinand Maximilians an, dessen Vorbehalte sie rücksichtsvoll übergeht.

Deutlich ungehalten dagegen drückt sich das streng rechtskonservativ geprägte *Journal des débats* über die Rede des Erzherzogs aus, der nicht nur die wichtige Religionsfrage ganz außer acht lasse, sondern sogar die Stirn habe, Bedingungen zu stellen!

Die Lage in Mexiko

Der Feldzug

Kaiser Napoleon III. hatte größtes Interesse daran, daß die Angelegenheit Mexiko so rasch wie möglich zum Abschluß kam, denn bislang hatte dieses »Unternehmen« nichts eingebracht und nur eine Menge Geld gekostet.

Vor allem im Parlament mehrten sich die Stimmen, die sich gegen die Restauration einer Monarchie in Mexiko aussprachen. Einer ihrer Wortführer war Adolphe Thiers, der spätere Präsident Frankreichs und ein überzeugter Liberaler. Noch entschiedener äußerte sich Jules Favre dagegen, und er beschwor die Regierung, sich nicht in die inneren Angelegenheiten des Landes einzumischen. Im Rahmen einer Proklamation wandte sich der Schriftsteller Victor Hugo an das mexikanische Volk: »Nicht Frankreich führt gegen euch Krieg, sondern das Kaiserreich.«[64] Diese Stimmen waren nicht zu überhören. Die einzige Hoffnung, sie zum Schweigen zu bringen, lag in einem Erfolg des französischen Expeditionskorps und in einer baldigen Entsendung des österreichischen Erzherzogs nach Mexiko. Der amerikanische Geschäftsträger sagte warnend zu Kaiserin Eugénie: »Madame, der Norden wird siegen. Frankreich wird sein Projekt aufgeben müssen, und das wird für den Österreicher schlecht enden.«[65]

Zu Napoleons Erleichterung zeichneten sich unterdessen wenigstens militärische Erfolge ab. Natürlich war es dem Kaiser klar, daß General Bazaine mit den ihm zur Verfügung stehenden Truppen unmöglich ganz Mexiko besetzen konnte. Er mußte sich damit begnügen, daß die französische Armee lediglich die Umgebung der Hauptstadt und die am stärksten besiedelten Gebiete in ihre Gewalt brachte. Dabei gelang es Bazaine, auch Städte im Norden und Nordwesten zu erobern und Juárez immer wieder zur Flucht zu zwingen.

Aber der Mexikaner war noch lange nicht besiegt. Er dachte weder an eine Kapitulation noch an die Niederlegung seines Präsidentenamtes, da er sich des Rückhalts der Vereinigten Staaten und des Zuspruchs eines großen Teils der Bevölkerung sicher war. Und er vertraute auf die Taktik seiner Truppe, die mit der Geographie des Landes bestens vertraut war, die jeden Schlupfwinkel kannte, in den sie sich zurückziehen konnte, um sich andernorts wieder zu sammeln und erneut gerade dort zuzuschlagen, wo es der Gegner am wenigsten vermutete.

Über diesen Feldzug und die Praktiken der Wahl zur künftigen Monarchie erhielt Favre im September 1863 von seinem Freund Jean Marat einen Brief aus Querétaro: »Wir erobern Provinz um Provinz ... Das Ganze haben wir mit 30 000 Mann und 1800 Mann mexikanischer Hilfstruppen zustande gebracht. Ein Grund gewiß, um zu staunen, wenn die Absicht nicht so verwerflich und letztlich das Ergebnis nicht so absurd wäre. Das Absurde besteht nämlich darin, daß wir nur ein reisendes Wahllokal sind. Wir bringen unsere Zeit damit zu, die Bevölkerung der eroberten Orte zusammenzutreiben, um ihr das Votum für den Habsburger abzupressen. Natürlich heißt das bei uns nicht so. Die Leute entscheiden sich – wie sollte es auch anders sein – freiwillig für die Monarchie. Haben wir den Vorgang erst einmal unter Dach und Fach gebracht, packen wir die Wahlurne wieder ein und verabschieden uns mit einem donnernden: Viva el Emperador. Tags darauf übernehmen wieder die Juaristen den Ort. In dieser Art durchqueren wir Mexiko ...«[66]

Dem Erzherzog wurde dieser Umstand wohlweislich verschwiegen. Erst später lernte er aus eigener Anschauung jenen erbitterten und zermürbenden Kleinkrieg kennen, mit dem die Anhänger Juárez' den Gegner bekämpften. Da war es aber zu spät.

Mit Genugtuung und Erleichterung nahmen Napoleon III. und die Kaiserin die Erfolge Bazaines zur Kenntnis, besonders als aus einem Bericht Almontes hervorging, daß sich von den acht Millionen Einwohnern Mexikos bereits sechs Millionen für Maximilian ausgesprochen hätten, Juárez und seine Anhänger auf der Flucht und vier Fünftel des Landes in französischer Hand seien. Bazaine hatte die ehemaligen spanischen Kolonialstädte wie Querétaro und Guadalajara erobert, die Halbinsel Yucatán hatte sich für das Kaiserreich erklärt und Juárez hatte sich nach San Luis Potosí in der nördlichen Mitte Mexikos zurückziehen müssen.

»Ich hoffe, daher bald zu hören, daß Euer Majestät im Vertrauen auf die Gesinnungen eines ganzen Volkes, das Sie mit Ungeduld erwartet und eine eifervolle Einstimmigkeit zeigt, die Abreise zu uns möglichst beschleunigen und das Werk der Regeneration und Reorganisation beginnen werden, das uns wieder aufrichten und der Welt einen großen Herrscher an der Spitze eines großen Volkes zeigen soll.«[67] Das war eine geschönte Beurteilung einer Lage, die sich in Wirklichkeit bei weitem nicht so rosig darstellte. Die französischen Truppen waren zahlenmäßig viel zu schwach, um das Land auf Dauer zu befrieden.

Aufgrund dieser erfreulichen Meldungen beschloß der Kaiser der Franzosen, Maximilian und Charlotte nach Paris einzuladen. Dort sollte der Thronprätendent zu einer endgültigen Entscheidung genötigt werden.

Es ist anzunehmen, daß Maximilian und Charlotte sich darüber gefreut haben – wenn nicht da etwas gewesen wäre, das die Begeisterung nicht nur dämpfte, sondern auch zu Besorgnis Anlaß gab.

Die Bedingung Kaiser Franz Josephs

Bei seinem letzten Besuch in Wien im Januar 1864 hatte Kaiser Franz Joseph seinen Bruder wissen lassen, daß die Übernahme des mexikanischen Throns zwangsläufig den Verzicht auf seine Erbrechte in Österreich zur Folge haben müsse. Die Mitteilung erfolgte nicht, wie man hätte erwarten können, persönlich, sondern durch Außenminister Graf Rechberg. Franz Joseph scheute Auseinandersetzungen und zog es zeit seines Lebens vor, Unangenehmes schriftlich bekanntzugeben. Erschwerend kam für Maximilian hinzu, daß diese Eröffnung ihn völlig unvorbereitet traf, denn darüber war vorher nie gesprochen worden. An Gelegenheiten dazu hätte es nicht gemangelt.

Maximilian war empört und fassungslos. Nie hätte er daran gedacht, seine Rechte als österreichischer Erzherzog und in der Erbfolge aufgeben zu müssen! Zwar war er fest davon überzeugt, daß es ihm gelingen würde, in Mexiko Fuß zu fassen und dort erfolgreich zu herrschen, aber im Falle eines Mißlingens müßte er doch die Möglichkeit haben, ohne Einbußen wieder nach Österreich zurückkehren zu können: »Ich stelle mir vor, daß, wenn auch alle mexikanischen Pläne scheitern, mir in Miramare und Lacroma zwei bezaubernde Residenzen bleiben, wo man so sehr, sehr schön lebt«, schrieb er an einen Freund.[68]

Die Art und Weise, wie Kaiser Franz Joseph sich hinsichtlich der Rechte seines Bruders verhielt, läßt ihn nicht gerade in einem guten Licht erscheinen. Allem Anschein nach wollte er Maximilian loswerden. Zwar hatte er Bedenken geäußert und auf Garantien bestanden, aber es hatte auch nicht an Zugeständnissen gefehlt: Hatte er doch einen beträchtlichen Vorschuß aus dem Familienfonds und die Aufstellung eines Freiwilligenkorps bewilligt, sogar die österreichische Fregatte *Novara* wurde für die Fahrt nach Mexiko umgebaut! Oder sollte auch das den Erzherzog nur ermutigen, außer Landes zu gehen?

Graf Rechberg verschwieg dem Kaiser die empörte Reaktion seines Bruders nicht. Das Thema kam darauf nicht mehr zur Sprache. Erst einige Wochen später, knapp vor seiner Abreise nach Paris, erhielt Maximilian ein ausführliches Memorandum, verfaßt von einem Historiker, das die Gründe darlegte, die einen Verzicht als geboten erscheinen ließen. Ein am 17. März 1864 vom Kaiser einberufener Familienrat hatte sich ebenfalls für die Notwendigkeit der Verzichterklärung ausgesprochen.

Maximilian las das Memorandum und legte es beiseite. Auch er zog es vor, Unangenehmes aufzuschieben, statt sofort dazu Stellung zu nehmen.

Die Einladung nach Paris

Brüssel

Bevor das erzherzogliche Paar nach Paris reiste, machte es einen Abstecher nach Brüssel, um sich mit König Leopold noch einmal zu beraten und die Frage eines belgischen Freiwilligenkorps für Mexiko zu klären. Der König befürwortete das Unternehmen Mexiko. Sein politischer Instinkt, der ihn sonst dazu bewog, die Aktionen des französischen Kaisers mit großer Vorsicht, wenn nicht sogar mit Mißtrauen zu betrachten, ließ ihn im Stich. Er gab seinem Schwiegersohn nur den Rat, in einem schriftlichen Vertrag möglichst günstige Konditionen, vor allem Sicherungen für die Zukunft, von Napoleon zu verlangen. »Noch hast du sie in Händen, sie dich noch nicht«, betonte er.[69] Außerdem riet er zu großer Sparsamkeit; vor allem was den Hofstaat betraf. Er selbst war am Anfang seiner Herrschaft mit drei Lakaien ausgekommen.

Nun zeichnete Maximilian sich nicht gerade durch Sparsamkeit aus. Er dachte wohl auch jetzt nicht daran, den Rat seines Schwiegervaters zu beherzigen, wie aus einer Notiz im *Moniteur Belge* vom 19. März 1864 ersichtlich, in der von der Anfertigung von Kleidung für eine zahlreiche Dienerschaft die Rede ist.

Hingegen schien das Memorandum seines Bruders ihn doch mehr zu beunruhigen, als er zugeben wollte. Der österreichische Gesandte in Brüssel bemerkte nämlich, daß sich die Stimmung des Erzherzogs von der seiner Gattin deutlich unterschied. Während eine strahlende Charlotte erklärte, wie glücklich sie sei, daß nun alle Hindernisse der Kronannahme aus dem Weg geräumt wären, habe Maximilian ärgerlich erwidert, daß noch gar nichts entschieden sei. Es klang beinahe, als spiele er wirklich mit dem Gedanken, doch noch aufzugeben.

Paris

Auf den Tuilerien, der ehrwürdigen, aus dem 16. Jahrhundert stammenden Residenz der französischen Könige, wehte die mexikanische Flagge. In den Straßen drängten sich die Neugierigen, um einen Blick auf den künftigen Kaiser von Mexiko und seine Gemahlin zu werfen, die in ihrer von berittenen Offizieren flankierten Kutsche zum Schloß fuhren. Als der Wagen dort ankam, schritt Kaiser Napoleon III. einige Stufen der Freitreppe hinab, um seinem Besuch entgegenzugehen. Das war eine Ehre, die sonst nur Königen zuteil wurde.

Maximilian hätte es zwar vorgezogen, inkognito nach Paris zu reisen, aber das hatte Napoleon aus egoistischen Gründen nicht zugelassen. Um die Stimmung im Parlament aufzuhellen, die sich nicht nur gegen Mexiko, sondern auch gegen ihn selbst richtete, war es erforderlich, die Last des Unternehmens, die bisher nur Frankreich auf sich genommen hatte, auf andere abzuwälzen. Nur so würde es gelingen, daß wenigstens ein Teil der enormen Summen zurückfloß, die Frankreich bisher in das Unternehmen investiert hatte.

Am Ende der Treppe wartete Kaiserin Eugénie mit dem Hofstaat, um die Gäste ebenfalls willkommen zu heißen. Die mexikanischen Emigranten, die diesen Tag schon sehnlich erwartet hatten, begrüßten ihr künftiges Oberhaupt im Glanz ihrer neuen Uniformen, die sie sich anläßlich dieses Besuches hatten anfertigen lassen.

Charlotte und Maximilian waren von dem festlichen Gepränge ganz überwältigt. Plötzlich sah sich Maximilian mit Ehren überhäuft, fühlte sich eingesponnen in einen beinahe mystischen Kokon von Macht, Würde und bisher nicht gekannter Erhabenheit. Genau das hatte der Kaiser der Franzosen beabsichtigt.

Es folgten festliche Empfänge und Diners, Soireen, Opern- und Theaterbesuche. Alle in Paris lebenden Mexikaner fanden sich ein, eine Anzahl hochrangiger Prinzen und Fürsten sowie alle in der französischen Hauptstadt akkreditierten Diplomaten mit Ausnahme der amerikanischen machten ihm ihre Aufwartung. Die Regierung der Vereinigten Staaten hielt nämlich daran fest, daß Juárez der rechtmäßige Präsident Mexikos sei. Ein besonderes Ereignis war der Auftritt von »La Patti« (Adelina Patti), einer der berühmtesten Sängerinnen des neunzehnten Jahrhunderts. Auf dem Programm standen Opernarien von Bellini, Rossini, Flotow und Verdi.

»Gestern wurden die erlauchten Gäste in den Tuilerien nach dem Diner durch eine neue Spezies von Marionettentheater unterhalten«, heißt es im Bericht des Pariser Korrespondenten der Wiener *Presse* vom 10. März 1864. »... Auf dieses Divertissement folgte großer Cercle, bei welchem mehrere hundert Personen die Ehre hatte, Ihren kaiserlichen Hoheiten vorgestellt zu werden ... Erzherzogin Charlotte trug einen überaus kostbaren Brillantschmuck, welcher allgemeine Bewunderung erregte. Der Kaiser selbst belebte durch eine Heiterkeit, wie man sie selten an ihm beobachten kann, die zwanglose Unterhaltung. Die Kaiserin versäumte keine Gelegenheit der warmen Teilnahme Ausdruck zu verleihen, welche sie dem mexikanischen Unternehmen schenkt. Für heute ist große Hofjagd im Park von Versailles angesetzt, des Abends besuchen Ihre kaiserlichen Hoheiten die italienische Oper, in welcher Fräulein Patti zum ersten Mal vor dem Pariser Publikum die ›Traviata‹ singt.«

Das erzherzogliche Paar hinterließ überall den besten Eindruck, Charlotte strahlte vor Glück. Kaiserin Eugénie war davon überzeugt, daß das »Unternehmen Mexiko«, das ihrer Initiative zu verdanken war, zu einem vollen Erfolg führen werde.

Doch nicht alle teilten ihre Freude und Zuversicht. Sogar Kaiser Napoleon schien insgeheim seine Zweifel zu haben. Charlottes Cousin, Herzog Ernst von Sachsen-Coburg, berichtete später, der Kaiser habe ihn beiseite genommen und ihm zugeflüstert: »Eine böse Sache. Ich an seiner [Maximilians] Stelle hätte niemals angenommen.«[70] Dieser Ausspruch verrät den wahren Charakter Napoleons und birgt trübe Aussichten für die Zukunft.

Maximilian und Charlotte waren aber nicht nur eingeladen worden, um an Festlichkeiten zu ihren Ehren teilzunehmen. Zwischen der neuen Monarchie und dem Kaiserreich Frankreich mußte ein Vertrag abgeschlossen werden. Darin wurde festgelegt, daß die Stärke der französischen Armee bis zum Jahre 1867 allmählich auf 20 000 Mann verringert werde. Hauptsächlich aber ging es um Geld.

Der mexikanischen Regierung wurde auferlegt, sowohl die Kosten der französischen Expedition bis zum 1. Juli desselben Jahres in Höhe von jährlich tausend Francs pro Soldat als auch sämtliche Schäden zu ersetzen, die französische Staatsangehörige durch die Gesetze Juárez' erlitten hatten, einschließlich der Jecker-Anleihe. Dafür sollte ein Viertel der neu aufzunehmenden Anleihe von 200 Millionen Francs sofort an Frankreich bezahlt werden. Allein für den Unterhalt der Soldaten ergab das die horrende Summe von 260 Millionen. Das grenzte an Wucher und war eine Last, die den völlig bankrotten Staat Mexiko vorn vornherein überforderte. Maximilian, in Finanzangelegenheiten leider unerfahren, hätte das nie akzeptieren dürfen.

Nur ein geheimer Zusatz klang hoffnungsvoll. Er versprach, daß »was immer für Vorfälle sich auch in Europa ereignen mögen, die Hilfe Frankreichs dem neuen Reiche niemals fehlen werde«.[71] Die Zukunft wird lehren, wieviel dieses Versprechen wert war, in das das künftige Kaiserpaar all sein Vertrauen setzte. Der Vertrag mit seiner Geheimklausel wurde später als »Konvention von Miramare« bezeichnet. Seine Bedingungen, das heißt die Lasten, die er dem Kaiserreich auferlegte, sollten sich später als dessen Todesurteil erweisen.

England

Nach einem herzlichen Abschied vom französischen Kaiserpaar reisten Maximilian und Charlotte mit der kaiserlichen Jacht *Reine Hortense* nach England weiter. Dort wurden sie zwar von Königin Victoria verwandtschaftlich-freundlich empfangen, jedoch von der Bevölkerung sehr kühl aufgenommen. Von einer Unterstützung, auf die Maximilian insgeheim immer noch hoffte, konnte keine Rede sein.

Als tragisches Omen sollte sich die Warnung von Ex-Königin Marie-Amélie erweisen, die besorgt ihre Enkelin und deren Gemahl von der Reise nach Mexiko abzuhalten versuchte. »Sie werden Euch dort ermorden.«[72]

Ein hoher Preis

Wien

In Wien verlief zunächst alles nach Wunsch. Kaiser Franz Joseph hatte einen Empfang gegeben, der eines künftigen Kaisers würdig war. Ein Galadiner und eine darauf folgende Soiree versammelten alles, was am Hof Rang und Namen hatte, um dem künftigen Kaiserpaar zu seiner neuen Würde zu gratulieren. Die Kaiserin aber verhielt sich nach wie vor reserviert. Sie mochte Charlotte nicht, von der sie stets als »die kleine Coburgerin« sprach. Sie fand, daß diese ihren Mann über Gebühr dominiere und ihr Ehrgeiz die Hauptschuld an dem »Abenteuer Mexiko« trage. Vielleicht spielte auch ein wenig Angst mit, daß die hübsche Schwägerin ihr gelegentlich die Schau stehlen könnte. Und Charlotte kritisierte den Hochmut der Kaiserin, die mit ihren Launen den Hof in Atem hielt.

Die Quittung für den glanzvollen Empfang folgte jedoch schon am nächsten Tag: Der Kaiser hatte Graf Rechberg den unangenehmen Auftrag erteilt, vom Erzherzog die Unterschrift unter jenes Dokument zu fordern, in dem er auf alle Erbrechte in Österreich verzichtete, solange noch ein männliches Familienmitglied am Leben war. Der Verzicht sollte sogar im Namen seiner Nachkommen erfolgen! Auch seine materiellen Vorrechte sollte der Erzherzog verlieren. Fürchtete Franz Joseph die Komplikationen, die sich im Falle seines Todes ergeben würden, wenn Maximilian als Kaiser von Mexiko seine Regentschaftsansprüche für den unmündigen Kronprinzen erheben könnte?

Zornig und erbittert über diese Zumutung weigerte sich Maximilian, das Dokument zu unterschreiben. Rechberg wies ihn, wie ihm aufgetragen worden war, darauf hin, daß der Kaiser in diesem Fall der Annahme der Krone Mexikos seine Zustimmung verweigern werde.

Franz Joseph nahm wie immer schriftlich dazu Stellung: »... sehe ich Mich als Oberhaupt des Erzhauses und nach reiflichster und gewissenhaftester Erwägung der Mir obliegenden Regentenpflichten genötigt, Ihnen zu eröffnen, daß Ich zu diesem wichtigen und folgenschweren Staatsakte Meine Zustimmung nur unter der Bedingung zu erteilen vermag, daß Euer Liebden vorher die in Abschrift beiliegende auf Ihre und Ihrer Nachkommen Thronfolge und Erbansprüche in Österreich bezügliche Verzichtsurkunden ausstellen und feierlich bekräftigen. Sollten Euer Liebden sich hiezu nicht entschließen können und es daher vorziehen, die angebotene mexikanische Krone auszuschlagen, so würde ich es auf Mich nehmen, die Ablehnung dem Ausland und namentlich dem französischen Kaiserhof gegenüber zu vertreten.

Wien, den 22. März 1864. Franz Joseph.«[73]

Vergeblich bemühte sich Erzherzogin Sophie um Vermittlung. Der Kaiser ließ sich nicht erweichen.

Zwei Tage später kehrte das erzherzogliche Paar nach Miramare zurück.

Der Kampf der beiden Brüder

Es ist kaum verständlich, warum Maximilian, der doch im Begriff stand, Kaiser eines Reichs zu werden, also endlich eine seiner würdige Rolle zu spielen, soviel Wert auf seine Erbrechte in Österreich legte. Zweifelte er doch an seinem Erfolg?

Der Erzherzog hielt an seiner Weigerung fest, während die mexikanische Delegation voller Ungeduld in Triest darauf wartete, daß ihr neuer Kaiser sie zur feierlichen Kronannahme rief. In Miramare sah die verzweifelte Charlotte ihre schönsten Zukunftshoffnungen schwinden. Sie traute es ihrem Mann durchaus zu, daß er alle wunderschönen Pläne aufgab und sich für immer mit einem Leben in Miramare abfand. Wie Fahnenflucht erschien ihr ein solcher Schritt. Und alles nur für eine mehr als unwahrscheinliche Hoffnung, in Österreich einige Jahre zu regieren! Oder rechnete Maximilian sogar mit Rudolfs Tod? Charlotte verstand ja, daß er wütend war, daß er sich weigerte, seine Geburtsrechte aufzugeben, aber was bedeuteten sie im Grunde genommen gegen die Chance, die sich ihnen in Mexiko bot?

Sie bemühte sich, ihn zu besänftigen, vermittelnd einzugreifen, und suchte Hilfe bei ihrem Vater. Dessen Ratschlag fiel allerdings widersprüchlich zwiespältig aus: Er empfahl, daß Maximilian nicht auf seine Rechte verzichten, aber unbedingt an Mexiko festhalten sollte.

Kaiser Franz Joseph gab indessen nicht auf. Um seinen störrischen Bruder zur Unterschrift zu zwingen, schickte er einen seiner zahlreichen Neffen nach Miramare. Der kehrte allerdings unverrichteter Dinge nach Wien zurück. Und nun drohte Maximilian sogar, zum Papst zu reisen und ihm die ganze unerfreuliche Angelegenheit zu unterbreiten. Zudem wollte er sowohl Napoleon III. als auch der mexikanischen Delegation unverzüglich mitteilen, daß er das ehrenvolle Angebot leider ablehnen müsse.

Kaiser Franz Joseph war entsetzt. Sosehr er Pius IX. als Oberhaupt der Kirche achtete, sosehr lag ihm fern, Familienstreitigkeiten vor ihm auszubreiten. Und daß sein Bruder nun in Österreich bleiben würde, war eigentlich auch nicht nach seinem Sinn.

In den Tuilerien schlug Maximilians Entschluß wie eine Bombe ein. Napoleon konnte es nicht fassen, daß der Erzherzog wegen familiärer Differenzen einen Kaiserthron ausschlug, in den Frankreich schon soviel investiert hatte! Waren die Millionen, die von Mexiko zurückfließen sollten, endgültig verloren? Jetzt, wo der Finanzminister schon auf die erste Rate wartete?

Wie groß das Entsetzen des französischen Kaiserpaars war, läßt sich aus dem Schreiben ermessen, das der österreichische Botschafter am 27. März um zwei Uhr morgens von Kaiserin Eugénie erhielt: »Mein lieber Fürst, ich erhalte soeben Hidalgos Antwort. Der Erzherzog ist entschlossen, Dienstag der mexikanischen Delegation zu danken und sodann nach Rom abzureisen, um unter Verzicht auf seine Träume auch Österreich zu verlassen. Ich spreche Ihnen nicht von dem schauderhaften Skandal, den dies für das Haus Österreich bedeutet, aber uns gegenüber müssen Sie zugeben, daß es keine Entschuldigung gibt, welche Hindernisse immer da und dort auftauchen. Tatsache ist, daß Ihr Zeit hattet, alles zu erwägen und zu überdenken, und man kommt dann nicht im Augenblick, wo die Anleihe abgeschlossen ist und die Abmachungen unterschrieben sind, mit einer im Verhältnis zu der Verwirrung, in die Ihr alle Welt stürzt, unwichtigen Familiensache. Legt uns Euer Ultimatum vor, die Sache ist sehr ernst. Wollen Sie Ihrer Regierung noch heute berichten. Seien Sie meiner wohlbegründeten schlechten Laune versichert, Eugénie.«[74]

Napoleon III. ließ den Botschafter unverzüglich einbestellen und sagte ihm, es müsse unbedingt ein Ausweg gefunden werden. Dann sandte er folgendes Telegramm nach Miramare: »Ich bin bestürzt über die Nachricht, die uns zugekommen ist. Eure kaiserliche Hoheit sind mir, Ihrer Ehre, Mexiko und den Zeichnern der Anleihe gegenüber verpflichtet. Die Familienzerwürfnisse können Eure kaiserliche Hoheit nicht hindern, anderswo höhere Aufgaben zu erfüllen. Denken Sie doch an

Ihren eigenen Ruhm. Eine Absage erscheint mir heute unmöglich. Napoleon.«[75]

Napoleons Flügeladjutant, General Frossard, erhielt den Auftrag, sofort nach Wien zu Kaiser Franz Joseph zu reisen und anschließend dem Erzherzog in Miramare einen Brief zu überbringen, in dem es hieß: »Durch den Vertrag, den wir abgeschlossen haben und der uns gegenseitig verpflichtet, durch die Mexiko gegebenen Versprechen und die mit den Unterzeichnern der Anleihe getroffenen Vereinbarungen haben Eure kaiserliche Hoheit Pflichten übernommen, die einfach zu verleugnen Sie nicht mehr freie Hand haben. Was würden Sie tatsächlich von mir denken, wollte ich, wenn Euer kaiserliche Hoheit schon in Mexiko sind, auf einmal sagen, daß ich die Bedingungen nicht mehr erfüllen kann, die ich mit meiner Unterschrift bekräftigt habe? ... Im Interesse Ihrer Familie und in Ihrem eigenen müssen sich die Dinge regeln lassen, denn es handelt sich um die Ehre des Hauses Habsburg.«[76]

Die Wortwahl verrät nicht nur die Erregung des Kaisers der Franzosen, sondern auch seine Besorgnis vor einem drohenden Prestigeverlust in der Welt und letztlich auch seine Angst vor dem Parlament, wenn er das Scheitern der mexikanischen Pläne eingestehen müßte.

Ganz recht hatte er übrigens im juristischen Sinne nicht. Die Verträge waren nur paraphiert, aber noch nicht unterschrieben! Das sollte erst nach Annahme der Krone erfolgen. Die Anleihe allerdings war tatsächlich eine heikle Angelegenheit.

Nun aber hatte er Maximilians empfindlichste Stelle getroffen: seine Ehre. An ihr zu zweifeln war der schlimmste Vorwurf, den man ihm machen konnte. Daher ist es nicht ausgeschlossen, daß er ohne den beschwörenden Appell des französischen Kaisers an seine Ehre dem Verzicht zugestimmt hätte.

Maximilian war kein entschlußfreudiger Mann. Er ließ sich von seinen Stimmungen leiten und sich auch leicht umstimmen. So begann er nun, von der getroffenen Entscheidung abzurücken. Allerdings verlangte er im Gegenzug von seinem Bruder Zugeständnisse.

»Der Empfang der Deputation ist aufgeschoben, die Verhandlungen sind im Zuge«, telegraphierte er an Napoleon III. »Aus aufrichtiger Anhänglichkeit an Eure Majestät werde ich bis zur äußersten Grenze dessen gehen, was mir meine persönliche Ehre gestattet. Man hat mir am Abend vor meiner Abreise nach Miramare ein unannehmbares Dokument zur Unterschrift vorgelegt, ohne es mir jemals vorher gezeigt zu haben.«[77] Das war allerdings nicht die ganze Wahrheit, denn Maximilian kannte sehr wohl das Dokument.

Doch viel ließ Franz Joseph sich nicht abhandeln. Er kam Maximilian lediglich in der Apanage entgegen; die Bitte, ihn wieder in seine Rechte einzusetzen, falls er in Mexiko scheitern würde, erfüllte er jedoch nur reichlich vage, als er seinem Bruder am 31. März 1864 in einem Handschreiben mitteilte: »Für den Fall ... daß Euer Liebden ... dem Thron von Mexiko entsagen, glaube ich jetzt schon meiner brüderlichen Liebe entsprechend Euer Liebden die Zusicherung geben zu sollen, daß in einem solchen unerwarteten Falle meiner Fürsorge anvertraut bleiben wird, alles das zu veranlassen, was Ich zur Festsetzung Ihrer Stellung in Meinem Reiche als mit dessen Interessen vereinbarlich finden werde. So wie ich auch nicht ermangeln will, in gleichem Falle auch diese Meine brüderliche Fürsorge auch auf Ihre Gemahlin, die Frau Erzherzogin Charlotte und Ihre Nachkommen zu erstrecken.«[78] Maximilian und seine Angehörigen würden also ohne jedes Recht weitgehend auf die Gnade des Kaisers angewiesen sein.

Es ist verständlich, daß diese Zusage das Ehepaar nicht befriedigte. In einem Brief an ihren Bruder Philipp machte Charlotte ihrer Empörung Luft und bezichtigte Kaiser Franz Joseph, ihrem Mann die größte Unverschämtheit zugefügt zu haben. Sie befänden sich nun zwischen zwei Mühlsteinen: Es bleibe ihnen die Wahl zwischen einem freiwilligen Exil oder einem Thron, »wie dornenvoll er auch sein möge«.[79]

In ihrer Not entschloß sich Charlotte, nach Wien zu fahren, um mit dem Kaiser persönlich zu verhandeln. Franz Joseph empfing die Schwägerin mit größter Liebenswürdigkeit, holte sie sogar persönlich vom Bahnhof ab und schenkte ihr drei Stunden lang geduldig Gehör; in der Angelegenheit selbst aber erreichte Charlotte nichts. Der Kaiser versprach nur, selbst nach Miramare zu kommen, um mit seinem Bruder zu sprechen. Damit mußte sie sich abfinden.

Kaiser Franz Joseph in Miramare

Am 9. April um acht Uhr früh traf Kaiser Franz Joseph mit der Bahn in Miramare ein, wo der Erzherzog ihn an der eigens für das Schloß eingerichteten Haltestelle empfing. In seiner Begleitung befanden sich seine und Maximilians Brüder Karl Ludwig und Ludwig Viktor sowie fünf weitere Erzherzöge, drei Minister – darunter Außenminister Graf Rechberg – und etliche andere hochkarätige Würdenträger mit ihrem Gefolge. Dieses große Aufgebot sollte wohl der Unterredung entsprechendes Gewicht verleihen.

Doch alle waren nur Begleitung, die Unterredung zwischen den beiden Brüdern fand unter vier Augen statt. Das Gespräch in der Bibliothek des Schlosses dauerte beinahe zwei Stunden, in denen, Berichten zufolge, Maximilian mit der Kraft der Verzweiflung gekämpft haben soll. Die Auseinandersetzung dürfte sehr stürmisch verlaufen sein, denn als Kaiser und Erzherzog den Raum verließen, zeigten beide deutliche Spuren großer innerer Bewegung. Sogar Franz Joseph soll Tränen in den Augen gehabt haben. Dennoch blieb er in der Sache hart und beharrte darauf, daß Maximilian auf alle seine Rechte als zweiter in der Thronfolge nach dem sechsjährigen Kronprinzen Rudolf und auf seine Apanage als österreichischer Erzherzog verzichten sollte. Das galt auch für Charlottes »Nadelgeld« in Höhe von jährlich 20 000 Gulden, das sie aus dem noch von Maria Theresia stammenden Patrimonialfonds bezog.

In Anwesenheit des kaiserlichen Gefolges setzten Franz Joseph und Maximilian ihre Unterschrift unter den Familienpakt. Die Würfel waren gefallen, die Staatsraison des Kaisers hatte gesiegt. Hatte Maximilian nachgegeben, weil die Ehre auf dem Spiel stand, wie der Kaiser der Franzosen behauptet hatte? Oder um Charlottes willen, die unbedingt Kaiserin sein wollte? Oder doch aus dem persönlichen Ehrgeiz eines Mannes aus großem Haus, der sich berufen fühlte, als bedeutender Herrscher in die Geschichte einzugehen? Vermutlich bewogen all diese Gründe den Erzherzog, auf seine angestammten Rechte in Österreich zu verzichten, die sein Bruder Franz Joseph für unvereinbar hielt mit einem Kaisertum im fernen Mexiko.

Die Wiener *Presse* vom 15. April schließt ihren Bericht mit folgenden Worten: »Nachdem auch die Zeugen unterschrieben hatten, spielte die vor dem Schloß wartende Marinekapelle die österreichische Hymne, worauf der Kaiser die Erzherzogin zur Tafel führte.«

Charlotte saß neben ihm. Freude und Erleichterung waren nicht zu übersehen. Das große Hindernis, das ihre ehrgeizigen Pläne noch im letzten Augenblick beinahe zum Scheitern gebracht hätte, war beseitigt. Die Miene des Erzherzogs soll weniger glücklich gewesen sein.

Schon um halb zwei Uhr war der Kaiser mit seinem Gefolge wieder auf dem Bahnhof, wo sich in letzter Minute noch eine ergreifende Szene abspielte. Als Franz Joseph eben in seinen Salonwagen steigen wollte, wandte er sich plötzlich noch einmal um. »Max!« rief er und umarmte unter Tränen seinen Bruder. Die beiden sahen einander nie mehr wieder.[80]

Maximilian I., Kaiser von Mexiko

Die Thronannahme

Am Sonntag, dem 10. April 1864, war es endlich soweit. Der Traum Maximilians und vor allem Charlottes war dabei, sich zu erfüllen.

Vor einem knappen halben Jahr hatte Maximilian die Thronannahme unter anderem davon abhängig gemacht, daß ganz Mexiko seine Stimme für die Monarchie abgab.

Die Presse stellt bereits am 27. März 1864 die Frage: »Welcher Art aber sind die Abstimmungsprotokolle, welche die mexikanische Deputation mit nach Miramare gebracht hat? Ein Plebiszit ist es nicht. Nach Bekanntwerden der Antwort vom 3. Oktober ließ der französische General Bazaine seine Armee nach drei Richtungen marschieren, um die Okkupation des Landes auszuführen ... Die Kolonnen durchzogen in teilweise harten und blutigen Kämpfen fünf bis sechs Staaten, und wo man eben hinkam, berief man den Alkalden und befahl ihm namens des Ayuntamientos (Gemeinderat), ein schon fertiges Formular zu unterzeichnen, welches die Zustimmung zur Monarchie für Kaiser Maximilian I. aussprach. Nachdem die Unterschriften von einigen tausend Bürgermeistern auf diese Weise eingetrieben waren, kehrten die französischen Kolonnen damit nach Mexiko-Stadt zurück und die zur Abfahrt bereite Deputation nahm sie als ›Bestätigung des Willens der Hauptstadt‹ durch die Nation nach Europa mit ... Von der Kundgebung des Willens der gesamten Nation kann um so weniger die Rede sein, als noch heute Juárez mit einem starken Anhang einen guten Teil des Landes besetzt hält, und daß der Bruchteil des Gesamtwillens unter solchen Umständen frei manifestiert wurde, wird wohl niemand im Ernst glauben … Und wie steht es mit den anderen Garantien? … Hat England sie gegeben? … Man hat inzwischen gehört, daß das englische Kabinett bis jetzt jedes Ansinnen einer solchen Garantie ablehnt … Hat Frankreich irgendwelche Garantien geboten? … Der Kaiser von Mexiko nimmt in sein neues Reich 12 Millionen Francs mit, eine Summe, die als finanzielle Bürgschaft kaum in Betracht kommen kann … Die Conföderation der Südstaaten (von Amerika) kämpft noch, aber seit Jahresfrist zieht sich der eiserne Kreis, mit welchem der Norden sie umschlingt, immer enger … Die Zukunft Mexikos ist heute nicht fester gegründet als vor sechs Monaten … Wir stehen jetzt der, wie es scheint, unabänderlichen Tatsache gegenüber, daß ein erlauchtes Mitglied des österreichischen Kaiserhauses jenseits des Atlantischen Ozeans einen neugeschaffenen Thron besteigt und die Regierung eines Landes übernimmt, das durch und durch zerrüttet, bisher die Bedingungen einer würdigen politischen Existenz nicht gefunden hat.«

Am Vormittag wurden die Mitglieder der mexikanischen Delegation in Prunkkarossen in Triest abgeholt und nach Miramare gebracht. Aber auch für Gutierrez und Hidalgo, die Hauptakteure im Kampf um eine neue mexikanische Monarchie, wurde ein Traum wahr.

Im Schloß waren inzwischen alle Vorbereitungen getroffen worden. Da der prunkvolle Thronsaal noch nicht fertig war, hatte man improvisieren müssen, um ein würdiges Ambiente für das große Ereignis zu schaffen. Charlotte trug zu diesem feierlichen Anlaß eine rosa Robe mit einem großen Reifrock, kostbaren Schmuck und ein Diamantendiadem, Maximilian, bei dem die schmerzlichen Ereignisse der letzten Zeit ihre Spuren hinterlassen hatten, die Galauniform eines Admirals. Vor ihm auf dem schwarzen, mit Intarsien verzierten Marmortisch, einem Hochzeitsgeschenk des Papstes, lagen die Dokumente mit den Namen der mexikanischen Städte, die sich angeblich für ihn erklärt hatten.

Pferdegetrappel und die Hochrufe der Triestiner, für die der Park von Miramare an Sonntagen geöffnet war, wurden draußen laut; gleich darauf führte Kammerherr Graf Zichy die Mexikaner in den Saal, und Gutierrez setzte zu seiner Rede an, und zwar auf französisch und wie üblich endlos lang und voller blumiger Phrasen. Von der »enthusiastischen Zustimmung der ungeheuren Majorität des Landes« sprach er, von Ruhm und Ehre und vom sichtbaren Fingerzeig Gottes sowie von der unwandelbaren Liebe und der durch nichts zu erschütternden Treue seiner künftigen Untertanen, die, katholisch und monarchisch gesinnt, ihr Geschick vertrauensvoll in die Hände des Erben Karls V. legten. Es fehlte auch nicht an Schmeicheleien für Charlotte: »Eine Fürstin, bereits Königin durch ihre Tugenden, durch ihren Geist und Anmut, wird von der Höhe des Throns herab alle mexikanischen Herzen zur vollkommensten Einigung anzuziehen wissen.« Ganz vermochte Gutierrez allerdings doch nicht, die Schwierigkeiten zu verschweigen, die der neuen Monarchie drohten. Doch »die Schwierigkeiten von heute werden der Ruhm von morgen sein« (*Die Presse,* 11. April 1864).

Maximilian antwortete auf spanisch: »Ich kann mich dank dem Ausspruch der Notabeln von Mexiko nun mit Berechtigung als den Erwählten des mexikanischen Volkes betrachten. So ist die erste Bedingung erfüllt. Auch die Bürgschaften ... sind dank der Großmut des Kaisers der Franzosen nunmehr gegeben. Darum darf ich nun die Krone annehmen und werde mich bestreben, sie in unermüdlicher Arbeit für die Freiheit, die Ordnung, die Größe und Unabhängigkeit Mexikos zu tragen.«[81] Er versprach eine konstitutionelle Monarchie, von den mangelnden Garantien Englands und Spaniens war keine Rede mehr. Bevor er den Eid leistete, fuhr er, wie *Die Presse* vom 11. April 1864 weiter berichtete, mit den Worten fort: »Wir werden beweisen, daß eine wohlverstandene Freiheit trefflich vereinbar ist mit der Herrschaft der Ordnung. Ich werde die eine achten und der anderen Achtung zu verschaffen wissen. Mit nicht minderer Kraft werde ich die Fahne der Unabhängigkeit hochhalten. Ich nehme die Hilfe jedes Mexikaners an, der sein Vaterland liebt, um mir bei der Erfüllung meiner schönen, aber schwierigen Aufgabe beizustehen. Die Einigkeit wird uns stark machen und Gedeihen und Frieden geben.« Gutierrez mochte in Maximilians Rede zwar einiges vermissen, wie die Betonung der katholischen Religion, die Rückgabe der Güter an den Klerus, eine streng konservative Richtung, aber er war ganz zuversichtlich, daß es ihm gelingen würde, Maximilian seinen Wünschen gefügig zu machen. So stimmte auch er in die Jubelrufe der Anwesenden ein, mit denen die feierliche und mit großer innerer Bewegung vorgetragene Rede von den Anwesenden aufgenommen wurde. »Es lebe Kaiser Maximilian! Es lebe Kaiserin Charlotte!« riefen sie, während am Flaggenmast von Miramare die neugeschaffene Kaiserstandarte gehißt wurde. Die im Hafen liegenden Kriegsschiffe antworteten mit einundzwanzig Schüssen Salut.

Nach dem Tedeum in der Schloßkapelle unterzeichnete Maximilian das seinerzeit in Paris paraphierte Abkommen, die »Konvention von Miramare«, und die Anleiheakte über den Kredit von 200 Millionen Francs an Mexiko sowie die Unterlagen über die Aushebung der Freiwilligenkorps und die Ernennung Almontes als seinen vorläufigen Stellvertreter. General Frossard setzte seine Unterschrift im Namen Frankreichs darunter. Dieses Land war der einzige Garant des neuen Reichs.

Noch nie wurden Redlichkeit, Hingabe und der entschlossene Wille, ein zerrüttetes Land in eine bessere Zukunft zu führen, schlimmer getäuscht als an diesem 10. April 1864 in Miramare. Zurückzuführen war dies auf die grenzenlose Naivität und das unendliche Vertrauen, das Maximilian in Kaiser Napoleon III. und seine Versprechen setzte. Und wie stand es mit Charlotte? Durchschaute auch sie nicht die Hintergründe?

Merkte sie nicht, welche Rolle sie und ihr Gatte im Machtspiel des Kaisers der Franzosen spielten? War ihr politischer Verstand hinter dem Glanz des Wortes Majestät auf der Strecke geblieben?

Kaum waren die Formalitäten beendet, als auch schon ein Telegramm Napoleons eintraf, der dem neuen Kaiserpaar gratulierte und es zugleich seiner Freundschaft und Unterstützung versicherte.

Bezeichnend ist, daß die meisten mexikanischen Emigranten keine der ihnen angebotenen hohen Stellungen in Mexiko annahmen, um dort ihrer Heimat zu dienen, sondern es vorzogen, im sicheren Europa zu bleiben – Gutierrez in Rom und Hidalgo als mexikanischer Gesandter in Paris.

Die Presse vom 15. April schloß ihren Kommentar mit folgenden Worten: »Man muß ganz erfüllt sein von dem Rufe zu einer Mission, um so vieles ertragen zu können, ohne in seinem Entschluß zu wanken. Und nicht weniger Heroismus wohnt der Kaiserin Charlotte inne, welche mit ihrem Gemahl an dem Kaisergedanken festhält. Ja, wenn man Berichten gewisser Pariser Hofkreise trauen darf, so war die Kaiserin Charlotte für den Zug nach Mexiko voll der größten Begeisterung und darin eines Sinnes mit der Kaiserin Eugénie, welche die Botschaft von der endlichen Annahme der Krone in Miramare mit einem Glückwunsch erwidert haben soll, der in den Worten gipfelte: Hosiannah! Hosiannah! Hosiannah!«

Mexiko

Die Reise nach Mexiko

Die Abreise

Zum allgemeinen Staunen wurde die Abreise zunächst verschoben. Die Belastungen der letzten Wochen, vor allem die quälenden Auseinandersetzungen über den Familienpakt, hatten Maximilian so zugesetzt, daß er einen Nervenzusammenbruch zu erleiden drohte. Sein Leibarzt, Dr. Jilek, verordnete ihm absolute Ruhe und zog sich mit ihm in das »Castelletto« zurück. Als Grund der Verzögerung wurde eine fiebrige Erkältung angegeben.

Maximilian nahm nicht einmal an dem Galadiner teil, das zu Ehren seines Regierungsantritts stattfand. Charlotte, offensichtlich mit einem robusteren Nervenkostüm ausgestattet, nahm an seiner Stelle den Vorsitz ein. In ihrer jugendlichen Schönheit und im Bewußtsein des endlich errungenen Siegs saß sie strahlend zwischen dem Kardinal-Patriarchen von Venedig und General Frossard. Gewandt unterhielt sie sich in vier Sprachen und zeigte, daß sie ihrer neuen Aufgabe sehr wohl gewachsen war. Alle Enttäuschungen und Aufregungen der letzten Wochen schienen keine Spuren bei ihr hinterlassen zu haben: Der Kaisertraum von Miramare war Wirklichkeit geworden.

Auch die nächsten Tage, an denen in Miramare hektische Betriebsamkeit herrschte, bewahrte die Kaiserin Ruhe und Gelassenheit. Sie empfing die zahlreichen Abordnungen, die dem Kaiserpaar gratulierten, und beantwortete die Glückwunschtelegramme, die laufend in Miramare eintrafen. Im allgemeinen Wirrwarr war sie wie ein Fels in der Brandung.

Maximilian ließ sich nicht blicken. Betreut von Dr. Jilek, befand er sich noch immer im »Castelletto«. Ein Ausspruch von ihm wird oft zitiert: »Wenn jetzt einer käme und mir sagte, daß alles gescheitert ist, ich würde mich in mein Zimmer einschließen und tanzen vor Vergnügen.« Er soll aber hinzugefügt haben, daß seine Gattin damit wohl nicht einverstanden wäre.[82]

Am 14. April war es dann endlich soweit. In Triest und Umgebung hatte sich die Nachricht von der Abreise in Windeseile herumgesprochen. Nicht nur der Park von Miramare, sondern auch die ganze Straße nach Triest war voll von Menschen, die »ihren« geliebten Erzherzog noch einmal sehen wollten.

Noch schwerer fiel Maximilian der Abschied: von der Stadt, die ihm Heimat geworden, von seiner Dienerschaft, die ihm treu ergeben war, von dem herrlichen Besitz, den er selbst gestaltet hatte. Und als dann noch ein Telegramm mit den letzten Grüßen seiner Eltern eintraf, mußte er um Fassung ringen: »Lebe wohl, unser Segen – von Papa und mir – unsere Gebete und Tränen begleiten Dich, Gott schütze und geleite Euch, zum letzten Mal lebe wohl auf heimatlicher Erde, wo wir Dich leider nicht mehr sehen sollten ...«[83]

Diese Worte sollten von makabrer Vorahnung sein, denn die Eltern sollten ihren Sohn überleben.

Inzwischen war es zwei Uhr geworden. Die *Novara* stand bereits unter Dampf. An der kleinen Mole von Miramare lag schon die Barkasse mit dem Purpurteppich und dem roten goldbestickten Baldachin, die mexikanische Kaiserstandarte am Heck, die acht Paar Ruder kerzengerade in der Luft. Die neue mexikanische Kaiserhymne erklang. Die wartenden Menschen brachen in Hochrufe aus, Männer zogen die Hüte, Frauen warfen Blumen, als der Kaiser, Charlotte am Arm, die Marmortreppe hinabschritt. Er war sehr blaß und dankte nur stumm für die Huldigung.

Das Kaiserpaar stieg ein, die Matrosen senkten die Ruder ins Wasser, wenige Minuten später war die Barkasse an der *Novara*. In diesem Augenblick wurde am Mast die mexikanische Flagge gehißt, und von den Forts in Triest und den im Hafen liegenden Kriegsschiffen wurde Salut geschossen. Die Anker wurden gelichtet, und das Schiff nahm Fahrt auf.

Kaiser Maximilian hatte zur *Novara* eine besondere Beziehung. Sie war das erste Schiff, auf dem er als junger Marineoffizier Dienst geleistet hatte. Damals war sie noch ein reines Segelschiff gewesen, dessen Name an einen glorreichen Sieg Feldmarschall Radetzkys erinnern sollte. Maximilians Arbeitszimmer in Miramare war dem Heck der *Novara* nachgebildet. Erst in jüngster Zeit war sie zur Fregatte umgebaut und mit Dampfmaschinen ausgestattet worden. Nun sollte sie den Kaiser in sein neues Reich fahren. Drei Jahre später würde sie noch auf andere Weise Bedeutung erlangen.

Indessen warteten draußen auf Reede die kaiserliche Jacht *Fantaisie,* eine Flotte von Kriegsschiffen und Dampfern des Triestiner Lloyd – alle in Flaggengala, die Mannschaften in Parade auf dem Deck. Auch viele Fischerboote folgten. Sie sollten der *Novara* und der französischen *Thétis* eine Stunde lang das Geleit geben.

Rom

Am 18. April erreichte die *Novara* Civitavecchia, wo sie mit Jubelrufen von der wartenden Menge begrüßt wurde. Eskortiert von französischen Truppen, die den Schutz des Kirchenstaates übernommen hatten, und einer Abordnung päpstlicher Zuaven, einer von Frankreich rekrutierten Infanterietruppe mit malerischer orientalischer Tracht, bestieg das Kaiserpaar den Sonderzug nach Rom. Maximilian wollte dort dem Papst seine Aufwartung machen und ihn um seinen Segen für sein künftiges Reich bitten.

Kardinalstaatssekretär Giacomo Antonelli, nach Papst Pius IX. der mächtigste Mann im Kirchenstaat, empfing Maximilian und Charlotte am Bahnhof – nicht ohne Hintergedanken. Sowohl der Kaiser der Franzosen als auch der Vatikan erhofften sich einiges von dem neuen Herrscher: Napoleon versprach sich, daß der frisch ernannte Kaiser ihm die Lasten abnahm, die Frankreich bisher allein getragen hatte, der Papst erwartete, daß er für die Rückgabe der beschlagnahmten Kirchengüter an den mexikanischen Klerus sorgte. Das hatte Maximilian eigentlich nicht im Sinn. Der spätere Konflikt war einprogrammiert.

Jubelnde Menschen säumten die Straßen zum Palazzo Mariscotti, dem Wohnsitz von Gutierrez de Estrada, in dem das Paar logierte. Dort fand am Abend ein großer Empfang statt, zu dem 300 Gäste geladen waren. Gutierrez, stolz darüber, nicht nur der Wegbereiter der mexikanischen Monarchie zu sein, sondern auch der Gastgeber des mexikanischen Kaiserpaares, überschlug sich förmlich vor Gastlichkeit, auch angesichts der ihm bevorstehenden Ehre, den Papst in seinem Haus empfangen zu dürfen. Doch auch Maximilian und Charlotte genossen es sichtlich, endlich der gleichen Ehren teilhaftig zu sein wie der Kaiser von Österreich.

Papst Pius IX. empfing das Kaiserpaar in Privataudienz und zelebrierte persönlich für sie die Messe in der Sixtinischen Kapelle.

Maximilians liberale Ansichten dürften ihm jedoch nicht verborgen geblieben sein, denn er bemerkte vielsagend, daß die Rechte eines Volkes zwar groß seien, die der Kirche aber noch größer und heiliger. Diese Bemerkung hätte Maximilian zu denken geben sollen, aber wie so oft ging er schwierigen Fragen aus dem Weg. Er antwortete nur, daß er sich seiner Pflichten als Christ wohl bewußt sei, er aber auch die des Herrschers wahren müsse. Es wäre klüger gewesen, die Dinge gleich bei ihrem Namen zu nennen und für Klarheit zu sorgen, denn die Frage der Rechte und Güter der Kirche würde in Mexiko eine entscheidende Hürde sein und eine Menge Ärger verursachen. Während der Frühstückstafel im Vatikan beschränkte sich Maximilian hingegen nur darauf, »einen tüchtigen Nuntius mit vernünftigen Ansichten«[84] zu erbitten, ein sehr dehnbarer und auf verschiedene Weise zu interpretierender Begriff.

Am Nachmittag fuhr der Papst in Begleitung der Nobelgarde und unter dem Jubel der Menge in einer Prunkkarosse vor dem Palazzo Mariscotti vor, um dem Kaiser von Mexiko, wie es die Sitte vorschrieb, einen Gegenbesuch abzustatten. Maximilian fühlte sich dadurch nun ganz als ein »Herrscher von Gottes Gnaden«.

Der Besuch der Villa Borghese und des Kolosseums bei Mondschein sowie ein Besuch beim Ex-Königspaar von Neapel standen ebenfalls noch auf dem Programm.

Große Freude herrschte, als das Kaiserpaar mit seinem Gefolge wieder zur *Novara* zurückkehrte. Maximilian und Charlotte sahen voll Hoffnung in die Zukunft; der Papst selbst hatte sie und ihr Werk gesegnet. Wer konnte da noch am Erfolg zweifeln?

In Rom aber kursierte ein Spottgedicht:

Maximilian, glaub nicht, es sei wahr,
kehr zurück in dein Schloß Miramar,
Montezumas Krone ist nur ein Traum,
ein gallischer Becher, gefüllt mit Schaum.
Denk an Danaos tödliche Gaben.
Unterm Purpur liegt der Strick begraben.[85]

Doch das war den beiden wohl nicht zu Ohren gekommen. Sehr wohl hatte aber Maximilian das anonyme Schreiben gefunden, das in seiner Post lag: »Mexiko ist zum Kaiserreich und Sie sind zum Kaiser proklamiert worden … Ich besitze eine gut eingeschossene Büchse und einen festen Arm, und diese Gewißheit verpfände ich Ihnen bei meiner Ehre, sobald Sie es wagen, den Boden Amerikas zu betreten. Kommen Sie, und Sie sind meiner gewiß.«[86]

Auf hoher See

Von Rom nach Veracruz

Am 20. April kehrten Maximilian und Charlotte an Bord der *Novara* zurück. Die Reise nahm ihren Fortgang. Im nachhinein betrachtet war der glanzvolle Aufenthalt in Rom ein reiner Höflichkeitsbesuch gewesen. Nicht einmal die dringendsten Probleme waren erörtert, geschweige denn entschieden worden. Auch der Familienpakt wurde mit keinem Wort erwähnt.

Zwar hatte die englische Königin trotz der eindringlichen Bitten ihres Neffen dem neuen Kaiserreich keinerlei Garantien erteilt, aber die kaiserlichen Ehren, mit denen die *Novara* in Gibraltar empfangen wurde, ließen neue Hoffnungen aufkeimen. In den spanischen und portugiesischen Häfen, die sie passierte, war es ähnlich. Aber Salutschüsse waren wohlfeil, und eine Geste der Höflichkeit verpflichtete zu nichts.

Maximilian und Charlotte verbrachten die Tage der Überfahrt meist in ihren Kabinen und wollten nicht gestört werden. Einzelheiten des künftigen Hofzeremoniells, das dem des Wiener Hofes gleichen sollte, wurden ausgearbeitet – eine Beschäftigung, die angesichts der Fülle anderer und weit größerer Probleme, die in Mexiko gelöst werden mußten, ziemlich unwichtig, wenn nicht gar absurd erscheint. Die Ausarbeitung nahm nicht weniger als 500 Seiten in Anspruch! Den Rat König Leopolds, auf größte Sparsamkeit Wert zu legen, hatte das Paar offenbar vergessen.

Nicht weniger unsinnig war, daß Maximilian den geleisteten Verzicht auf seine Erbrechte in Österreich widerrief, vor allem die Behauptung an Eides Statt, er habe die entsprechenden Dokumente erst knapp vor seiner Kronannahme zu Gesicht bekommen. Auf diese Weise habe Wien unerträglichen Druck auf ihn ausgeübt! Maximilians Sekretär Schertzenlechner, der es verstanden hatte, sich unentbehrlich zu machen, war einer der Zeugen, die den Protest unterschrieben. Der Widerruf sorgte in Wien für viel böses Blut und belastete weiterhin das Verhältnis zwischen den Brüdern.

Die Reise dauerte insgesamt sechs Wochen und verlief nicht ohne Zwischenfälle. Mitten auf dem Ozean geriet die *Novara* in eine Flaute, die den Kohlenvorrat sehr reduzierte. Um bis zum nächsten Hafen auf Martinique zu gelangen, mußte die *Thétis* sie ins Schlepptau nehmen, sehr zum Ärger der österreichischen Besatzung. Schlimmer noch aber war eine Unwetterzone, in die das Schiff nach Passieren der Insel Jamaika geriet. Schlingernd und stampfend kämpfte sich die Fregatte durch den Sturm, fiel krachend hinab in ein Wellental, um sich ächzend wieder aufzurichten. Pausenlos schlugen die Brecher über ihr zusammen, und das Wasser lief bis in die Kabinen. Kein Wunder, daß viele Passagiere seekrank wurden.

Auch Charlotte wurde davon nicht verschont, aber sie beklagte sich nicht, sondern ertrug alles Ungemach mit bewundernswerter Geduld. In ihren Briefen, die sie nach Europa schrieb, berichtete sie nur von der Schönheit der Tropen, von Schmetterlingen und Kolibris und den vielen Pflanzen, die sie noch nie gesehen hatte. Es ist bezeichnend für sie und Maximilian, daß sie Unangenehmes fast immer verschwiegen und so bei ihren Angehörigen und Freunden die Illusion aufrechterhielten, es sei alles in bester Ordnung. Vielleicht wäre es später nicht so schlimm gekommen, hätten sie rechtzeitig gestanden, wie es in Wahrheit aussah.

»Villa Rica de la Vera Cruz« hatten die Spanier seinerzeit den Hafen genannt, vor dem die *Novara* endlich am 28. Mai 1864 vor Anker ging. Der erste Eindruck, den Veracruz auf die Ankömmlinge machte, war jedoch eher deprimierend. Es sah nämlich nicht so aus, als ob hier viel Reichtum herrschte. Im Gegenteil, die Mexikaner mieden die Stadt, die für ihr gefährliches Sumpffieber, genannt »vómito negro«, berüchtigt war. Davon zeugte der Friedhof, auf dem auch etliche französische Soldaten begraben waren.

Zwar schossen die Kanonen des Forts San Juan de Ulúa jetzt Salut, aber sonst war einiges schiefgelaufen. Die Bevölkerung der hauptsächlich republikanisch gesinnten Stadt verhielt sich schweigend, das Begrüßungskomitee war noch nicht erschienen, da man mit der Ankunft des Kaisers erst später gerechnet hatte. General Almonte, der provisorische Regierungschef, fürchtete, daß seine Familie sich mit dem Sumpffieber anstecken könnte, und wartete im Landesinneren. Und der Kommandant des französischen Geschwaders, das vor der Küste lag, kritisierte, daß die *Novara* nicht mitten unter seinen Schiffen ankerte. »Er trat mit einer Rücksichtslosigkeit und Ungezogenheit auf, die ihresgleichen sucht. Es war das erste, aber leider nicht das letzte Beispiel französischer Anmaßung«, schrieb Gräfin Paula Kollonitz, eine Hofdame der Kaiserin, in ihren *Erinnerungen*.[87]

Nun sorgten die Stadtväter von Veracruz in aller Eile für einen einigermaßen würdigen Empfang ihres Herrschers. Die Straßen wurden festlich beleuchtet, Triumphbögen errichtet, von den französischen Schiffen wurden Raketen abgeschossen, an den Wänden wurde das Manifest des Kaisers an sein neues Volk angeschlagen, in dem er die Mehrung des Reichtums des Landes, die Verbesserung der Landwirtschaft, des Bergbaus und der Industrie, die Errichtung von Straßen und Eisenbahnen, vor allem aber die Gleichheit vor dem Gesetz sowie Frieden und Wohlstand für alle versprach. Ob es die Menschen ernst nahmen? Man hatte ihnen schon so oft das Blaue vom Himmel versprochen, und es war nie eingetroffen.

Die Gegend wurde plötzlich von einem Unwetter heimgesucht, dem die festliche Dekoration nicht lange standzuhalten vermochte. Ein heftiger Wind kam auf, löschte die Lichter, warf die Triumphbögen um, zerriß die Girlanden und zerstreute sie in alle Richtungen. Es war kein guter Anfang.

Mit Hindernissen in die Hauptstadt

Die Reise begann per Eisenbahn, die die Franzosen für militärische Zwecke gebaut hatten, und wurde dann per Kutsche fortgesetzt, da nur einige Kilometer der Bahnstrecke fertiggestellt worden waren.

Beim Anblick der vorsintflutlichen Kutschen sank so manchem der Mut. Bis in die Hauptstadt Mexiko waren es über 400 Kilometer, und 85 Personen und 500 Kilo Gepäck sollten transportiert werden! Die Fahrzeuge boten zwölf bis fünfzehn Personen Platz und waren mit acht Maultieren bespannt. Der Kutscher auf dem Bock, in ledernem Anzug und mit einem Sombrero auf dem Kopf, hielt also sechzehn Zügel in der Hand. Schreiend und pfeifend dirigierte er damit seine Tiere, während ein Maultiertreiber den Weg sorgfältig prüfte, die größten Steine wegräumte und Steine nötigenfalls gegen ein besonders faules Zugtier schleuderte.

Richtige Straßen gab es nicht. Sie glichen mehr oder minder ausgetrockneten Wasserläufen voller Geröll, durch das sich die Maultiergespanne mit ihrer schweren Last nur mühsam einen Weg bahnten. Radbrüche waren an der Tagesordnung, vor allem wenn die Kutscher ihre Maultiere mit Peitschenhieben und Steinwürfen gelegentlich zum Galopp zwangen.

Auch der Kaiser und die Kaiserin sollten bald erkennen, daß ihr eleganter englischer Reisewagen, den sie aus Europa mitgebracht hatten, sich nicht für die mexikanischen Straßen eignete.

Charlotte berichtete darüber Kaiserin Eugénie: »Die Straße, die über ein schlecht bewirtschaftetes Flachland … führt, ist erbärmlich. Die einzigen zivilisierten Flecken sind die französischen Wachhäuser mit der Feldküche daneben … Die Mexikaner entschuldigten sich immer wieder für die Straße, und wir versicherten ihnen jedes Mal, daß es uns nicht das geringste ausmache. In Wahrheit jedoch war sie über alle Worte gräßlich, und wir brauchten unsere ganze Jugend, unseren ganzen Gleichmut, um ohne einen Krampf oder eine gebrochene Rippe davonzukommen.«[88]

Dennoch schien Charlotte alle Unbequemlichkeiten, wie die immer wieder von Himmel herabstürzenden Regengüsse, mit stoischer Gleichmütigkeit hinzunehmen. Sie beklagte sich nicht einmal, als sie wegen eines Radbruchs in eine der gewöhnlichen Kutschen umsteigen mußte. Und der Kaiser konnte sich an der üppigen Vegetation nicht sattsehen. Grünes Dschungeldickicht bedeckte die steilen, von tiefen Talschluchten durchfurchten Hänge, zwischen denen Bananenstauden und gigantische Farne, Bougainvillea und feuerrote Flamboyantbäume wucherten, umschwirrt von großen, bunten Schmetterlingen und winzigen Kolibris. Schon in seiner Kindheit hatte ihn das Palmenhaus im Park von Schloß Schönbrunn fasziniert, nun stand die tropische Vegetation in ihrer ganzen Vielfalt vor seinen Augen und ließ ihn alle Unbilden der Reise vergessen.

Die kaiserliche Kutsche wurde von einer mexikanischen Eskorte unter dem Kommando von Oberst Miguel Lopez begleitet. Lopez war Kreole, also spanischer Abstammung und stolz auf seine Abkunft von den einstigen Eroberern. Alle Kreolen fühlten sich nicht nur den eingeborenen Indios, sondern auch den Mischlingen, den Mestizen, weit überlegen. Am Ende der mexikanischen Tragödie werden wir ihm noch in einer verhängnisvollen Rolle begegnen.

Wenn es auch zu keinen Überfällen der Juaristen kam, so verlief die Reise nicht ohne Schwierigkeiten. Einmal brach die vor dem kaiserlichen Wagen fahrende Kutsche sogar zusammen und kippte um. Die Insassen, die Gefahr liefen, in den Abgrund zu stürzen, konnten sich gerade noch durch das Fenster retten. Es war bereits tiefe Nacht, als die Reisenden ihre nächste Station, Córdoba, erreichten. Dennoch schienen alle Bewohner unterwegs zu sein. Die Häuser waren mit Girlanden geschmückt, die Menschen schwenkten winkend Blumen in den Händen, und der Jubel, mit dem sie das Kaiserpaar begrüßten, schien wirklich von Herzen zu kommen. Ein eindrucksvolles Aufgebot von französischen Offizieren und einheimischen Honoratioren, sämtlich in großer Gala, geleitete die Gäste zu dem üppigen Bankett, das trotz der späten Stunde serviert wurde.

Ein reicher Plantagenbesitzer hatte den Majestäten scin Haus zur Verfügung gestellt. Leider hatte man aber übersehen, daß auch die fast hundertköpfige Begleitung Nachtquartiere benötigte. Für sie gab es Stühle oder den blanken Fußboden. Etliche zogen es darum vor, sich für die Nachtruhe notdürftig mit den Sitzen der Kutschen zu behelfen.

Je tiefer die Wagenkolonne ins Landesinnere kam und damit in Gegenden, die überwiegend von konservativ gesinnter Bevölkerung bewohnt waren, um so herzlicher wurde der Empfang. Selbst in den kleinsten Dörfern hatten die Menschen Triumphbögen aus blühenden Pflanzen errichtet und umdrängten Indios begeistert die Kutsche des Kaiserpaares. Sie schwenkten ihre Sombreros, brachen in Jubelrufe aus, die sich zu wahren Ovationen steigerten, sobald die Kaiserin einen der Sträuße ergriff, mit denen die Frauen sie begrüßten. In Orizaba, einem Städtchen, das eigentlich für seine republikanische Gesinnung bekannt war, erwarteten Tausende jubelnde Indios das Kaiserpaar, das wohl mit Recht glaubte, daß es hier willkommen war.

Doch was erwarteten die Menschen, die die kaiserliche Kutsche umdrängten, von diesem neuen Kaiser? Sahen sie in ihm wirklich die Reinkarnation des gütigen Gottes Quetzalcoatl und dessen milder Herrschaft, die ihnen endlich das Heil bringen würde?

Quetzalcoatl, eine Göttergestalt Mittelamerikas und mythischer Herrscher des Stammes der Tolteken, war angeblich einst König der legendären Stadt Tollan gewesen. Er war ein milder und weiser Herrscher von höchster Moral. Doch seine Feinde gaben ihm und seiner Schwester Pulque ein alkoholisches Getränk zu trinken, das aus dem Saft einer Agavenart gewonnen wird und destilliert als Tequila heute noch beliebt ist. Das Geschwisterpaar, das weder Alkohol noch dessen Wirkung kannte, verlor alle Hemmungen und liebte einander im Rausch. Erst am nächsten Morgen begriff Quetzalcoatl, was er getan hatte. Tief beschämt fühlte er sich nicht mehr berechtigt, über sein Volk zu herrschen, ging an den Strand, baute sich ein Floß und fuhr damit nach Osten über das Meer. Er verschwand für immer, doch da seine Herrschaft so friedlich und gerecht gewesen war, gab das Volk die Hoffnung nicht auf, daß er eines Tages wiederkehren werde und mit ihm ein goldenes Zeitalter auf Erden. Da ihm der Mythos eine sehr helle Haut und einen blonden Bart zuschrieb, soll bereits Cortez von diesem Volksglauben profitiert haben. Zwar hatte er die hochgespannten Erwartungen gründlich enttäuscht, doch die Sehnsucht nach Frieden und Gerechtigkeit und der Glaube an die Rückkehr Quetzalcoatls blieb unterschwellig in den Seelen der einfachen Menschen erhalten, die zwar zum Christentum übergetreten waren, aber die alten Götter nie ganz vergessen hatten. Und nun sahen sie den neuen Herrscher – einen freundlich blickenden, hellhäutigen Mann mit blondem Bart, genau wie Quetzalcoatl, von dessen Wiederkehr die Überlieferung sprach. Konnte man es ihnen verdenken, wenn sie glaubten, daß es sich um Quetzalcoatl handelte, der von Osten über das Meer gekommen war, um sein Volk von jahrhundertelanger Not zu befreien?

Charlotte und Maximilian legten in Orizaba eine zweitägige

Rast ein, »ein Ort, wie man ihn schöner nicht finden kann. Er erinnert an Italien und Südtirol. Die Luft ist köstlich und ganz leicht«,[89] berichtete Charlotte. Dort hatte sich auch der Hofstaat – die neu ernannten Palastdamen und Kammerherren sowie eine Abordnung von Narvanjal-Indios in ihrer alten traditionellen Tracht – eingefunden. Ihr Häuptling überreichte Charlotte einen mit Diamanten besetzten Goldring aus der Familie Montezumas. Daß Maximilian allerdings die Stammesführer zum Essen einlud, konnten die stolzen Kreolen bestimmt nicht billigen.

Am nächsten Tag begann der Aufstieg zu der von hohen Bergen umgebenen Hochebene, auf der sich die Hauptstadt befindet. Vor allem die mexikanischen Damen, die sich ausschließlich mit der Kutsche bewegten, waren sehr erstaunt, den Kaiser und die Kaiserin im Reitanzug und Sombrero zu erblicken, um die nächste Etappe hoch zu Roß zurückzulegen. Ihr Entschluß erwies sich jedoch nicht als besonders glücklich, denn ein Wolkenbruch überraschte die Kavalkade, so daß die Kaiserin bis auf die Haut durchnäßt und unterkühlt auf dem Landsitz des Bischofs von Puebla ankam. Dort, in der zweitgrößten Stadt Mexikos, feierte Charlotte ihren dreiundzwanzigsten Geburtstag.

Die Glocken der zahlreichen Kirchen läuteten, die Straßen waren voll jubelnder Menschen, als das Kaiserpaar einzog. Das war um so bemerkenswerter, als Puebla sich ein Jahr zuvor erbittert gegen die Eroberung durch die Franzosen gewehrt hatte. Doch inzwischen war der reiche Klerus zurückgekehrt und unterstützte einen Kaiser, dessen Herkunft aus einem alten katholischen Herrscherhaus die Garantie zu bieten schien, daß er für die Rückgabe ihrer Privilegien sorgen werde.

Die französische Garnison gab zu Ehren des Geburtstags der Kaiserin einen großen Ball, gekrönt von einem grandiosen Feuerwerk. Sogar Schloß Miramare erstand vor den begeisterten Gästen am nächtlichen Himmel. Charlottes Ergriffenheit über den so herzlichen Empfang kam in einem Brief zum Ausdruck, den sie an den Präfekten der Stadt richtete: »Ich freue mich an meinem ersten Geburtstag, den ich fern von meiner alten Heimat erlebe, gerade in Puebla zu sein. Ein solcher Tag ist für jeden reich an Erinnerungen, und er würde für mich recht schmerzlich sein, wenn das Entgegenkommen, die Aufmerksamkeit und die Sympathiebeweise, deren Gegenstand ich in dieser Stadt war, mich nicht daran erinnerten, daß ich in meiner neuen Heimat im Kreis der Meinigen bin. Umgeben von Freunden und begleitet von meinem teuren Gatten habe ich keine Zeit traurig zu sein. Ich danke nur Gott dafür, daß er mich hierher geführt hat, und sende zu ihm meine heißen Wünsche für das Glück eines Landes, welches das Meinige ist.« Dem Schreiben legte sie 7000 Piaster aus ihrer Privatschatulle zur Instandsetzung des Hospitals bei, dessen verfallener Zustand ihr unangenehm aufgefallen war.[90]

Endlich angekommen

Nach dem Aufstieg zum Paß Río Frío durch Zedern- und Kiefernwälder lag endlich das Tal der Hauptstadt vor den Reisenden. Es bot einen zauberhaften Anblick: Auf dem fruchtbaren Hochplateau befand sich die Stadt mit ihren Kuppeln und Türmen, umgeben von Feldern, Wiesen und schimmernden Seen. Hohe Berge, darunter die beiden mit ewigem Schnee bedeckten Vulkane Popocatépetl und Iztaccíhuatl, umschlossen sie. Das aztekische Tenochtitlán, auf dessen Resten die Spanier die Stadt Mexiko errichteten, war ursprünglich auf einer Insel des Texcocosees gelegen und von Kanälen durchzogen. Um die Hochwassergefahr zu bannen und Siedlungsraum zu schaffen, wurde der See von den Kolonialherren weitgehend trockengelegt.

Als der kaiserliche Zug bei der Kirche der Muttergottes von Guadalupe, dem auch heute noch berühmtesten Wallfahrtsort Mexikos, anhielt, kamen dem Kaiserpaar Hunderte von blumengeschmückten Equipagen mit reichgekleideten Damen aus der Hauptstadt entgegen. Ihnen gab eine Kavalkade schwarzgekleideter Herren das Geleit. Zusammen mit dem französischen Oberbefehlshaber, General Bazaine, und dem französischen Gesandten, Marquis de Montholon, wollten sie das Kaiserpaar begrüßen. Tausende von Indios mit grünen Zweigen als Symbol des Friedens folgten ihnen. »Viva el Emperador!« erscholl es aus unzähligen Kehlen, während alle Kirchenglocken läuteten und Salutschüsse ohne Unterlaß abgefeuert wurden.

Ein mexikanisches Kavallerieregiment unter Oberst Lopez und Abteilungen französischen Militärs eröffneten den Zug in die Hauptstadt. Das Herrscherpaar saß in seiner aus Triest mitgeführten Staatskarosse, Maximilian zum ersten Mal in der Paradeuniform eines mexikanischen Generals, um den Hals das Band des neugeschaffenen Ordens von Guadalupe und den habsburgischen Hausorden vom Goldenen Vlies. Charlottes Schultern bedeckte eine Mantilla aus feinster Brüsseler Spitze, in ihrem dunklen Haar glitzerte eine Diamantenkrone. Neben der kaiserlichen Equipage ritten General Bazaine und Graf Bombelles, ein Jugendfreund des Kaisers und jetzt Kommandeur der neugeschaffenen kaiserlichen Garde. Eine endlose Wagen- und Reiterkolonne von Honoratioren schloß sich an.

Mexiko-Stadt selbst war mit Ehrenpforten, Girlanden und Fahnen festlich geschmückt, an den Fenstern und auf den Balkonen drängten sich winkende Menschen, es regnete Blumen, Böller krachten. Die jubelnde Bevölkerung und die endlosen Hochrufe ließen Kaiser und Kaiserin alle Strapazen der Reise, aber auch alle geheimen Sorgen vergessen. War es nicht ein Beweis, daß sie wirklich willkommen waren und das Volk sie jetzt schon liebte?

Am Portal der Kathedrale, der größten des Kontinents, wartete bereits Erzbischof Labastida, um das feierliche Tedeum zu zelebrieren. Der Kaiser und die Kaiserin knieten an ihrem Platz vor dem Altar de los Reyes, dem Altar der Könige, einem

Meisterwerk im spanischen Stil der Spätbarockzeit, das allerdings dringend einer Restaurierung bedurfte.

Ein glänzender Empfang im (vormaligen) Kaiserpalast folgte der kirchlichen Zeremonie. Die Räume des riesigen Gebäudes, das eher einer Kaserne glich als einem Palast, waren geschmacklos eingerichtet und völlig vernachlässigt, als hätte keiner der vielen Präsidenten, die hier kurzfristig regiert hatten, Wert auf eine gepflegte Häuslichkeit gelegt.

In einem schmalen, langen Saal – dem Raum, der sich am besten dazu eignete – empfing das Kaiserpaar unter einem Thronhimmel die Würdenträger. Dabei kam es allerdings zu einem Mißverständnis. Die mexikanischen Damen, die gewohnt waren, einander mit einer Umarmung und einem mehr oder minder angedeuteten Kuß zu begrüßen, hielten es für selbstverständlich und zudem für ein Gebot der Höflichkeit, auch bei der Kaiserin so zu verfahren. Charlotte hingegen, schon von Kindheit an dazu erzogen, Distanz zu wahren, und zudem an das strenge spanische Hofzeremoniell der Habsburger gewöhnt, wich instinktiv und beinahe erschrocken vor dieser vertraulichen Begrüßung zurück. Der »Abrazo« entsprach weder ihrer Natur noch dem Brauch der europäischen Höfe. Die Palastdamen hingegen, stolz auf ihre Abstammung von altem spanischen Adel, fühlten sich brüskiert. Es kostete die neu ernannte Oberzeremonienmeisterin, Señora Almonte, größte Mühe, die Mißstimmung zu beheben.

Charlotte konnte sich an den »Abrazo« nie so recht gewöhnen, Maximilian dagegen nahm es nicht übel, wenn die mexikanischen Herren ihm einfach die Hand schüttelten.

Nach dem Diner wurde wieder ein eindrucksvolles Feuerwerk veranstaltet, während sich draußen auf dem weiten Platz eine jubelnde Menschenmenge versammelt hatte, die ihr Herrscherpaar immer wieder auf den Balkon rief. In den folgenden zwei Wochen folgte ein dichtgedrängtes Programm von Militärparaden, großartigen Bällen und Galavorstellungen in der Oper.

Alles, was Charlotte sich von der Zukunft je erträumt hatte, schien in Erfüllung zu gehen. Das war ihr Reich und das war ihr Volk, das sie und Maximilian auf solch rührende Weise willkommen hieß. Aber wie vielen Präsidenten hatte es schon zugejubelt? Kam sein Wankelmut ihr nicht verdächtig vor? Hatten nicht auch französische Bajonette das Ihre zu dem enthusiastischen Empfang beigetragen?

Die vernachlässigten, stickigen Räume des kaiserlichen Palastes, ja sogar das Ungeziefer, das in den Betten hauste, empfand Charlotte zwar als lästig, es vermochte aber den überwältigenden Eindruck dieses ersten Tages nicht wesentlich zu beeinträchtigen, auch wenn sie reichlich Gebrauch machte von dem Insektenpulver, das Gräfin Kollonitz in weiser Voraussicht mitgebracht hatte.

Maximilian selbst soll diese erste Nacht sogar lieber auf einem Billardtisch als in dem für ihn vorgesehenen Bett verbracht haben …

Dennoch erkannte Charlotte rasch, wieviel in ihrem neuen Reich im argen lag, wie groß die Kluft zwischen den Reichen und den Armen war und daß letztere kaum Rechte und Bildung hatten. Aber hatten nicht sie und Maximilian sich so sehnlich gewünscht, ein Kaiserreich nach ihren Vorstellungen zu schaffen, gerecht, aufgeschlossen und liberal? Und hatte nicht Gott selbst sie vor diese Aufgabe gestellt, um sie zu verwirklichen?

Aber die herrschende Klasse, die das Kaiserreich gewünscht hatte und ihre Anhängerschaft bildete, war keineswegs liberal gesinnt. Da waren einerseits die reichen Hazienderos (»Haciendados«) mit ihren riesigen Plantagen, die Reiter mit ihrem gold- und silberstrotzenden Sattelzeug und die hohe Geistlichkeit, andererseits die zerlumpten Indios in ihren Palmstrohhütten, die für ihre Herrschaft arbeiteten. An mehr Rechten für das Volk waren die Reichen gewiß genausowenig interessiert wie an dessen besserer Bildung. Unwissende Menschen waren bekanntlich williger und leichter zu beherrschen.

Das Kaiserpaar, jung, begeistert und voll guten Willens, das Beste für das Land zu tun, hatte die Absicht, liberale Reformpolitik zu betreiben. Das hieß: Ausbau der desolaten Infrastruktur, Sicherheit auf den Straßen und Beseitigung der grassierenden Korruption, aber auch Verbesserung des Schulwesens, der Armenfürsorge und Förderung der Einwanderung.

Bezwungen von der Realität in Mexiko, werden Maximilian und Charlotte jedoch bei ihren Plänen zurückstecken müssen.

Der Beginn der kaiserlichen Regierung

Chapultepec

Am westlichen Rand der Hauptstadt befindet sich ein steiler Felsen, der von den Azteken Chapultepec, »Hügel der Heuschrecken«, genannt wurde. Montezuma hatte darauf einen Sommerpalast errichten lassen, Cortez lebte dort mit Donna Malinche, seiner indianischen Geliebten, später ließ ein spanischer Vizekönig auf den Trümmern des Gebäudes ein befestigtes Schloß erbauen. Im Lauf der Zeit dann war daraus eine Pulverfabrik und eine Schule für das Militär geworden, schließlich hatten die Amerikaner im Krieg von 1846 bis 1848 das Gebäude erstürmt. Die Schäden, die es erlitten hatte, waren nicht zu übersehen.

Dennoch verliebte sich Maximilian auf den ersten Blick in diesen Platz. Vor allem der Park entzückte ihn. Die Stämme der Bäume, die die Azteken dort angepflanzt hatten, maßen inzwischen fünf Meter im Durchmesser. Im Laufe der Jahrhunderte waren die damals angelegten hängenden Gärten, die Brunnen und Terrassen vollkommen verwildert. Maximilian, von jeher ein großer Naturfreund, war von dem Anblick dieser urwüchsigen Landschaft hingerissen. Vor allem die herrliche Aussicht hatte es ihm angetan. In der glasklaren Luft reichte sie weit über das Hochtal der Stadt bis zu den schneebedeckten Bergen. Spontan beschloß er, hier seinen Wohnsitz zu nehmen. Den häßlichen Palacio Nacional hatte er vom ersten Anblick an abgelehnt.

Sofort wurde dem Wunsch des Kaisers entsprochen und mit

den Bauarbeiten begonnen. Schon nach einer Woche war der Pavillon, der sich auf dem äußersten Vorsprung des Felsens befand, so weit hergerichtet, daß er bezogen werden konnte.

Gräfin Kollonitz ließ sich aber nicht besonders positiv darüber aus: »Eine Stufe in den Garten hinab führt in das Empfangszimmer der Majestäten, welches auch als Speisezimmer dient und überhaupt, außer den Schlafgemächern der einzige geschlossene Raum war ... Die schmale Stiege in den Fortifikationen führte tiefer hinab zu den Zimmern, welche unter der kaiserlichen Wohnung liegen und der Kammerfrau und dem Kammerdiener zugewiesen waren. Doch mußten diese stets durch den Garten gehen, um zu den Majestäten zu gelangen, was bei der Regenzeit nicht zur Bequemlichkeit gehörte. Da das Terrain des Gartens höher als die Lage der Zimmer ist, strömte der Regen unaufhaltsam durch die Glas- und schwachen Brettertüren, ebenso strich die Luft durch alle Räume ...«[91] Rühmenswert fand die Gräfin nur die herrliche Aussicht. Vor allem erhoffte sie sich vom Umbau des Schlosses Chapultepec, an dem bereits mit Hochdruck gearbeitet wurde, eine größere Bequemlichkeit.

Aber damit nicht genug. Auch der Nationalpalast, der als Regierungssitz und Repräsentationsgebäude vorgesehen war, wurde von Grund auf renoviert. Wände wurden niedergerissen, Decken höher gesetzt, ganze Zimmerfluchten verändert. Die Freude am Bauen und am Gestalten war stärker als alle Vernunft. Vor allem das schmutzige, verwahrloste Bild seiner Hauptstadt störte zutiefst den ästhetischen Sinn Maximilians. Man bepflanzte die kahle Plaza vor dem Palast, legte den Park Alameda neu an, zugleich wurden aber auch die gesundheitsschädlichen Abwässer abgeleitet. Eine breite Allee wurde in Auftrag gegeben, sie besteht heute noch als Paseo de la Reforma.

Seinen Schatzmeister Jakob von Kuhacsevich, dessen Kasse immer leerer wurde, befiel jedoch lähmendes Entsetzen. In einem Brief an einen in Miramare zurückgebliebenen Freund schrieb er: »Im Palais in Mexiko und in Chapultepec wird gebaut, daß es einem graut. Die bekannte Passion des Kaisers!« Und vielsagend fügte er hinzu: »Ich hätte noch gewartet, bis die Flitterwochen vorüber wären, denn man kann noch gar nichts von dieser Ehe sagen.«[92]

So wurde aus einigen kleinen, nutzlosen Räumen der prachtvolle Botschaftersaal errichtet. Seine Wände wurden mit kostbarem Brokat bespannt, die frisch vergoldete Decke prangte im Licht der vielkerzigen venezianischen Kristallüster. Kostbares Tafelsilber und Porzellan aus berühmten europäischen Manufakturen wurde angeschafft, im Weinkeller stapelten sich bekannte Marken von Wein und Champagner, ein französischer Koch sorgte für das leibliche Wohl. Und vor dem Palast paradierte die Garde in ihren neuen rot-weißen Uniformen und Helmen aus getriebenem Silber. Solchen Prunk hatte die Stadt noch nie erlebt. Jeden Montag fand bei der Kaiserin eine Soiree statt, bei der allerdings Charlotte allein die Gäste von Rang und Namen empfing.

Das war keineswegs die bescheidene Hofhaltung, die König Leopold angemahnt hatte! Aber Maximilian wollte wohl zeigen, daß auch er zu repräsentieren verstand. Die Hofburg in Wien und die Tuilerien in Paris dienten ihm dabei als Vorbild. Er ließ nur außer acht, daß sowohl in Österreich als auch in Frankreich eine etablierte Regierungsform bestand, ein pflichttreues Beamtentum für die Verwaltung tätig war und ein fleißiger Bauern- und Bürgerstand dafür sorgte, daß die Wirtschaft florierte, selbst wenn die Finanzdecke auch dort manchmal dünn war. Und daß, im Gegensatz zu ihm, sein Bruder Franz Joseph über beträchtlichen Besitz verfügte.

In Mexiko hingegen stand das Kaiserreich auf äußerst schwankendem Grund: Ein guter Teil des Landes befand sich in der Hand der Republikaner; die französischen Truppen, die es zu erobern versuchten, wurden immer wieder in Kämpfe verwickelt. Die finanzielle Lage war katastrophal, die Wirtschaft stagnierte; Bodenschätze waren zwar reichlich vorhanden, ihr

Abbau stieß aber aufgrund der Kämpfe und der mangelhaften Infrastruktur auf große Schwierigkeiten. Viele Beamte waren bestechlich. Die Steuern flossen mehr als spärlich.

Maximilian stand dieser Situation ziemlich hilflos gegenüber. Er versuchte, Kommissionen für Finanzen, für Unterricht und Justiz einzusetzen. Jedoch wurden die kaiserlichen Dekrete von den untergeordneten Stellen vielfach ignoriert oder nach eigenem Ermessen ausgelegt.

Um so hoffnungsvoller klangen die Briefe, die der Kaiser an seine Verwandten nach Wien richtete. Es widerstrebte ihm offensichtlich, die Wahrheit zu sagen und zu gestehen, daß vieles bei weitem nicht seinen Vorstellungen entsprach. In einem Brief an seinen Bruder, Erzherzog Karl Ludwig, schrieb er im Juli 1864: »Daß ich mit Arbeiten aller Art überhäuft bin, kannst Du Dir, lieber Bruder, denken, aber man arbeitet gern, wenn man Zweck und Dank sieht und die Hoffnung hat, seinen Nebenmenschen nützlich zu werden. Ich fand das Land viel besser, als ich es erwartete, die Verleumdungen der europäischen Presse unwahr und das Volk viel weiter fortgeschritten als man es daheim glaubt.. Wir sind immer abwechselnd in der Stadt und auf dem Land. In Chapultepec sind wir ganz allein und sehr zurückgezogen und leben noch stiller und einfacher als in Miramare. … Es würde Dich amüsieren, uns in unserer mexikanischen Equipage zu sehen, ein federleichter, kleiner, offener Wagen, auf dem Bock der Leibkutscher mit seinem riesigen weißen Hut, dem grünen Samtspenzer und den weiten, weißen Leinenhosen, um die Schultern den dreifarbigen Poncho. Neben ihm ein kupferfarbener Indianerbub, als Gespann sechs isabellfarbene Maultiere, zwei an der Deichsel, vier in einer Reihe vorgespannt; ein Vorreiter … mit dem reichen, silberbesetzten, mexikanischen Zaumzeug, und die ganze Equipage in wildem pfeilschnellen Tempo dahinfliegend. Wir finden uns schon beide recht gut in unserer neuen Lage, haben Gottvertrauen und sind sehr zufrieden. Von allen Seiten hilft man uns in rührender Liebe, zurück sehnen sich weder Charlotte noch ich.«[93] Ein Bericht, der eine Idylle vortäuscht, die von der Wirklichkeit weit entfernt war. Briefe dieser Art, die in Wien einen falschen Eindruck erzeugten, trugen nicht wenig zum traurigen Ende des Kaisers bei. Hatte Maximilian nicht selbst immer beteuert, daß alles in bester Ordnung sei? Warum sich also einmischen?

Charlotte verhielt sich kaum anders. Am 24. Juli 1864 war in einem Brief an ihre Großmutter zu lesen: »Es geht uns weiter gut, und alles andere geht ebenso gut. Max regiert mit Weisheit, ich besuche die Schulen, wo ich hoffe, Verbesserungen einführen zu können. Es gibt hier nur ein einziges Asyl, das von französischen Charitéschwestern betrieben wird, und das ich in ausgezeichnetem Zustand fand, ganz wie in Europa. Man wird hier aus den Kindern machen können, was man will, denn sie sind von Natur aus gutartig und gescheit ... Die Mission, die wir in diesem Lande hier zu erfüllen haben, gewinnt immer mehr an Interesse, und wir bereuen es nicht, sie übernommen zu haben. Mit ein wenig Geduld wird ein rapider Fortschritt zu verzeichnen sein.«[94]

Doch die Lage war bei weitem nicht so hoffnungsvoll, wie Maximilian und Charlotte ihre Angehörigen glauben machen wollten. Der französische General Barail berichtet in seinen *Erinnerungen* über eine Unterredung, die er nach seiner Rückkehr aus Mexiko mit Kaiser Napoleon III. hatte, und zitiert darin dessen Worte: »Jetzt ist es seine [Maximilians] Sache, sich in Mexiko durchzusetzen«, und erwähnt in diesem Zusammenhang eine baldige Rückberufung der französischen Truppen![95]

Schon damals also dachte Napoleon III. nicht mehr daran, sich an die Militärkonvention zu halten, die Maximilian französische Truppen auf Jahre hinaus garantierte, ganz zu schweigen von den ungeheuren Schulden, die er ihm aufgebürdet hatte. Der Kaiser der Franzosen dachte nur noch an sich selbst. Immer lauter wurden die Stimmen, die ein Ende des unpopulären Abenteuers Mexiko forderten. Napoleon unterschätzte keineswegs die Gefahr, die seinem Thron drohte.

Doch trotz der rosigen Berichte, die das Kaiserpaar in die Heimat sandte, konnte es die Schwierigkeiten nicht leugnen, die sich sichtbar auftürmten und vor allem die Geistlichkeit und das Problem der Kirchengüter betrafen.

Maximilian hatte nie einen Hehl aus seiner liberalen Haltung in dieser Frage gemacht. Seiner Meinung nach war Juárez' Gesetz, das die Trennung von Staat und Kirche beinhaltete, durchaus legitim. Das wollten die Mitglieder des Klerus und der konservative Teil der Bevölkerung jedoch keinesfalls dulden und organisierten sich zum Widerstand. Vor allem der Klerus hatte erwartet, daß der Kaiser seine Regierung mit der feierlichen Aufhebung der Juárez-Gesetze beginnen, ihm seinen Besitz zurückgeben, das Verfügungsrecht über die Schulen wieder zusprechen und den katholischen Glauben wieder als einzig gültigen erklären würde. Dafür hatten sie ihm ihre Stimme gegeben und den von ihnen abhängigen Indios befohlen, es ebenfalls zu tun. Nun sahen sie sich um ihre Rechte geprellt – Rechte, die in ihren Augen durchaus gerechtfertigt waren. Völlig unverständlich war ihnen, daß ein katholischer Kaiser sich dermaßen undankbar zeigen konnte.

Jetzt rächte es sich, daß dieses Thema seinerzeit in Rom nicht mit Papst Pius IX. erörtert worden war, wohl aus der sicheren Erkenntnis, daß es Ärger gegeben hätte. Nur einen »vernünftigen Nuntius« hatte Maximilian damals erbeten, eine Qualifikation, über die sich trefflich streiten ließ. Nun war das Konkordat, das die kirchlichen Fragen regeln sollte, noch immer zu keinem Abschluß gekommen, denn der Nuntius war bislang ausgeblieben. Die mexikanischen Bischöfe hatten mit Erfolg beim Papst intrigiert.

Doch auch bei den Liberalen, die Maximilian ebenfalls an seiner Regierung beteiligen wollte, kam er nicht so gut an, wie er es sich gewünscht hätte. Für sie blieb er der ausländische Prinz, der sich die Herrschaft mit Hilfe einer fremden Macht angeeignet hatte. Sie waren außerdem Männer gewohnt, die mit harter Hand durchgriffen. Maximilians Milde und sein Verständnis für sie war ihnen suspekt. Und schließlich war die Bevölkerung enttäuscht über sein einfaches Auftreten und seine mexikanische Kleidung, denn sie hatte sich von einem Kaiser mehr Glanz und Pomp erwartet.

Da eine baldige Ankunft des erwarteten Nuntius nicht bevorstand, entzog sich Maximilian den Auseinandersetzungen und begann eine Rundreise durch einige Provinzen seines Landes. Mit der Regierung während seiner Abwesenheit betraute er die Kaiserin.

Charlotte (auf spanisch Carlota genannt) bewältigte diese Aufgabe mit Geschick. Für die mexikanischen Minister, deren Ansicht über die Rolle der Frau durchaus konventionell war, mochte die Stellung der Kaiserin anfangs ziemlich gewöhnungsbedürftig gewesen sein. Doch sie bewies ihnen, daß sie ihr durchaus gewachsen war. Sie kam ohne Umschweife zur Sache, ließ sich auf keine Diskussionen ein und zeigte damit jene Durchschlagskraft, die Maximilian manchmal vermissen ließ. Ein Ministerrat unter dem Vorsitz der Kaiserin dauerte nie sehr lange. Sie genoß nicht nur ihre Rolle, sondern auch die Verantwortung, die sie ihr übertrug. Dennoch bemühte sie sich immer zu betonen, daß sie nur als Stellvertreterin und Helferin des Kaisers fungierte und sie glücklich sei, ihm bald wieder die Regierungsgeschäfte überlassen zu können.

In einem Brief an Ex-Königin Marie-Amélie schrieb sie am 10. September 1864: »Sie können durchaus all das Gute glauben, das die Zeitungen über Mexiko berichten, denn nichts reicht an den Enthusiasmus und an das Vertrauen heran, womit Max überall empfangen wurde. Wir stehen vor einem großen Werk, denn es bleibt alles zu tun, aber die Fortschritte sind bereits groß und das Land geht mit uns … Die Tätigkeit behagt uns; wir waren zu jung, um nichts zu tun. Seit gestern habe ich vier Elementarschulen besucht und eine fünfte auf der Durchreise … Ich komme eben von einem Ausflug nach Tlaxcala zurück, wo ich den Tag zugebracht, draußen an einem entzükkenden Ort gefrühstückt, und außer den Schulen zwei Fabriken besucht habe ... Morgen werde ich Ministerrat abhalten, entsprechend Max' Wunsch. Außerdem gebe ich alle Sonntage in seinem Namen öffentliche Audienzen und versuche die Bittsteller nach Möglichkeit zufriedenzustellen. Indessen wünsche ich sehr, daß Max zurückkommt, denn es ist mir lieber ihn zu sehen als zu regieren.«[96]

Es besteht kein Zweifel, daß sich das Ehepaar in den ersten Monaten in Mexiko wieder persönlich näherkam. Das spricht nicht nur aus Charlottes Briefen, aus denen wiederholt ehrliche Bewunderung für Maximilian und seine Arbeit spricht, aber auch ehrliche Sehnsucht nach seiner Nähe. »Hoffentlich ist Max bald wieder bei mir, denn es wäre mir so viel lieber, ihn mir nahe zu wissen, als in seiner Abwesenheit die Regierung führen zu müssen.«[97] Auch Bemerkungen über einen zukünftigen Erben lassen vermuten, daß der Kaiser von Mexiko den Wunsch nach Nachkommen noch nicht ganz aufgegeben hatte.

Die Reise des Kaisers durch sein Land

Kaiser Maximilian war auf seiner Fahrt durch die wichtigsten Städte im mittleren und nordwestlichen Teil des Landes nur mit einer kleinen Eskorte gereist. Die französischen Truppen hatten das Terrain gesichert, das strenge Kriegsrecht General Foreys tat ein übriges. Es darf also bezweifelt werden, ob die eindrucksvollen Ovationen der Bevölkerung wirklich ein Ausdruck von solch spontaner Freude waren, als die der Kaiser sie empfand. Dennoch muß man zugeben, daß auch der persönliche Charme Maximilians, sein gewinnendes, freundliches Wesen viele Menschen für ihn einnahm. Das galt sogar für Orte, die man den republikanischen Hochburgen zurechnete, und für Generäle, die noch vor kurzem für Juárez gekämpft hatten und nun dem Kaiser Treue gelobten. »Ich konnte kaum mit meinem Pferd vorwärtskommen, und wie ich zu Fuß war, erdrückte mich die Menge fast«, lautete sein Kommentar an Charlotte, in dem er auch von einem Ball berichtet, bei dem ihn an die fünfhundert Damen umringten, die ihm alle den »Abrazo« geben wollten.[98]

Ein reines Vergnügen war die Reise dennoch nicht. »Wir mußten durch reißende Flüsse, über schroffe Felsen und durch förmliche Kotmeere ... Ich wählte diese halsbrecherischen Wege, um meine Reise abzukürzen ...«,[99] liest man in einem Brief des Kaisers. Schertzenlechner, der inzwischen noch einflußreicher geworden war, hatte sich diese Fahrt, die ihm nicht wenige blaue Flecken eintrug, wohl anders vorgestellt. Doch so sehr sich der Kaiser über die Kundgebungen des Volkes freute, so angenehm er die großzügige Gastfreundschaft der Hazienderos empfand, in deren Villen er nächtigte, so entgingen ihm doch die Mißstände nicht, die allerorten herrschten: Ein guter Teil der Geistlichkeit vernachlässigte sträflich seine Pflichten; es gab Gemeinden, die seit vielen Jahren keinen Priester mehr gesehen hatten. Viele erwiesen sich nicht nur als korrupt und spendeten die Sakramente nur gegen Bezahlung, sondern auch ohne Moral. Sie lebten im Konkubinat und gaben ein schlechtes Beispiel. Aber auch die weltlichen Würdenträger erregten Maximilians Ärger. Viele Steuerbeamte bedienten sich selbst, so manche Summe wurde veruntreut, während staatliche Einrichtungen verkamen.

Die Reise des Kaisers mußte unterbrochen werden, da er sich eine schwere Angina mit nachfolgender Bronchitis zugezogen hatte. Ohne ganz wiederhergestellt zu sein, setzte er die Reise dennoch fort, was sich verhängnisvoll auf seinen weiteren Gesundheitszustand auswirkte.

Charlotte reiste ihrem Gatten in Begleitung Bazaines, der inzwischen zum Marschall befördert worden war, bis zu dem 70 Kilometer von der Hauptstadt entfernt liegenden Landstädtchen Toluca entgegen. Die Fahrt wurde bei einem französischen Militärlager unterbrochen, wo an einem Gebirgsbach ein mit Brokat und Orientteppichen ausgekleidetes und mit Blumen geschmücktes Zelt für sie vorbereitet worden war. Und zum Essen wurden ihre Lieblingsspeisen aufgetischt.

Am 30. Oktober kehrte Kaiser Maximilian nach Mexiko-Stadt zurück, wo ihm die Bevölkerung wieder einen begeisterten Empfang bereitete. Dennoch hatte sich einiges geändert. Zwar waren die österreichischen und belgischen Freiwilligen in Mexiko eingetroffen, was Marschall Bazaine anscheinend zum Anlaß nahm, sang- und klanglos die Stärke des französischen Expeditionskorps merklich zu verringern. Er folgte damit einem Befehl Kaiser Napoleons, rief aber den Protest seiner eigenen Offiziere hervor, die dessen Aufstokkung befürworteten, da die bunt zusammengewürfelte Truppe der Freiwilligenverbände nicht imstande sei, die erfahrenen französischen Verbände zu ersetzen. Es sei unmöglich, mit so schwachen Kräften ein so großes Land zu besetzen, denn sobald die Franzosen abzögen, würden sich die Juaristen oft wieder des Terrains bemächtigen und grausame Rache an der Bevölkerung üben.

Charlotte beklagte sich bitter über die Verringerung der Truppen bei Kaiserin Eugénie, die sie noch immer als eine ihr wohlgesinnte Vertraute betrachtete. Sie sollte jedoch bald erkennen, wie sehr sich die Stimmung in Frankreich inzwischen verändert hatte. Schon kurz nach der Rückkehr Maximilians präsentierte der französische Gesandte die Rechnungen der Gläubiger, zu deren Bezahlung Mexiko sich in der »Konvention von Miramare« verpflichtet hatte. Es war ihnen gleichgültig, daß die damals aufgelegte Anleihe von 200 Millionen Francs nur den sechsten Teil erbracht hatte und das geringe Steueraufkommen fast ausschließlich für den Unterhalt der französischen Truppen benötigt wurde. Mit einigem Recht wies andererseits Frankreich auf viele unnötige Ausgaben des Kaisers hin.

Erst jetzt schien Maximilian zu begreifen, wie groß die Schulden waren, auf die er sich eingelassen hatte, und wie sehr sich die Wirklichkeit von seinen Erwartungen unterschied. Statt das Geld für die Tilgung der Schulden aufzubringen, hätte er ein Vielfaches davon gebraucht, um Straßen und Eisenbahnen zu bauen. Noch wichtiger wäre aber der Friede gewesen, und der war noch in weiter Ferne.

Zutiefst enttäuscht schrieb er am 27. Dezember 1864 an Napoleon: »Als ich nach Mexiko kam, hoffte ich, daß die Regentschaft und die französische Armee, die doch die ganze Autorität besaßen, nicht nur den Weg geebnet, sondern alles vorbereitet hätten, um es mir möglich zu machen, sogleich die großen Fragen der Reform und Neuordnung des Landes in Angriff zu nehmen ... Bevor ich ins Land kam, konnte ich mich dem Glauben hingeben, daß mir das durch die mexikanische Anleihe zur Verfügung gestellte Kapital ausreichen werde, mir Zeit zu geben, die Ordnung der Finanzen des Reiches abzuwarten. Kaum war ich jedoch angekommen, verflog diese Illusion.«[100]

Schon gleich nach seiner Rückkehr, am 30. Oktober, hatte er Gutierrez gegenüber seiner Enttäuschung Luft gemacht. »Das Schlimmste, was ich bis jetzt in diesem Lande fand, bilden drei Klassen: Die Richter sind korruptibel, die Offiziere kennen kein Ehrgefühl und dem Klerus fehlt die christliche Liebe und die Moral.«[101]

Der Nuntius

Der Gesandte des Papstes

»Was den Klerus anbelangt, so ist ein gutes Konkordat für diesen und ein Nuntius, begabt mit einem guten christlichen Herzen und einem eisernen Willen, notwendig, um den Klerus zu bessern. Nur auf diese Art wird man ihn reorganisieren, wird man ihn katholisch (was er bis jetzt nicht ist) machen können und wird dieser dann die gute Influenz, die er bis jetzt nicht besitzt, erhalten. Mit Ungeduld warten wir auf die Ankunft des Nuntius, der uns in Rom versprochen wurde.«[102] Warum Maximilian solche Worte gerade an Gutierrez richtete, bleibt rätselhaft. Kannte er nicht dessen erzkonservative Einstellung, die alles befürwortete, was deren Parteigänger erwarteten? Inklusive der vermeintlichen Rechte der Geistlichkeit? Der ihn in meterlangen Briefen beschwor, sich doch ausschließlich an die Konservativen zu halten, da alles Liberale doch nur Teufelszeug sei?

Was immer den Kaiser bewog, bei Gutierrez seine Wünsche zu äußern, es war zu spät. Als Gutierrez das Schreiben bekam, befand sich der Nuntius bereits auf hoher See. Der Papst hatte endlich den Wunsch des Kaisers von Mexiko erfüllt. Wen wundert es, daß es nicht in dessen Sinn geschah!

Monsignore Meglia traf am 7. Dezember 1864 in der Hauptstadt ein. Nach einem Empfang mit allen Ehren, einem feierlichen Hochamt in der Kathedrale und einem Diner im Regierungspalast überreichte er dem Kaiser sein Beglaubigungsschreiben sowie einen Brief des Papstes. Dieser machte alle

Hoffnungen des Kaiserpaares zunichte. Der Heilige Vater forderte darin die sofortige Annullierung der Reformgesetze, die Erneuerung sämtlicher kirchlichen Privilegien, das Recht des Klerus, das ganze Unterrichtswesen zu kontrollieren, sowie die Wiedereinsetzung des katholischen Glaubens zur einzigen Staatsreligion ohne jede Duldung anderer Bekenntnisse.

Eigentlich mußte es für jeden klar sein, daß bei dieser Sachlage jeglicher Kompromißvorschlag des Kaisers beim Gesandten des Papstes auf taube Ohren stoßen werde. Jahrhundertelang war die Geistlichkeit unter der spanischen Herrschaft die bedeutendste Macht im Land gewesen. Sowohl die mexikanischen Bischöfe als auch der Vatikan dachten nicht daran, weder auf den riesigen Grundbesitz noch auf den Anspruch des Katholizismus als allein zugelassene Staatsreligion zu verzichten. Die Macht über die Seelen war der Kirche immer ein besonderes Anliegen und Mittel zur Herrschaft gewesen. Die Idee des Kaiserpaares, daß der Katholizismus zwar Staatsreligion, aber auch alle anderen Bekenntnisse frei ausgeübt werden dürften und die Geistlichen vom Staat besoldet werden sollten, erwies sich damals für Mexiko als eine Illusion.

Alle Interventionen waren zwecklos: »Roma locuta, causa finita.« Der Augustinus zugeschriebene Ausspruch, Rom habe gesprochen, die Angelegenheit sei damit erledigt, war auch nach mehr als tausend Jahren noch immer gültig.

Die Reaktion des Kaiserpaares

Diese Halsstarrigkeit Meglias stellte Maximilians Geduld auf eine harte Probe. In einem Ministerrat, dem auch die Kaiserin beiwohnte, erklärte er, er werde die Reformgesetze ratifizieren, auch wenn Rom auf seinem Standpunkt bestehe. Vorher solle sich aber die Kaiserin nochmals um eine Einigung mit dem Gesandten des Papstes bemühen.

Charlotte empörte sich noch mehr als ihr Gatte über das Verhalten Meglias. »Am besten wäre es, den geradezu tollen Nuntius beim Fenster hinauszuwerfen«, sagte sie zu Marschall Bazaine.[103] Auch Kaiserin Eugénie erhielt einen wütenden Brief von ihr: »Tatsächlich zeugt es gleichsam von einem kranken Hirn, einer Halsstarrigkeit, an die nichts heranreicht, zu behaupten und aufrechtzuerhalten, das von Haß gegen die Theokratie durchtränkte Land wünsche, daß man der Geistlichkeit die Güter zurückstelle.«[104]

Wie erwartet, brachte Charlottes Unterredung mit dem Nuntius, die zwei Stunden währte, kein befriedigendes Ergebnis. All ihre Argumente prallten an ihm ab. Die Vorschläge des Kaisers lehnte er entschieden ab. »Ich kann Euer Majestät sagen, daß nichts mir eine richtigere Idee von der Hölle gegeben hat als diese Unterredung, denn die Hölle ist auch nichts anderes als eine Sackgasse ohne Ausweg«[105], schrieb sie an Eugénie über das unerfreuliche Gespräch. Wenn die Kirche dem Kaiser nicht helfen wolle, werde man ihr gegen deren Willen dienen.

Nun eskalierte der Streit. Das Antwortschreiben Meglias, das jeden diplomatischen Takt vermissen ließ, verhärtete die Lage noch mehr. Am 27. Dezember bestätigte Kaiser Maximilian die Verstaatlichung der Kirchengüter. Ein Dekret verbot zudem jegliche Veröffentlichung päpstlicher Bullen ohne kaiserliche Genehmigung. In einer päpstlichen Enzyklika waren die Bischöfe nämlich zum Kampf gegen Gewissensfreiheit und religiöse Toleranz aufgerufen worden. Darin wurde das Recht der Regierungen, die Macht der Geistlichkeit einzuschränken und die Trennung von Kirche und Staat zu verkünden, streng verurteilt. Auch die Aufsicht über Schulen und kulturelle Einrichtungen beanspruchte die Kirche für sich.

Im konservativen Lager, also bei allen, die Rang und Einfluß hatten, brach ein Sturm der Entrüstung über die Verfügungen des Kaisers los, dem man weniger die Schuld gab als vielmehr der Kaiserin. Über Maximilian hieß es verächtlich, er lasse sich von seiner Gattin gängeln.

Es war nicht zu leugnen, daß Charlotte in der ersten Zeit der Regierung einen großen Einfluß auf ihren Mann ausübte. Ob sie tatsächlich die Hauptschuld an dem Zerwürfnis mit der Kurie trug, ist nicht zu beweisen. Nicht unbeteiligt dürften der kirchenfeindlich eingestellte belgische Sekretär Eloin und der ebenso gesinnte Schertzenlechner gewesen sein. Wie auch immer es gewesen sein mag: Selbst wenn Monsignore Meglia durch seine Schroffheit und Unnachgiebigkeit viel zu der Eskalation beitrug und es ihm an Diplomatie und Verbindlichkeit mangelte, die Standpunkte waren so diametral entgegengesetzt, daß ein Kompromiß kaum möglich war.

Doch auch Maximilian ließ es an Diplomatie fehlen. Er wollte um jeden Preis seine liberale Gesinnung durchsetzen. Bedachte er denn nicht, daß er gerade auf die konservativen Kreise angewiesen war und daß sie, die seine stärkste Stütze waren, nun um so mehr Unfrieden säten? Und daß er die Liberalen, die Anhänger Juárez', damit auch nicht für sich gewann? Es war, als sägte der Kaiser selbst den Ast ab, auf dem er saß. Der Brief, in dem König Leopold Charlotte und Maximilian inständig bat, es sich mit dem Klerus nicht zu verderben, war zu spät gekommen. Ob sie seinen Rat befolgt hätten, bleibt offen.

Besonders empört über die Haltung des von ihm einst so protegierten Habsburgers war Gutierrez. Auf Gutierrez wiederum war Maximilian aus einem anderen Grund nicht besonders gut zu sprechen. Im Frühjahr 1865 wurde in Mexiko ein gewisser Abbé Alleau festgenommen, vermutlich ein Spion des Vatikans. Er hatte nicht nur ein Schriftstück bei sich, in dem die Geistlichkeit zum Widerstand gegen den Kaiser aufgefordert wurde, sondern auch einen Brief von Gutierrez und einen Bericht mit der Behauptung, Kaiserin Charlotte mische sich so vehement in die Politik ein, um ihre Kinderlosigkeit zu kompensieren, die durch eine Krankheit des Kaisers bedingt sei, mit der er seine Gattin angesteckt und damit deren Unfruchtbarkeit verschuldet habe – eine Behauptung, für die es keinerlei Beweise gibt. Dadurch wurden Maximilians intimste Gefühle verletzt, und allem Anschein nach führte dieses Gerücht sogar zu einer Ehekrise, denn es heißt, daß das Ehepaar daraufhin wieder getrennte Schlafzimmer hatte.

Die Schwierigkeiten nehmen zu

Es war nicht zu leugnen, daß die Lage sich verschlechterte. Das Zerwürfnis mit dem Nuntius hatte alle Hoffnung auf einen Ausgleich mit der Kirche zunichte gemacht. Das trug zweifellos dazu bei, daß Guerilleros und Banditen, die oft unter dem Schutz der Bevölkerung standen, das Land unsicher machten. Die französischen Truppen reichten bei weitem nicht aus, um sie wirksam zu bekämpfen. Dazu kam, daß Maximilian, wohl einem Rat der Liberalen sowie Schertzenlechners folgend, seine beiden fähigsten Generäle, Miramón und Márquez, auf völlig unnötige Missionen nach Europa geschickt hatte. Sie waren ihm zu konservativ.

Kaiser Franz Joseph hatte Graf Thun, seinen Gesandten in Mexiko, angewiesen, dort keinen Einfluß auszuüben und sich den Vereinigten Staaten gegenüber streng neutral zu verhalten. Er wollte offensichtlich keinen Ärger mit Mexikos nördlichem Nachbarland, welches das neue Kaiserreich nicht anerkannte. Die Übernahme der liberalen Gesetze Juárez' bezüglich der Kirche hatte daran nichts geändert.

Doch ungeachtet aller Schwierigkeiten gelangten nach Österreich weiterhin nur Berichte, als sei alles in bester Ordnung: »Alle Montage sind Bälle bei Charlotte, die immer sehr gut ausfallen und animiert sind, und auf denen ein Flor der schönsten Frauen sich im Tanze wiegt … Küche und Keller sind … außerordentlich. Diplomaten fressen und saufen sich an, daß sie gewöhnlich nach Tisch nur noch unartikulierte Töne lallen. Unser Hofreglement, ein dickes, gedrucktes Buch, ist endlich auch fertig. Ich darf mir schmeicheln, wohl das Vollkommenste erreicht zu haben, was bisher in dieser Art gemacht worden ist«, berichtete Maximilian nach Wien. »Habe ich nicht mehr die Brise der Adria, den Duft Lacromas, so lebe ich hier in einem freien Land, unter einem freien Volk … Ist Mexiko auch in vielem zurück, mangelt ihm materieller Wohlstand und Entwicklung, so sind wir doch in den sozialen Fragen … Europa und zumal Österreich weit voraus. Hier bei uns herrscht eine gesunde Demokratie. Alles, was man von der Klerisei und ihrem überwältigenden Einfluß gesagt hat, ist grundfalsch, die Schwarzen sind schlecht und falsch. Die große, große Mehrheit ist liberal und verlangt den Fortschritt im vollsten Sinne des Wortes.«[106]

Sollte der Kaiser mit dieser Schilderung tatsächlich Mexiko meinen und nicht ein Land, das ein Wunschtraum ihm vorgaukelte? Belog er sich damit etwa selbst oder nur seine Angehörigen in Wien?

Charlottes Ernüchterung

Die Freiwilligenverbände

Das Verhalten des päpstlichen Gesandten versetzte Charlottes Überzeugung, daß einem mit modernen und liberalen Grundsätzen regierten Mexiko eine bessere Zukunft beschieden wäre, einen schweren Schlag. Sie hatte sich wohl in ihren Erwartungen getäuscht, der Papst und die Kurie hatten nie vorgehabt, den Vorschlägen des Kaisers auch nur in Ansätzen zuzustimmen. Auch hinsichtlich der inzwischen angekommenen Freiwilligenverbände machte sie sich keine Illusionen.

Die knapp siebentausend Österreicher und zwölfhundert Belgier waren eine bunt zusammengewürfelte Schar, die sich in Mexiko exotische Abenteuer und die Aussicht erhoffte, ihr Glück zu machen, vor allem eine Karriere, die ihnen zu Hause versagt geblieben war. Offizieren, die an der berüchtigten »Majorsecke« gescheitert waren, fiel der begehrte Rang automatisch zu. Ausgedienten Soldaten, die in der Heimat nur ein tristes Dasein als Bauernknechte erwartete, wurde nach sechs Jahren Militärdienst die Zuteilung von eigenem Land vertraglich zugesichert. Nicht selten waren auch die dunklen Existenzen, die schwarzen Schafe, denen in der Heimat der Boden zu heiß geworden war, oder Männer, die vor ihren Gläubigern flüchteten. Bald machten sich Eifersüchteleien zwischen den Neuankömmlingen und den Franzosen bemerkbar. In ihrer Gesamtheit waren die Verbände, obwohl sich auch viele tapfere Kämpfer darunter befanden, weit davon entfernt, ein vollwertiger Ersatz für die disziplinierte Truppe Marschall Bazaines zu sein. Ob die mexikanische Armee, soweit es sie überhaupt gab, je imstande sein würde, anstelle der Franzosen zu kämpfen, war noch völlig offen.

Der Kommandeur des österreichischen Korps war Franz Graf Thun. Kaiser Franz Joseph schrieb dazu seinem Bruder: »Deinem Wunsch in bezug auf den Obersten Graf Thun habe ich sogleich entsprochen ... Er ist ein ausgezeichneter Offizier und ergreift seine Aufgabe mit großem Eifer. Die Offiziere des Korps kann man wirklich vorzüglich nennen und ich bin überzeugt, daß sie ihrer Aufgabe Ehre machen und Dir gute Dienste leisten werden.«[107]

Kommandeur der Belgier war Oberstleutnant Baron van der Smissen. An seinen militärischen Fähigkeiten, seiner persönlichen Tapferkeit bestand kein Zweifel, doch sein herrisches, aufbrausendes Wesen gestaltete das Einvernehmen mit den Franzosen und Mexikanern problematisch. Die kleine belgische Truppe, die sich »Garde der Kaiserin« nannte, stand bald unter dem Verdacht, von dieser protegiert zu werden. Das schuf zusätzlich böses Blut.

Tatsächlich war die Lage so bedrohlich, daß das Kaiserpaar sogar ernstlich eine Rückkehr nach Österreich erwog. Unglücklicherweise hatte Kaiser Franz Joseph jedoch gerade damals den Familienpakt von Miramare dem Reichsrat vorgelegt und damit die Öffentlichkeit informiert. Eine Rückkehr nach Österreich schien damit so gut wie ausgeschlossen zu sein.

Die pessimistische Stimmung Charlottes drückte sich in einem Brief an Kaiserin Eugénie aus: »Wir machen seit einem Monat eine starke Krise durch, wenn man sie siegreich besteht, so wird das mexikanische Kaiserreich eine Zukunft haben, wenn nicht, weiß ich nicht, was man ihm prophezeien soll. Während der ersten sechs Monate finden alle eine Regierung herrlich, rühren Sie jedoch irgendetwas an ... so verflucht man Sie. Es ist das Nichts, die Indolenz, die nicht entthront werden will ... Die Pyramiden Ägyptens waren weniger schwierig aufzurichten, als das mexikanische ›Nichts‹ zu besiegen ... Um dieses Land zu zivilisieren, muß man seiner gänzlich Herr sein; um freie Ellbogen zu haben, muß man seiner Macht jeden Augenblick durch starke Bataillone Nachdruck geben können ... Die Truppen sind zu sehr verzettelt, und ich glaube, statt sie zurückzuberufen, hätte man sie sogar vermehren sollen ... Wir können uns nötigenfalls in eine entfernte Provinz zurückziehen wie Juárez, wir können dorthin zurückkehren, von wo wir gekommen sind, aber Frankreich kann nicht ohne Triumph bleiben, ... weil seine Ehre auf dem Spiel steht ... Sie, meine gute Frau Schwester, die Sie so viel für dieses Land getan haben, werden es nicht verlassen, und überdies vertraue ich auf die Hand, die am 10. April 1864 jene bedeutsamen Zeilen geschrieben: ›Zählen Sie immer auf meine Freundschaft, meine Unterstützung.‹«[108] Doch selbst wenn Charlotte damals an Frankreichs Ehre appellierte, nützte es ihr ebensowenig wie zwei Jahre später bei ihrem verzweifelten Appell an das französische Kaiserpaar in Paris.

Eugénies Begeisterung für Mexiko war nämlich ebenso wie die ihres Gatten ziemlich abgeebbt, der Einfluß Hidalgos hatte merklich abgenommen. Erst am 15. Februar hatte Napoleon den französischen Politikern beruhigend verkündet, der Thron in Mexiko festige sich zusehends und das Land beginne, seine riesigen Bodenschätze zu verwerten, und hatte damit die Hoffnung auf einen baldigen Rückzug der Truppen genährt.

Der einzige Lichtblick dieser Zeit war der Sturz des ominösen Schertzenlechner, der den Bogen seines Einflussers derart überspannt hatte, daß Maximilian die Geduld riß. Der Mann, der nicht wenig zum Bruch mit Nuntius Meglia beigetragen hatte, kehrte nach Europa zurück. Doch es war zu spät.

Meglia hielt zu Ostern 1865 noch ein Tedeum in der Kathedrale und fuhr anschließend weiter nach Guatemala. Vor seiner Abreise erklärte ihm der Kaiser, er wünsche keine anderen Rechte als die, die Rom schon anderen katholischen Nationen zugestanden hatte, aber wenn ihm die Kurie drohen wolle, so sei er nicht gewillt nachzugeben, sondern die Folgen mit Ruhe und Festigkeit zu tragen. Er fühle sich in diesen Dingen nur Gott und seinem Gewissen verantwortlich.[109]

Die Kaiserin wieder als Regentin

Im April 1865 trat Kaiser Maximilian erneut eine Rundreise an, diesmal durch die östlichen Provinzen. Er liebte das Land, dessen Naturschönheit ihn immer wieder begeisterte. Er war wohl auch froh, die Schwierigkeiten hinter sich zu lassen, mit denen er in der Hauptstadt tagtäglich konfrontiert wurde.

Mit der Regentschaft während seiner Abwesenheit betraute er wieder Charlotte. Wenn auch ihr Optimismus etwas gelitten hatte, so fühlte sie sich als Herrscherin wieder ganz in ihrem Element. Voller Selbstbewußtsein schrieb sie an Gräfin Grünne: »Ich würde gegebenenfalls auch eine Armee kommandieren. Lachen Sie nicht über mich! Ich habe eine gewisse Erfahrung mit der Kriegführung gewonnen. Wir haben ja ständig mit Guerillagefechten zu tun, die zu unserem Leben hier gehören … Es scheint mir nur natürlich, daß in einer Stellung wie der unsrigen eine Frau, die nicht Familienmutter ist, ihrem Gatten direkt beisteht. Ich tue es, weil er es wünscht, und aus Geschmack an nützlicher Beschäftigung, nach der ich hungere.«[110] Wie es Napoleon I. seinerzeit formuliert hatte, war auch Charlotte davon überzeugt, daß das Wort »unmöglich« in der französischen Sprache überhaupt nicht existiere.

Joan Haslip erkennt in Charlottes Korrespondenz nun einen anderen Ton als früher: »Man spürt die große Nervenanspannung, das geradezu größenwahnsinnige Selbstvertrauen hat schon einen Hauch des Abnormen. Vor allem aber spürt man die tiefe Desillusionierung, den zunehmenden Unwillen über Maximilians Unentschlossenheit, seine Vorliebe, das meiste dann doch wieder zu vertagen, sowie über die österreichischen Verwaltungsmethoden, die er einführen wollte, die aber in einem Land wie Mexiko nur ein Chaos anrichten konnten.«[111] »Verschleppung ist sinnlos«, sagte sie einmal zu einem Minister. »Entweder ein Ding ist möglich, oder es ist nicht möglich.«[112] Und so manches war zu diesem Zeitpunkt völlig unangebracht, wie Maximilians Pläne für ein Nationaltheater und eine Akademie der Wissenschaften oder ein Preisausschreiben für die beste Bühnendichtung! Es gab reichlich andere Sorgen.

Unermüdlich war Charlottes karitative Tätigkeit. Sie ließ für die vielen Bettler, die vor allem die Hauptstadt bevölkerten, Armenspitäler und öffentliche Küchen einrichten. Aus ihrem Privatvermögen finanzierte sie ein Entbindungsheim und sorgte durch die Gründung des »Colegio Carlota« für eine Verbesserung der Mädchenbildung.

Als Maximilian von seiner Rundreise zurückkehrte, fuhr Charlotte ihm bis Puebla entgegen, wo es einen doppelten Anlaß zu feiern gab: den ersten Jahrestag ihrer Ankunft in Mexiko und ihren fünfundzwanzigsten Geburtstag. »Nachmittags 4 Uhr sammelten sich die Offiziere zu Pferd. Der Kaiser fuhr der Kaiserin entgegen. Die Stadt war wieder mit Triumphpforten und Blumen bedeckt, die Menschenmassen ungeheuer, das Eviva-Rufen brausend, viel stärker als beim Einzug des Kaisers … Die Kaiserin bewarf man mit einer solchen Unmasse von Blumen, daß der Wagen davon erfüllt war. Die Menschen drängten sich bis an den Wagen. Kaum konnten wir die Leute abhalten, den Wagen auszuspannen.«[113]

Abends gab es den zu einem solchen Anlaß üblichen Ball und natürlich ein Feuerwerk. Anscheinend hatte man vergessen, daß die Stadt erst kürzlich – vermutlich mit dem gleichen Enthusiasmus wie jetzt – einen republikanischen Gedenktag feierlich begangen hatte.

Für das Kaiserpaar und sein Gefolge war im bischöflichen Palais ein Quartier eingerichtet worden. Die Ausstattung des Schlafgemachs mit dem riesigen, mit Spitzen und Bändern verzierten Doppelbett entsprach den höchsten Anforderungen. Scheinbar durchaus mit dem Arrangement zufrieden, dankte Maximilian dem Hausherrn mit liebenswürdigen Worten. Doch kaum hatte sich dieser zurückgezogen, befahl der Kaiser seinem Kammerdiener Grill ziemlich ungehalten, schleunigst sein Feldbett zu holen und es in einem anderen Zimmer aufzustellen. Das Verhältnis des Ehepaars schien also doch nicht so ungetrübt zu sein, wie Charlotte es ihrer Großmutter gegenüber wiederholt betonte.

Die Ursache für Charlottes Kinderlosigkeit ist nicht bekannt und bleibt Spekulation. Zweifellos litt sie jedoch sehr darunter, denn sie lebte in einer Welt, die eine Frau vor allem in der Rolle der Mutter sah. Frauen hatten möglichst viele Kinder zu bekommen. Das galt besonders für eine Kaiserin. Sie hingegen war dieser wichtigen Pflicht nicht nachgekommen. Sie hatte versagt. Es gab keinen Thronfolger. Und das gerade in einem Reich, welches erst gegründet worden war! Schmählieder über die unfruchtbare »Mama Carlota«, die im Land zu kursieren begannen, dürften der Kaiserin wohl nicht verborgen geblieben sein und zu ihrer zunehmenden Nervosität beigetragen haben.

Diese äußerte sich in einer seltsamen Angewohnheit. Palastdamen und Dienerschaft bemerkten nämlich, daß ihre Herrin immer öfter ihre Taschentücher zerknüllte und an einer der spitzengesäumten Ecken herumbiß! Ihr Leid, daß es ihr versagt blieb, dem Reich einen Erben zu schenken, klang durch in einem Brief Charlottes an ihre Großmutter: »Nun, da meine Jahre ein Vierteljahrhundert erreicht haben, empfinde ich keine Freude mehr an den offiziellen Zeremonien, die ich mit achtzehn in Italien so sehr genoß … Nun spüre ich, daß ich alt werde. Andere sehen es vielleicht nicht, aber ich kann Ihnen versichern, daß es in mir ganz anders aussieht als ich nach außen hin wirke.«[114]

Eine Amerikanerin, die in Mexiko-Stadt lebte und oft Charlottes Montag-Soireen besuchte, hat eine treffende Charakteristik des Kaiserpaares hinterlassen: »Der Kaiser war hochgewachsen, schmal und gut aussehend, mit einer gewissen Schwäche und Unentschiedenheit im Ausdruck, doch von sehr gewinnendem Wesen. Er hatte die Gabe des ungezwungenen Umgangs und besaß viel mehr persönliche Anziehungskraft als die Kaiserin, deren starkes, intelligentes Gesicht zuweilen etwas hart war, wenn auch ihr entschlossener Ausdruck das Gefühl eingab, daß sie der besser ausgerüstete Teil war, die Schwierigkeiten des praktischen Lebens mit Intelligenz zu meistern. Leider stieß ihr hochmütiges Wesen, einer ihrer sich allzu sehr bewußte Würde, viele, die ihr freundlich gesinnt waren, eher ab … Es ist mehr als wahrscheinlich, daß sie hinter der stolzen Miene ein schmerzvolles Wesen verbarg.«[115]

Die nordamerikanischen Zeitungen äußerten sich schonungsloser. »Sie porträtierten Charlotte unverhohlen als herrische, zänkische, machthungrige Amazone, welche nicht in der Lage war, ihrem Mann den langersehnten Erben zu schenken. Deshalb unterjoche und unterdrücke sie den wankelmütigen Kaiser bei jeder sich bietenden Gelegenheit und nütze seine mangelnde Charakterstärke gnadenlos für ihre ehrgeizigen Ziele aus.«[116]

Der Kaiserin wird manches davon nicht verborgen geblieben sein, denn in einem Brief an ihre Großmutter rechtfertigte sie sich: »Es wird gesagt, ich hätte Einfluß auf Max, ich sei für dieses oder jenes Dekret verantwortlich. Aber Max ist mir in jeder Hinsicht so überlegen, daß ich wirklich nicht sehen kann, wie ich jemals hoffen könnte, ihm Anregung zu geben … Ich helfe Max auf jede Weise, in der ich es vermag. Ich kann nicht mehr tun, als einige seiner Bürden leichter zu machen …Wir sind ja die einzigen, die in der Regierung wirklich arbeiten. Ich rühme mich nicht einmal, daß ich mich sehr gut darauf verstehe. Aber es scheint mir ganz natürlich, in einer Position wie der unserigen, daß die Frau, die nicht Mutter einer Familie ist, ihrem Man zu helfen versucht. Ich helfe Max, weil Max meine Hilfe will und weil ich mich nach einer nützlichen Beschäftigung sehne – nicht aus purem Ehrgeiz. Dieses

Land ist ein riesiges Feld, das bearbeitet werden will. Wir sind ja nur zu zweit, wir haben … nichts anderes zu tun als dieses Feld zu bearbeiten.«[117]

Die Entscheidung im Sezessionskrieg

Schon in den letzten Monaten hatte es sich abgezeichnet, wer aus dem Kampf zwischen den Nord- und den Südstaaten der USA als Sieger hervorgehen werde. Die wirtschaftliche Macht des Nordens erwies sich schließlich als die stärkere. Am 9. April 1865 mußten die Südstaaten kapitulieren. Alle Tapferkeit der Konföderierten war vergeblich gewesen. Vergeblich auch die Hoffnungen, die die konservativen Monarchien in Europa in den Sieg der Südstaaten gesetzt hatten, ja, von dem sie lange Zeit sogar überzeugt gewesen waren.

Für Maximilian, der die Nachricht auf seiner Reise in Orizaba erhielt, war es eine besonders verhängnisvolle Nachricht, da es doch abzusehen war, daß der Norden, der von Anfang an auf Juárez' Seite gestanden und ihn auch mit Waffenlieferungen unterstützt hatte, dies nun in weit größerem Maße tun würde. Jetzt war der Gegner im eigenen Land besiegt, und die Vereinigten Staaten würden noch weniger dulden, daß sich an ihrer südlichen Grenze eine Monarchie breitmachte. Zweifellos würden sie ihren Druck auf Europa erhöhen, um ihr ein Ende zu bereiten.

Es dauerte auch gar nicht lange, bis der amerikanische Gesandte in Paris energisch gegen die Intervention Frankreichs in Mexiko protestierte. Und da auch Kaiser Napoleon Ärger mit der überseeischen Macht vermeiden wollte, ließ er sofort mitteilen, daß der Abzug der französischen Truppen ohnehin schon beschlossen sei. Maximilians Hilferufe an seinen vermeintlichen Schutzherrn Napoleon und an seinen Schwiegervater in Belgien waren ebensowenig erfolgreich wie der Versuch einer Annäherung an die Vereinigten Staaten.

Dagegen verbesserten sich Juárez' Chancen. Er gewann neue Anhänger, während die Zahl derer immer mehr abnahm, die dem Kaiserreich noch Aussicht auf Erfolg einräumten. Das Volk, von jeher wetterwendisch, wandte seine Sympathien der Republik zu. Das gab Juárez' Truppen neuen Auftrieb. Sie zeigten sich in Gebieten, die man längst für befriedet hielt, und gefährdeten sogar die Verbindung der Hauptstadt mit der Küste. Schwer bewaffnete Räuberbanden machten sich die allgemeine Unsicherheit zunutze. »Vor kurzem raubten sie die Diligence [Postkutsche] wieder total aus, die Reisenden ließen sie am Leben, doch kamen diese splitternackt im Hotel hier an … Man sagt, es gehören zu dieser Bande viele hiesige junge gebildete Leute«, notierte Graf (später Fürst) Carl Khevenhüller am 23. Mai 1865 in seinem Tagebuch. »Vor nicht langer Zeit hielt eine als Mann verkleidete junge Frau, allein und nur mit einer ungeladenen Pistole bewaffnet, allwöchentlich die Diligence zwischen Mexiko und Morelia an, bis sie sich ein hübsches Vermögen ergaunert hatte. Zuletzt eröffnete sie sich den staunenden Reisenden und ritt davon. Man hat nie wieder von ihr gehört. Die Reisenden werden zum Aussteigen genötigt, müssen sich auf den Bauch legen und unter keiner Bedingung umherschauen. Man leert ihnen die Taschen. Falls junge Frauen oder Mädchen dabei sind, fallen sie natürlich diesem Gesindel zum Opfer.«[118]

Die Hochzeit Bazaines

Marschall Bazaine erlebte in Mexiko seinen zweiten Frühling. Seine Frau hatte ihn betrogen und Selbstmord verübt, als die Affäre publik zu werden drohte. Nun hatte er sich im reifen Alter wieder verliebt. Wie es hieß, wurden seine Gefühle durchaus erwidert. Was Doña Josefa de la Pena an dem vierundfünfzigjährigen Witwer fand, darüber rätselte die ganze Gesellschaft.

Gewiß, er war eine stattliche Erscheinung. Sein Titel eines Marschalls von Frankreich, seine ordensgeschmückte Uniform waren imponierend, ebenso seine Stellung als ein Mann, auf den auch Kaiser Napoleon III. große Stücke hielt. »Der Marschall ist trotz seiner 54 Jahre verliebt wie ein Gimpel, möge ihm dieses gewagte eheliche Glück gut anschlagen«, schrieb der Kaiser an seinen Bruder Karl Ludwig.[119] Vielleicht war es die Aussicht, Madame la Maréchale zu werden, an seiner Macht teilzuhaben, die die hübsche und dazu aus bester Familie stammende Pepita bewog, ihn zu heiraten. Sie zählte erst siebzehn Jahre – Bazaine hätte leicht ihr Großvater sein können!

Bei der Hochzeit am 26. Juni war das Kaiserpaar Trauzeuge und machte der Braut neben einer Mitgift von hunderttausend Francs auch den Palacio Buenavista zum Geschenk. Eine großzügige Geste hinsichtlich der dauernden Ebbe in der Privatschatulle des Kaisers. Erzbischof Labatista nahm die Trauung in der Palastkapelle vor. Da die Braut mit einem ehemaligen Präsidenten der Republik verwandt war, war fast die ganze Stadt auf den Beinen. Pausenlos fuhren die Kutschen mit den festlich gekleideten Gästen vor. Anschließend gab das Kaiserpaar zu Ehren der Jungvermählten einen Empfang, zu dem alles geladen war, was in der Hauptstadt Rang und Namen hatte.

Bazaines »Dankbarkeit« für Maximilians Großzügigkeit anläßlich seiner Hochzeit geht aus einem Schreiben an Napoleon hervor: »Die militärische Lage ist nach wie vor zufriedenstellend, aber wie immer ist der schwache Punkt die Regierung Kaiser Maximilians.«[120] Zufriedenstellend war die Lage nämlich keineswegs. Der aussichtslose Kampf gegen die immer mächtigeren Verbände der Republikaner zermürbte auch zusehends die Franzosen. Doch Bazaine hütete sich, eine nötige Aufstockung auch nur zu erwähnen. Zu genau wußte er, daß sein Kaiser, ganz im Gegenteil, den vollständigen Abzug der Truppen wünschte.

Was Bazaines Urteil über Maximilian betrifft, so war es nicht zu leugnen, daß der Kaiser manche Fehler gemacht hatte.

Viele seiner Ausgaben waren zum gegebenen Zeitpunkt purer Luxus, seine Politik der Konfrontation mit der allmächtigen Kirche und dem konservativen Lager unklug. Aber die Art und Weise, wie der Kaiser der Franzosen den schon zur Ablehnung der Thronkandidatur Entschlossenen dennoch aus selbstsüchtigen Gründen zur Annahme des Thrones genötigt hatte, sowie die ungeheuren Lasten, die er ihm zugleich aufbürdete, waren auch nicht gerade eines Kaisers würdig. Selbst ein fähigerer Regent als Maximilian hätte sie nicht bewältigen können.

Die Adoption

Charlotte und die Katastrophe von Tacámbaro

Während der zweiten Rundreise Maximilians traf in der Hauptstadt eine Schreckensbotschaft ein, die Charlotte als gebürtige Belgierin besonders hart traf. Eine Einheit des belgischen Truppenkontingents war in eine Falle der Republikaner geraten, eingeschlossen und aufgerieben worden. Der französische Oberst, der die in der Gegend stationierten Franzosen befehligte, hatte die unerfahrenen Belgier nach Tacámbaro geschickt. Es gab eine Menge Tote, mehr als zweihundert Mann gerieten in Gefangenschaft.

Der belgische Kommandeur des Truppenkontingents, Oberst Alfred van der Smissen, war empört und stellte den Franzosen entsprechend zur Rede. Bazaine hatte alle Mühe, den Streit zu schlichten – eine heikle Angelegenheit, denn die Kaiserin nahm natürlich Partei für ihre Landsleute. »Es verfolgt mich Tag und Nacht. Es ist eine Katastrophe – wie ein Erdbeben«, schrieb sie damals.[121]

Nüchtern betrachtet war es das keineswegs, aber als Belgierin fühlte sich Charlotte persönlich getroffen. Im französischen Hauptquartier registrierte man dagegen mit Unmut, daß die Kaiserin 10 000 Francs für ihre gefangenen Landsleute stiftete, obwohl sich auch französische Soldaten in den Händen der Republikaner befanden.

Das Engagement der Kaiserin zugunsten ihres Landsmanns van der Smissen brachte vielleicht jenes Gerücht auf, das sich damals um Charlotte und den gutaussehenden belgischen

Oberst zu ranken begann. Besonders in französischen Kreisen sprach man unverhohlen davon, van der Smissen sei der Liebhaber der Kaiserin.

Der kleine Prinz Itúrbide

Maximilian, der vermutlich am besten die wahren Ursachen der Kinderlosigkeit seiner Ehe kannte, entschloß sich im Herbst 1865, daraus die Konsequenzen zu ziehen, denn Mexiko brauchte einen Erben.

Ohne sich mit seiner Frau darüber zu beraten, traf er alle Vorbereitungen, um den Enkel jenes Agustín de Itúrbide zu adoptieren, der im Jahre 1822 für kurze Zeit der erste Kaiser von Mexiko gewesen war. Von General de Santa Ana zur Abdankung gezwungen, ging Itúrbide außer Landes. Als er im Jahre 1824 nach Mexiko zurückzukehren versuchte, wurde er verhaftet und kurzerhand erschossen. Seine Nachkommen, darunter drei Söhne, lebten inzwischen in bescheidenen Verhältnissen in den Vereinigten Staaten.

Maximilian, der sich offensichtlich schon früher Gedanken über seine Nachfolge gemacht hatte, betraute seinen Freund Graf Carl Bombelles mit einer delikaten Mission und schickte ihn nach Wien zu seinem Bruder Karl Ludwig, um in Erfahrung zu bringen, ob er erlaube, einen seiner Söhne, zu diesem Zeitpunkt noch Kleinkinder, für die Nachfolge in Mexiko vorzusehen. Franz Ferdinand, das älteste Kind, war noch keine zwei Jahre alt, dessen Bruder Otto erst geboren! Die Adoption hatte den Zweck, »die Früchte des Riesenwerks eines Erzherzogs von Österreich für das Haus Habsburg nicht verlorengehen zu sehen«.[122] Maximilian hatte also seine unrealistische Vorstellung, die Habsburger wieder in ihre alte Vormachtstellung einzusetzen, immer noch nicht aufgegeben! Dieser Plan wurde aber in Wien kategorisch abgelehnt.

Der 16. September, der Jahrestag der Erhebung der Mexikaner gegen die Spanier, der Unabhängigkeitstag, war wie immer Anlaß zu einem großen Fest. Das obligate Ritual lief ab: Die Straßen waren geschmückt, Kanonen schossen Salut; die Kaiserin fuhr in einer prachtvollen Robe in der Staatskarosse vor; der Kaiser, in der Galauniform eines mexikanischen Generals, war zu Pferd. Nach dem feierlichen Tedeum wurde eine Truppenparade abgehalten, für den Abend standen ein Feuerwerk und eine Operngala auf dem Programm.

Zugleich schien dieser Tag dem Kaiser ein würdiger Anlaß zu sein, um offiziell die beiden Itúrbide-Enkel, den vierzehn Jahre alten Salvador und den zweijährigen Agustín, zu Prinzen von Mexiko zu erheben. Ein erbittertes Feilschen war dieser Ernennung vorausgegangen. Itúrbides Familie nutzte die Gelegenheit aus, um auf ihre »entgangenen Erbansprüche« hinzuweisen und ein hübsches Sümmchen Geld zu fordern. Und Maximilian plünderte wieder einmal seine bescheidene Kasse. Er übernahm die Vormundschaft über Agustín, der mit seiner ebenfalls zur Prinzessin erhobenen Tante im Nationalpalast wohnen sollte, während er für Salvador das Studium in Paris vorgesehen hatte. Bei gegebener Gelegenheit beabsichtigte er, Agustín zum Thronfolger zu ernennen.

Warum Maximilian die Tante des Kleinen zu seiner Betreuung gewählt hatte und nicht dessen Mutter, bleibt rätselhaft. Vielleicht weil sie Amerikanerin war. Alicia Itúrbide, die flehentlich darum bat, ihr Kind wenigstens bis zu seinem fünften Lebensjahr in ihrer Obhut zu lassen, mußte sich geschlagen geben. Ihre eigene Familie, die um ihre Vorteile bangte, schob sie nach Paris ab, wo sie keine Gelegenheit ausließ, um gegen den Kaiser von Mexiko zu intrigieren.

Der Unabhängigkeitstag bot dem Kaiser zugleich Anlaß für ein Treuegelöbnis an sein Volk: »Mein Herz, meine Seele, meine Arbeit, alle meine loyalen Anstrengungen gehören Euch und unserem lieben Vaterland. Keine Macht der Welt wird mich in der Vollendung meiner Aufgabe irremachen; jeder Tropfen meines Blutes ist nunmehr mexikanisch, und wenn Gott es zuließe, daß neue Gefahren unser teures Vaterland bedrohen, werdet Ihr mich in Euren Reihen mitkämpfen sehen für Eure Unabhängigkeit und Integrität. Ich kann sterben, aber ich werde zu Füßen unserer glorreichen Fahne fallen, weil keine menschliche Gewalt imstande wäre, mich zu zwingen, den Platz zu verlassen, an den mich Euer Vertrauen berufen hat.«[123]

Damals dachte der Kaiser wohl nicht ernstlich daran, daß das Schicksal einmal den Beweis für dieses Versprechen von ihm fordern würde.

Man kann sich vorstellen, wie schockiert Charlotte nicht nur von der Adoption des kleinen Agustín de Itúrbide, sondern auch von der Art und Weise war, wie Maximilian sie in die Wege geleitet hatte. Der Gedanke, seine Helferin und Gefährtin zu sein, seine Sorgen sowie seine Pläne mit ihm zu teilen, hatte sie seit ihrem gemeinsamen Aufenthalt in Mailand mit Stolz erfüllt. Nun fühlte sie sich zu Recht hintergangen. Dennoch erwies sie sich als loyale Gattin und beteuerte ihrer Familie gegenüber, daß die Adoption noch gar nicht vollzogen und keineswegs endgültig entschieden sei. Den kleinen Jungen selbst beschrieb sie als sehr aufgeweckt, aber »derzeit noch nicht gutartig«,[124] womit sie wohl meinte, daß er reichlich unerzogen und unartig war.

Die geplante Adoption bewies allen, daß der Kaiser jede Hoffnung auf eigene Erben aufgegeben hatte. Mit einem Schlag waren die Ehe des kaiserlichen Paares und die Ursachen, auf die möglicherweise seine Kinderlosigkeit zurückzuführen war, wieder in aller Munde. Auch den Grund für die Unstimmigkeiten, die zwischen dem Paar herrschten, glaubte man zu kennen. Es war kein Geheimnis geblieben, daß der Kaiser in Chapultepec die Verbindungstür zwischen den beiden Schlafzimmern hatte zumauern lassen.

Warum der Klatsch wieder einmal blühte, hatte seinen Grund. Maximilian hatte nämlich in dem ungefähr 80 Kilometer von der Hauptstadt entfernten Cuernavaca einen Besitz erworben. Er hatte sich wieder einmal in die mexikanische Natur verliebt.

Das Städtchen Cuernavaca befindet sich in malerischer Lage inmitten eines fruchtbaren, von hohen Bergen umgebenen Tals. Schon die Azteken hatten in der idyllischen, subtropischen Landschaft Paläste gebaut, später hatte Cortez dort eine burgähnliche Anlage errichten lassen. Da diese Maximilian überhaupt nicht gefiel, erwarb er ein altes Haus, das sich einst im Besitz des ehemaligen »Silberkönigs« José de la Borda befand, der durch die Ausbeutung der Silberminen von Taxco zu großem Reichtum gekommen war. Der Besitz bestand aus einem großen Garten mit üppig blühenden Rosenlauben und alten Orangen- und Mangobäumen. In dessen Mitte befanden sich mehrere Pavillons, die durch Patios und Säulengänge verbunden waren. Maximilian hatte sie herrichten lassen, überall gab es nun Blumen, an den Wänden hingen Käfige mit bunten Vögeln, und das laue Wasser eines Teiches lud zum Baden ein. In dieser Umgebung, fern von jeglichem Protokoll, fühlte er sich glücklich; hier konnte er mit seinem Freund, dem Botaniker Dr. Billimek, seinen geliebten Naturstudien nachgehen und seltene Pflanzen, Käfer und Schmetterlinge sammeln.

Doch damit nicht genug. In dem kleinen, in der Nähe von Cuernavaca gelegenen Dorf Acapazingo erwarb der Kaiser eine kleine Kaffeeplantage, auf der er sich ein Häuschen bauen ließ. Er nannte es bezeichnenderweise »El Olvido«, »Vergessenheit«. Charlotte, die sich ebenfalls gelegentlich in Cuernavaca aufhielt, hatte er allerdings deutlich zu verstehen gegeben, daß er in »El Olvido« allein zu sein wünschte. Irgendwo mußte es da wohl jenen geheimnisvollen Eingang gegeben haben, der direkt in die Räume des Kaisers führte, so daß die Wachen nicht merkten, wenn ein Besucher kam. Zumindest Grill, der langjährige Kammerdiener des Kaisers, behauptete das in einem Gespräch mit dem 22jährigen mexikanischen Sekretär des Herrschers, José-Luis Blasio, der die Stelle des verunglückten Österreichers Hauptmann Poliakowitz eingenommen hatte. »Ihnen mag nichts aufgefallen sein, ich allerdings habe viel gesehen. Elegante Damen des Hofes verschwanden heimlich im Schlafzimmer des Kaisers und verließen es nicht weniger heimlich, so daß ich manchmal nicht einmal wußte, wer sie waren. Doch wie viele, denen man nie einen Fehltritt zugetraut hätte, gaben dem Begehren des Kaisers nach! In Cuernavaca wäre zwar der ersten im Hof postierten Wache keine ein- oder abtretende Frau entgangen, doch ist Ihnen nie das enge Türchen in der Gartenmauer aufgefallen? Ich sage Ihnen, diese kleine Tür, die man immer geschlossen sah, könnte Ihnen so manches über die Personen enthüllen, die ein- und ausgingen. Was Chapultepec betrifft, kann ich Ihnen allerdings bestätigen, daß dort keine fremde Frau je die Gemächer des Kaisers betreten hat.«[125]

Selbstverständlich machten die Gerüchte über das Privatleben des Kaisers bald die Runde und erreichten auch die ausländischen Zeitungen. Besonders die in den Vereinigten Staaten erscheinenden Blätter schlachteten genüßlich solche Skandalgeschichten aus und berichteten von skandalösen Zuständen am mexikanischen Hof, wo die zahlreichen Liebesverhältnisse des Kaisers ein offenes Geheimnis seien. Man wollte sogar Näheres von einer besonders innigen Beziehung Maximilians wissen. Angeblich war die junge Frau indianischer Herkunft, siebzehn Jahre alt und Frau oder Tochter eines Gärtners. Ein Naturkind also, exotisch, naiv und anschmiegsam, ein krasser Gegensatz zu der intellektuellen, energiegeladenen Prinzessin aus dem Hause Coburg. Einige behaupteten sogar, ihren Namen zu kennen: Concepción Leguizano.

Oberst Blanchot, ein französischer Offizier, berichtet in seinem Werk über die französische Intervention von den Ereignissen in Cuernavaca: »Im Garten dieses Palais lebte eine Ar-

Charlotte, Prinzessin von Belgien und Kaiserin von Mexiko
(* 7. Juni 1840 † 19. Januar 1927).

Schloß Laeken, der Wohnsitz der königlichen Familie in Brüssel. Holzstich von 1866.

»Cher Papa«, König Leopold I. von Belgien, Charlottes Vorbild und einflußreicher Berater.

Königin Marie-Louise stirbt früh, im Alter von 38 Jahren. Der Tod der Mutter ist ein schwerer Verlust für die zehnjährige Prinzessin Charlotte.

Wie selbstverständlich übernimmt Charlotte schon als junges Mädchen die Aufgaben ihrer Mutter und steht an der Seite ihres Vaters dem belgischen Hof vor.

Charlotte von Belgien am Tag ihrer Hochzeit mit Ferdinand Maximilian: Für ihre Schönheit und Bildung war die Prinzessin in ganz Europa berühmt.

Ferdinand Maximilian, Erzherzog von Österreich und späterer Kaiser von Mexiko, ist Charlottes große Liebe. Bis zu seinem Tod bleibt sie ihm eine treue und aufopferungsvolle Gefährtin.

Kaiser Franz Joseph I. von Österreich mit seinen Brüdern Karl Ludwig, Ferdinand Maximilian und Ludwig Viktor (v. li.).

Auf ihrer Rückreise von Madeira macht Kaiserin Elisabeth in Miramare Station. Erzherzogin Charlotte begrüßt ihre Schwägerin, im Boot warten Kaiser Franz Joseph I. und Erzherzog Ferdinand Maximilian. Gemälde von Cesare Dell'Acqua, 1861.

Linke Seite unten:
»Die Allerhöchste Kaiserfamilie« in Wien 1859: Kaiser Franz Joseph I. (v. li.), Ferdinand Maximilian, Prinzessin Charlotte von Belgien, Ludwig Viktor, Karl Ludwig. Davor sitzend Kaiserin Elisabeth (»Sisi«) von Österreich mit den Kindern Kronprinz Rudolf und Gisela; daneben Erzherzogin Sophie und Erzherzog Franz Karl von Österreich.

Napoleon III. mit seiner Gemahlin Eugénie. Der französische Kaiser war es, der Ferdinand Maximilian als Kandidaten für den Kaiserthron in Mexiko vorschlug.

Abschied von Schloß Miramare: Die künftigen Herrscher von Mexiko treten die Reise in die Neue Welt an.

Auf der österreichischen Fregatte »Novara« leistet Ferdinand Maximilian seinen ersten Marinedienst ab, später bringt sie ihn als Kaiser nach Mexiko. Am Ende kehrt sein Sarg auf dem Schiff zurück nach Europa.

Feierlicher Einzug des neuernannten Monarchen Kaiser Maximilian in Puebla, 1864.

Auf dem Felsen Chapultepec am westlichen Rand der Hauptstadt Mexiko-Stadt beschließt Kaiser Maximilian, seinen Wohnsitz zu nehmen. Die urwüchsige Landschaft fasziniert ihn.

Benito Juárez, mexikanischer Präsident der Liberalen Partei und Maximilians gefährlichster Gegenspieler.

»Die Erschießung Kaiser Maximilians« von Édouard Manet. Letzte Fassung einer vierteiligen Bilderserie, 1867.

König Leopold II. von Belgien übernahm die Vormundschaft für seine erkrankte Schwester Charlotte.

Königin Marie Henriette, Gemahlin Leopolds II., begleitet Charlotte während der langen Jahre, die sie in geistiger Umnachtung verbrachte.

General Maxime Weygand. Porträtfoto, 1935. Das Rätsel um seine Herkunft wurde nie gelöst.

Schloß Miramare bei Triest: Hier verbrachte Charlotte mit Ferdinand Maximilian die glücklichste Zeit ihres Lebens.

mida, die als solche wenigstens den verblendeten Augen des Fürsten erschien, den sie unterjochte. Aber welch triviale Enthüllung! Es war die Frau seines Gärtners. Sie war, scheint es, von unvergleichlicher Schönheit, von unwiderstehlichem Reiz, und Maximilian unterlag … Könnte diese Idylle … der Kaiserin entgehen? Offenbar nicht. Die unglückliche Fürstin, verhängnisvoll – wenn auch natürlich in den Grenzen peinlichster Konvention – im Stich gelassen, mußte darüber einen tiefen Kummer und das Gefühl grausamster Demütigung empfinden, denn sie war auch jung, schön und stark. Aber was konnte sie dagegen anders tun, als eine blinde Gleichgültigkeit zu heucheln! Und das tat sie. Sie zog sich allmählich von den Geschäften zurück, … isolierte sich, und eine düstere Traurigkeit, eine tiefe Entmutigung verdüsterten ihr Leben, das vorher so tätig, heiß und leidenschaftlich gewesen war. Früher heiter und lächelnd, wurde sie jetzt finster und streng. Sie floh aus Cuernavaca, blieb allein in Mexiko-Stadt und fand Trost darin, abends die Realitäten der Welt … zu vergessen, indem sie in einer indianischen Pirogue auf den ruhigen Wassern der großen Seen von Mexiko und unter dem wundervoll gestirnten Himmel der Tropen fast allein spazierenfuhr.«[126] Wer die Ruder des Bootes betätigte, verschweigt Oberst Blanchot diskret.

Obwohl das Eheleben Maximilians und Charlottes deutlich getrübt war, schrieben sie sich täglich die zärtlichsten Briefe, sobald einer der beiden abwesend war. »Innigstgeliebter, angebeteter Schatz«, schrieb Maximilian am 15. September 1864. »Dich in innigster Liebe umarmend und vor Sehnsucht nach Dir vergehend, verbleibe ich Dein Dir ewig treuer Max.« – »Schatz meines Herzens«, nannte Charlotte ihn am 9. Oktober 1864. – »Dich, mein Leben und mein Glück in innigster Liebe umarmend Dein Dir ewig treuer Max«, heißt es am 31. August 1865.

War es einfach der Stil der Zeit, sich derart überschwenglich auszudrücken? Oder liebten sie einander in einem höheren Sinn, der über körperlicher Liebe stand?

Ein faules Leben führte der Kaiser aber weder in Mexiko-Stadt noch in Chapultepec oder Cuernavaca. Er stand jeden Tag bereits um vier Uhr morgens auf, worauf er Blasio mit der Post zu sich bestellte und ihm seine Entscheidungen diktierte. Bald nach einem Ausritt folgte bereits um neun Uhr das Mittagessen. Darauf folgten Empfänge und Besichtigungen, um vier Uhr nachmittags schon das Abendessen. Dennoch bot die herrliche Umgebung dem Kaiser Gelegenheit, so oft wie möglich die Natur zu genießen, aber er schätzte auch die Freuden einer delikaten Tafel, die er in alter Junggesellenmanier gern bei süffigem Rheinwein und Champagner in angeregter Herrengesellschaft verbrachte. Er verstand es auch sehr gut, sich lästigen Verpflichtungen zu entziehen. Bei den Festlichkeiten zu Ehren seines dreiunddreißigsten Geburtstags, am 6. Juli 1865, nahm er weder am feierlichen Tedeum noch an dem anschließenden Empfang teil. Sogar die Glückwünsche mußte Charlotte entgegennehmen. Er zog es vor, den Tag allein (oder in anderer Gesellschaft) zu verbringen.

Maximilian hatte überhaupt eigenartige Gewohnheiten angenommen – eine gewisse Neigung, sich gehenzulassen, Pantoffeln zu tragen, auch bei Besprechungen allzusehr alkoholischen Getränken zuzusprechen, ließ allmählich den Eindruck eines inneren Zerfalls aufkommen. Vielleicht spielte aber auch seine angeschlagene Gesundheit dabei eine Rolle. Anfälle von Dysenterie schwächten ihn immer wieder. Von einer starken Erkältung während seiner ersten Reise hatte er sich überhaupt nie ganz erholt.

Die Legende von Charlotte und Oberst van der Smissen

Aber auch die Kaiserin blieb vom Gerede nicht verschont. Man dachte wohl, daß eine junge hübsche Frau, die ihr Gatte sichtlich vernachlässigte, sich unbedingt nach einem Liebhaber umsehen müßte, und sei es nur, um sich an dem Treulosen zu rächen! Bevorzugte die Kaiserin nicht ihre belgischen Landsleute? Und hatte sie sich nach der Niederlage von Tacambaro nicht besonders für Oberst van der Smissen eingesetzt? Dem schneidigen Soldaten und Draufgänger van der Smissen, dem energischen Mann, der nicht so lange zögerte wie Maximilian, sondern unverzüglich handelte, traute man durchaus zu, auch in der Liebe Erfolg zu haben. Charlotte konnte zudem mit ihrem Landsmann über Belgien und ihren Vater sprechen, dem er treu ergeben war. Es war am Kaiserhof kein Geheimnis, daß sie van der Smissen schätzte.

Oder sollte an den Gerüchten, die sich um die beiden rankten, tatsächlich ein Körnchen Wahrheit sein? Man sprach von einsamen Abenden und Bootsfahrten auf dem Chalco-See, auf dem Charlotte sich herumrudern ließ. War er der Mann, der das Boot führte? Waren jene Abende also gar nicht so einsam, oder war alles doch nur Klatsch der Hofgesellschaft?

Es ist nicht zu leugnen, daß Charlotte nicht glücklich war. Mehr, sie war zutiefst verletzt, enttäuscht, gelegentlich auch wütend. Nichts hatte sich erfüllt, was sie sich in Mexiko erhofft hatte – kein neues Glück in ihrer Ehe, keine Aussicht auf einen Erben. Und das neue Reich, das Maximilian und sie gründen wollten, dieses erhoffte Paradies, ging Schritt für Schritt dem Abgrund entgegen. Selbst wenn sie am liebsten die Augen vor der Wirklichkeit verschlossen hätte, so war sie doch zu intelligent, um sich noch große Illusionen zu machen.

Zwei verhängnisvolle Entscheidungen

Pater Fischer

Pater Augustinus Fischer, der eines Tages aus Rom am Kaiserhof auftauchte, war eine schillernde Persönlichkeit. Er war ein ehemaliger Protestant aus Deutschland und eine in jeder Beziehung abenteuerliche Natur. Nachdem er eine Zeitlang Goldgräber in Kalifornien gewesen war, konvertierte er in San Francisco zum Katholizismus und wurde Jesuit. Sein Orden sandte ihn dann 1845 nach Mexiko, wo er als Sekretär des Diözesanbischofs in Durango tätig war. Skandale in seinem Privatleben führten zwar zu seiner Entlassung, aber seine Vorgesetzten hatten seine Fähigkeiten rasch erkannt und ihn nach der Ankunft des Kaisers nach Mexiko-Stadt geschickt. Dort genoß er den Schutz eines kreolischen Aristokraten, den Maximilian trotz dessen streng konservativen Einstellung sehr schätzte.

Ein Brief, den der mexikanische Gesandte in Paris, José-Manuel Hidalgo, an Gutierrez in Rom richtete, gibt Aufschluß darüber, wo die Drahtzieher der Affäre Fischer zu suchen waren: »Ich stimme ganz mit Euch überein, daß schnelles Handeln not tut. Maximilian und Charlotte wollen sich zweifellos allen Verpflichtungen entziehen und den gefährlich schmalen Pfad der Ungebundenheit beschreiten ... Wie zutreffend, verehrter Freund, habt Ihr die Konsequenzen entwickelt, die sich aus einem solchen Alleingang ergeben könnten ... Mit der französischen Auffassung über die religiöse Frage haben wir ja bereits traurige Erfahrungen gemacht ... Da kann ich Euch nur zustimmen, wenn Ihr mahnt, schnellstens das Heft in die Hand zu bekommen, den Kaiser in die Pflicht zu nehmen und ihm klarzumachen, daß nur die Kirche das Fundament sein kann, mit dem Herrschaft möglich ist. Appelle werden indes wenig nutzen, wie Ihr richtig bemerkt habt. Zupacken tut not, entschlossenes wie kluges Taktieren, um Maximilian dem Einfluß der Kaiserin zu entziehen. In der Not kann man sich die Mittel nicht aussuchen. Darum auch kein Wort über diesen Pater Fischer, der, wie Ihr schreibt, in unauffälliger Manier dem Beraterstab des Kaisers einverleibt werden soll. Wenn eine Aufgabe wie die der vorliegenden Art einen Mann ohne Skrupel verlangt, so ist dieser Pater Fischer durch seine Lebensgeschichte hinreichend prädestiniert. Ich vertraue ganz Eurer Erfahrung, wenn es darum geht, Leute zu finden, die Pater Fischer bei Hof einführen. Wie Ihr angemerkt habt, kämen dafür Freunde des Kaisers aus dem Kreis der Haciendados in Frage. Wünschen wir uns, daß es uns gelingt, in dieser Stunde höchster Not dem Übel zu wehren, das mit so ruchloser Hand nach unserem Vaterland greift.«[127]

Da der streng religiöse Gutierrez über die besten Beziehungen zu kirchlichen Kreisen verfügte, besteht kein Zweifel, daß die Berufung des Jesuitenpaters mit Billigung des Vatikans erfolgte, daß Pater Fischer also gewissermaßen als Gesandter des Heiligen Stuhls fungierte. Man nimmt auch an, daß Erzbischof Labastida bei der Berufung nicht ganz untätig war. Jedenfalls gelang es dem weltmännisch gewandten und zugleich jovialen Jesuitenpater, der immer einen Witz parat hatte, bald, das Vertrauen des Kaisers zu gewinnen. Man wußte, wie leicht es war, diesen zu beeindrucken und zu beeinflussen. Pater Fischer mit seiner großen Überzeugungskraft war also genau der richtige Mann, um die Interessen der Kirche und der konservativen Partei zu vertreten.

Es ist auch anzunehmen, daß er bereits bei der Adoption des Enkels von Itúrbide seine Hand im Spiel hatte, denn sein Schutzherr war ein Freund von dessen Familie. Ganz sicher mischte er aber bei einer anderen Entscheidung mit, die sich später für den Kaiser als äußerst verhängnisvoll erwies.

Die Rechnung ging auf. Dem geschickten, zwielichtigen Pater Fischer gelang es bald, das Vertrauen des Kaisers zu gewinnen. Rasch nahm sein Einfluß zu. Maximilian, auch sonst kein großer Menschenkenner, hielt ihn für einen aufrichtigen Mann. Von seiner dubiosen Vergangenheit wollte er nichts wissen. Ganz im Gegenteil, er ernannte ihn alsbald zum Hofkaplan und pries ihn als eines der fähigsten Mitglieder der mexikanischen Geistlichkeit.

Das Oktoberdekret

Bei diesem neuen Gesetz handelte es sich zwar nur um eine Verschärfung einer Bestimmung, die schon vom ehemaligen französischen Kommandanten erlassen und später vom Kaiser bestätigt worden war. Aber Maximilian hatte auf der Vorlage sämtlicher Urteile bestanden und die Guerilleros fast immer begnadigt. Der Effekt allerdings war, daß diese, kaum einer Bestrafung entkommen, erneut den Kampf aufnahmen.

Nun ließ der Kaiser sich überzeugen, daß eine solche Schonung von Feinden, die keine regulären Soldaten waren, unsinnig und geradezu kontraproduktiv sei. Es handle sich bei diesen um Banditen, die die anständige Bevölkerung ohnehin nur drangsalierten und manchmal sogar töteten. Solche Verbrecher mußten die Strafe bekommen, die sie verdienten. Nur so könne man jene Banden wirksam bekämpfen.

Das Dekret verhängte die Todesstrafe über jeden, der mit der Waffe in der Hand angetroffen wurde oder dem nachgewiesen werden konnte, daß er einer Guerillabande angehörte. Bei der Gefangennahme war der kommandierende Offizier berechtigt, das Urteil auszusprechen und die Strafe binnen vierundzwanzig Stunden zu vollstrecken. Der Delinquent hatte nicht das Recht, Berufung einzulegen.

Das Dekret, das am 3. Oktober 1865 erlassen worden war, machte viel böses Blut. Nicht nur, daß andere Staaten der Welt es übel aufnahmen – so mancher nutzte es aus, um mit einem persönlichen Feind abzurechnen. Nicht zuletzt forderte es die Rache der Juaristen heraus, die sich für berechtigt hielten, gleiches mit gleichem zu vergelten. Keinesfalls trug es zur Beliebtheit des Kaisers bei, sondern vielmehr zu einer noch größeren von Juárez.

Wessen Idee war überhaupt das Dekret? War es auf Bazaine zurückzuführen, der Maximilian im Auftrag Napoleons zu härterem Durchgreifen mahnte? Oder auf Maximilian selbst, der die vielen Überfälle leid war? Die allgemeine Meinung ist, daß Pater Fischer das Seine dazu beigetragen hat. Er haßte Juárez und dessen Anhängerschaft und verurteilte zutiefst die von jenem erlassenen Gesetze, die der Kirche so sehr geschadet hatten.

Das Gesetz zum Schutz der Indios

Der Schutz der Indio-Bevölkerung stand bereits im Regierungsprogramm des Kaisers. Schon seit langem hielt auch die Kaiserin es für eine Schande, wie die Indio-Bevölkerung lebte, und drängte darauf, daß man etwas für sie tun müsse. Tatsächlich waren die Indios in Mexiko nicht viel mehr als Leibeigene. Nicht nur, daß die Plantagenbesitzer ihnen einen Hungerlohn zahlten, sie zwangen sie auch, die Einkäufe für ihren täglichen Bedarf auf der Hazienda zu tätigen, obwohl es andere, billigere Einkaufsmöglichkeiten gab. Wenn es an Geld mangelte, gewährte man ihnen bereitwillig Kredit. Aus gutem Grund. Der Arbeiter mußte mit seiner Familie so lange auf der Hazienda bleiben, bis er seine Schulden bis auf den letzten Peso abbezahlt hatte.

Das neue Gesetz, das Charlotte in Abwesenheit ihres Gatten, aber selbstverständlich mit dessen Billigung, im Ministerrat durchgesetzt hatte, verbot diese dunklen Machenschaften. Es sollte den bisher rechtlosen Indios endlich die Freiheit geben, zu arbeiten, wo sie wollten.

Das Gesetz war gut gemeint, doch wie sich bald herausstellte, verfehlte es sein Ziel. Es gereichte allen, denen es nützen sollte, letztendlich sogar zum Schaden. Die Hazienderos wehrten sich auf ihre Weise und bewiesen, daß sie mächtiger waren als das Gesetz des Kaisers. Die Indios, die sich auf das Gesetz beriefen, wurden nämlich von ihren Dienstherren einfach mit Frau und Kindern auf die Straße gesetzt und hatten weder Verdienst noch Unterkunft. Es blieb ihnen nichts anderes übrig, als reuig zu Kreuze zu kriechen und die alten Verhältnisse zu akzeptieren. Manchmal waren sie sogar froh, wenn der Plantagenbesitzer sie überhaupt wieder anstellte. Kein Wunder, daß sie von dem neuen Reich und seinem Kaiser enttäuscht waren. Er war doch nicht der wiedergekehrte Quetzalcoatl …

Charlottes Überlegung, die Regierung müsse sich statt auf die Konservativen und die hohe Geistlichkeit besser auf den niederen Klerus und die Indio-Bevölkerung stützen, war nicht aufgegangen. Nun waren sowohl die Reichen als auch die Armen verärgert. Maximilian und Charlotte hatten trotz ihres guten Willens kein Glück mit ihren Gesetzen.

Charlotte in Yucatan

Das Interesse des Kaisers an Yucatán

Die Ankunft des tüchtigen französischen Finanzberaters Langlais ließ wieder ein wenig Hoffnung aufkeimen, ebenso wie die Zuversicht Pater Fischers, der mit neuen Vorschlägen für ein Konkordat nach Rom gereist war.

Doch Langlais starb, ehe er seine Aufgabe vollendet hatte, und auch die auf Pater Fischer gesetzten Hoffnungen blieben unerfüllt. Seine Berichte aus Rom waren zwar amüsant, enthielten jedoch hauptsächlich Klatsch und Tratsch. Ein positives Ergebnis brachte die Reise nicht. Außer vollmundigen Versprechungen hatte auch der vielgepriesene Pater Fischer nichts zu bieten, was das Vertrauen des Kaisers aber nicht erschütterte. Der Vatikan hielt kirchliche Reformen zwar für nötig, aber sie sollten nicht von der Regierung, sondern von der Kirche ausgehen.

Inzwischen hatten die Truppen der Republikaner weitere Siege errungen und waren nun die unangefochtenen Herren der nördlichen Provinzen des Landes. Der Verlust des Nordens erhöhte Maximilians Interesse an Yucatán, das er als »Gravitationszentrum für die übrigen Staaten Zentralamerikas«[128] ansah.

Die im Südosten Mexikos gelegene, weit in den Atlantik vorspringende Halbinsel Yucatán war weitgehend autonom. Ihre Bevölkerung bestand hauptsächlich aus Nachkommen der Mayas, deren kulturelle Blütezeit von ungefähr 300 n. Chr. bis zur Eroberung durch die Spanier dauerte. Sie war nie republikanisch gesinnt und hatte sich als erste für die Monarchie erklärt.

Schon lange hatte Maximilian eine Reise dorthin geplant, sie jedoch immer wieder aufgeschoben. Da infolge der prekären Lage auch jetzt eine längere Abwesenheit zu riskant schien, sollte Charlotte an seiner Stelle die Provinz besuchen. In den Instruktionen, die der Kaiser seiner Frau dafür gab, heißt es: »Denn unsere wahre Bestimmung besteht darin, das Kaiserreich als Zentralmacht des neuen Kontinents zu sehen, während man die Beherrschung des Nordens den Vereinigten Staaten, jene des Südens dem brasilianischen Kaiserreich überläßt.«[129]

Die Reise

Gehorsam brach Charlotte am 4. November 1865 auf in eine Gegend, die selbst ihrer Eskorte weitgehend unbekannt war. Sie reiste in Begleitung von Außenminister Ramirez und weiteren hohen Würdenträgern. Eine Abteilung mexikanischer Kavallerie unter Oberst Lopez sowie eine Einheit von französischen Kürassieren sorgte für militärischen Schutz.

Die Jahreszeit war denkbar ungünstig. Die Regenzeit hatte die Straßen vielfach unpassierbar gemacht. Ihr Zustand zwischen Orizaba und Córdoba war so verheerend, daß die Kutsche im Schlamm steckenblieb und die Kaiserin es vorzog, über das Gebirge zu reiten.

Auch sonst war die Reise weit davon entfernt, ein Vergnügen zu sein. Der Empfang in den Städten, in denen man ihr früher begeistert gehuldigt hatte, war nahezu frostig. Die Bevölkerung hatte sichtlich Angst vor der Rache der Republikaner, an deren Sieg offenbar die meisten nicht mehr zweifelten. Man befürchtete sogar eine Invasion durch die Vereinigten Staaten.

In ihren Briefen erwähnte Charlotte jedoch nur die erfreulichen Ereignisse, einen Fackelzug in Puebla, den die österreichische Garnison veranstaltete, oder ein großes Diner in Orizaba. »Je weiter Deine Reise Dich wegführt, um so mehr fehlst Du mir, um so melancholischer werde ich. Ich wandere wie eine verlorene Seele durch die Räume, und noch mehr stimmt mich das eiskalte Wetter herab. Man braucht mehr Pelze als in Mailand im Winter«, schrieb Maximilian.[130]

Eine Überraschung bot hingegen der herzliche Empfang in Veracruz, wo Hunderte von Menschen die Kaiserin auf dem Bahnhof empfingen und den Triumphwagen begleiteten, den die Handwerkerzunft gebaut hatte. »Einhellig sagte man, daß es solche Begeisterung noch nie gegeben hat«, schrieb Charlotte glücklich ihrem Gatten und fügte dann hinzu: »Der Jubel gilt nicht mir, sondern Deiner Frau.«[131]

Sie ertrug klaglos die feuchte Hitze und sogar die stürmische See, die die Überfahrt nach Yucatán zur Qual machte. Charlotte hatte nämlich darauf bestanden, anstelle der österreichischen Fregatte *Dandolo* das Postschiff zu nehmen, denn als mexikanische Kaiserin dürfe sie nur mit einem mexikanischen Schiff reisen.

Als Belohnung für die unmenschlichen Strapazen erwartete sie in Mérida feierliches Glockengeläut, ein Blumenmeer und eine begeisterte Bevölkerung. »Man fängt wieder an, an Menschen zu glauben, denn diese Indianer kommen einem so gut, sanft und unverdorben vor. Der Empfang war wunderbar. Alle Deine Voraussagen sind eingetroffen. In glücklicher Stimmung, Deine Charlotte«,[132] stand in einem Brief an Maximilian.

Mit einem leichten Mantel, einem Sombrero und hohen Stiefeln zum Schutz gegen Schlangen absolvierte die Kaiserin ein beeindruckendes Programm: Land und Leute kennenzulernen, aber auch dessen alte Kultur, von der die Ruinen der Mayas noch heute Zeugnis ablegen. Der Reichtum Yucatáns aber war eine auf riesigen Plantagen aus Agaven gewonnene Hartfaser, aus der Bindegarn erzeugt wurde, das ein begehrter Ausfuhrartikel war. Entsprechend groß war das Vermögen der

Plantagenbesitzer. Sie rechneten es sich zur Ehre an, die Kaiserin und ihre Begleitung fürstlich zu bewirten. Besonders gerührt aber war Charlotte über die Rufe »Viva el gran Leopoldo!«, in die das Volk immer wieder ausbrach. Man hatte es ihm wohl befohlen, wohl wissend, wie sehr sich die Kaiserin darüber freuen würde. Niemand ahnte aber, daß König Leopold zu diesem Zeitpunkt schon nicht mehr am Leben war.

König Leopolds Tod und seine Folgen

König Leopold I. von Belgien war am 10. Dezember 1865 in Brüssel nach langer Krankheit gestorben. Wegen eines Steinleidens hatte er sich mehreren Operationen unterziehen müssen, ohne daß sie ihm Linderung verschafft hätten. Doch wie es wirklich um ihn stand, hatte er seiner Tochter verschwiegen.

Sein Tod traf Charlotte schwer. Sie hatte immer sehr an ihrem Vater gehangen und verdankte ihm viel. Er hatte sich darum bemüht, Tochter und Schwiegersohn nach bestem Wissen und Gewissen zu beraten, und es gut gemeint, als er zum Annehmen der Krone riet. Daß die Lage Mexikos so trostlos, die Belastungen so groß waren, Juárez noch so zähen Widerstand leisten würde, hatte er nicht voraussehen können.

Der Tod von Charlottes Vater brachte so manche Änderung mit sich. Mexiko hatte mit ihm seine stärkste Stütze in Europa verloren. Sein älterer Sohn, der ihm als Leopold II. auf dem Thron Belgiens folgte, hatte zwar seinerzeit Maximilian zu seiner großen Aufgabe Glück gewünscht, aber er und Charlotte hatten sich nie viel zu sagen gehabt. Der Realist Leopold hatte längst durchschaut, auf welch schwankendem Boden das mexikanische Kaiserreich stand und wie schlecht die Aussichten für seinen Bestand waren. Die von Maximilian erbetene Aufstokkung des Freiwilligenkorps kam für ihn nicht in Frage.

Doch das war nicht der einzige Schicksalsschlag, den Charlotte hinnehmen mußte: Im März 1866 starb in England

Ex-Königin Marie-Amélie. Charlotte hatte ihre Großmutter innig geliebt, wie ein reger Briefwechsel bezeugt. Und wenn sie auch so manches, was sie bedrückte, verschwiegen oder beschönigt hatte, so hatte sie ihr doch auf schonende Weise ihr Herz ausschütten können. Ein weiterer Mensch, der zu ihr stand, war dahingegangen.

Das Ultimatum Napoleons

Die Stimmung in Frankreich

Inzwischen braute sich über dem Kaiserreich Mexiko neues Unheil zusammen. Immer öfter trafen in Frankreich Todesmeldungen ein, und die Bevölkerung fand, daß sie bereits genügend Opfer für jenes ferne Land gebracht hatte, das sie nicht das geringste anging. »Il faut en finir«, Schluß machen, war die allgemeine Meinung, der Minister und Parlament lautstark Ausdruck verliehen. Dazu kam, daß die Haltung der Vereinigten Staaten immer bedrohlicher wurde. Napoleon III. hatte größte Mühe, seinen Gesandten wenigstens mit Versprechungen für den baldigen Abzug der Truppen zu beruhigen. Meinungsverschiedenheiten zwischen Marschall Bazaine und Maximilian trugen auch nicht dazu bei, die Stimmung zu verbessern. Zu fest hatte Napoleon mit der Rückzahlung der immensen Kosten gerechnet, die die Expedition verschlungen hatte. Doch die Gelder flossen, wenn überhaupt, nur äußerst spärlich zurück. Das Unternehmen war ein Fehlschlag. Was Macht und Ruhm Frankreichs hätte mehren sollen, war zum Fiasko geworden. Es war höchste Zeit, ein Ende zu machen. So dachte auch Kaiserin Eugénie.

Am 29. November 1865 schrieb Napoleon III. an Bazaine, er müsse endlich den Kaiser überzeugen, eine eigene Truppe aufzustellen, damit die Franzosen abziehen könnten. »Kaiser Maximilian muß verstehen, daß wir nicht ewig in Mexiko bleiben können. Er soll weniger Theater und Palais bauen, mehr Ordnung in die Finanzen und öffentliche Sicherheit bringen und wissen, daß es viel leichter sein wird, eine Regierung, die nichts gemacht hat, um aus eigenem leben zu können, ihrem Schicksal zu überlassen, als sie zu stützen.«[133]

Aber noch zögerte Napoleon, radikal ein Ende zu machen. Diplomatisch versuchte er es mit guten Ratschlägen: »Ich will Ihnen heute nur den Vorteil entwickeln, den es für alle Welt hätte, wenn Eure Majestät mit österreichischen Truppen eine wahre Armee organisieren würde. Wenn das geschehen ist, könnte ich den größten Teil meiner Mannschaften zurückziehen, was den Amerikanern den Vorwand für ihre Einsprüche nähme. Das würde den Krieg in Frankreich weniger unvolkstümlich machen … und dazu beitragen, das Vertrauen in die Zukunft zu stärken. Ich sehe darin die beste Aussicht auf Befestigung Ihres Thrones.«[134]

Warum die Vereinigten Staaten österreichische Truppen eher dulden sollten als französische, bleibt ein Rätsel, abgesehen davon, daß Kaiser Franz Joseph da auch noch ein gewichtiges Wort mitzureden gehabt hätte.

Maximilian antwortete diplomatisch, nicht ohne Napoleon einige Wahrheiten zu verschweigen: »Der Rat mit den österreichischen Truppen ist allerdings glücklich, wie alles, was der hohen Intelligenz Eurer Majestät entspringt, aber kann nicht so leicht in einen neuen Weg einlenken. Der Bürgerkrieg erschöpft die Mittel des Staates. Französische Truppen sind übereilt zu einer Zeit heimgesandt worden, da aufständische Banden zwei Stunden von der Hauptstadt entfernt herumstreiften. Gar nicht zu reden von dem Vertrag mit dem Banker Jecker, den ich nur eingegangen bin, um meinem besten Freund, dem Kaiser Napoleon, einen wahren Dienst zu leisten … Die Lage ist für mich schwierig … ich als guter und treuer Freund füge hinzu, daß sie für Sie und für mich gefährlich ist, für Sie, weil Ihr ruhmreicher Name darunter leidet, für mich, weil meine Bestrebungen, die ja doch auch die Ihren sind, sich nicht verwirklichen können … Was immer auch sei, für die Zukunft beruhigt mich, daß es niemandem gelingen kann, das Vertrauen und die intime Freundschaft zu erschüttern, die zwischen uns herrscht.«[135] Was diese Freundschaft betraf, auf die Maximilian noch immer zählte, so wurde er bald eines Besseren belehrt.

Auch über Europa ballten sich dunkle Wolken zusammen. Österreich sollte aus den deutschen Gebieten verdrängt und dort die preußische Vorherrschaft besiegelt werden. Das war der Plan des preußischen Ministerpräsidenten Otto von Bismarck.

Die Entscheidung fiel im Juli 1866 durch die Niederlage der österreichischen Truppen in der Schlacht bei Königgrätz. Konsequenzen für Frankreich lagen auf der Hand. Das bedeutete Schwierigkeiten im französischen Parlament. Der Thron war in Gefahr. Um so dringender war es, das Engagement in Mexiko endgültig zu beenden.

Am 15. Januar 1866 ließ Napoleon seinem Entschluß Taten folgen. »Mein Herr Bruder!« schrieb er an den Kaiser von Mexiko. »Ich schreibe Euer Majestät nicht ohne peinliches Gefühl, denn ich bin gezwungen, Ihnen den Entschluß bekanntzugeben, den ich angesichts all der Schwierigkeiten, die mir die mexikanische Frage bereitet, fassen muß. Die Unmöglichkeit, vom Corps Législatif neue Hilfsgelder für den Unterhalt des Armeekorps in Mexiko zu erlangen, und die Erklärung Euer Majestät, außerstande zu sein, selbst dazu beizutragen, zwingen mich, endgültig einen Schlußtermin für die französische Besetzung zu bestimmen. In meinen Augen muß dieser Zeitpunkt so nahe wie möglich gesteckt sein ... Wenn Sie, woran ich nicht zweifle, die in diesen schwierigen Zeiten notwendige Energie zeigen, wenn Sie Ihre nationale und ausländische Armee festgefügt organisieren und durch Verwirklichung aller denkbaren Einsparungen Mittel finden, um die Hilfsquellen Ihres Kaiserreiches zu entwickeln, glaube ich, daß sich Ihr Thron festigen wird, denn der Abgang unserer Truppen wird zwar eine momentane Schwäche bedeuten, aber den Vorteil haben, den Vereinigten Staaten jeden Vorwand für eine Intervention zu nehmen. Ich wiederhole, daß ich nicht glaube, die Macht Euer Majestät könne durch eine Maßnahme erschüttert werden, die mir die Gewalt der Verhältnisse auferlegt … Euer Majestät guter Bruder Napoleon.«[136]

Zugleich befahl der »gute Bruder« seinem Marschall, der Abtransport solle schon im Herbst 1866 beginnen und Anfang 1867 spätestens beendet sein. Das bedeutete einen eklatanten Bruch der »Konvention von Miramare«, vor allem der Geheimklausel, in der Napoleon versprochen hatte, daß egal, was in Europa passiere, »die Hilfe Frankreichs dem neuen Reiche niemals fehlen werde«.[137]

Zutiefst enttäuscht und verbittert über die Haltung Napoleons, den er immer für einen Mann gehalten hatte, dem sein Wort heilig war, schickte Maximilian seinen Vertrauten Eloin nach Paris. In seinem Brief an den Kaiser von Frankreich läßt er alle diplomatischen Floskeln fallen und drückt sich sehr deutlich aus. Auch der Stolz eines Sohnes aus altehrwürdigem Haus gegenüber dem Emporkömmling ist herauszuhören: »Es liegt mir ferne, die Ursache einer Gefahr für Euer Majestät Person oder Dynastie sein zu wollen. Ziehen Sie Ihre Truppen augenblicklich zurück. Ein Habsburger wie ich wird mit Würde mit seinen mexikanischen Untertanen auszukommen versuchen. Ich werde meine Seele und mein Leben weiter meinem neuen Vaterland weihen.«[138]

Kein Wunder, daß es für Eloin in Paris nur kühle Ablehnung gab! In Brüssel wurde er von König Leopold II. nicht einmal empfangen. Die Vereinigten Staaten, die durch ihren Sieg über die Südstaaten an Macht und Einfluß gewonnen hatten, erreichten es nun auch, daß Kaiser Franz Joseph den Abmarsch der schon bereitstehenden neuen Freiwilligenverbände widerrief. Angesichts der wachsenden Kriegsgefahr, die ihm von Preußen drohte, wünschte der Kaiser keine Schwierigkeiten mit den USA.

Daß ihn nun auch seine Heimat im Stich ließ, traf Maximilian an seiner empfindlichsten Stelle. Dazu kamen immer neue Hiobsmeldungen von der militärischen Lage, die sich durch den beginnenden Abzug der Franzosen deutlich verschlimmerte. Da der Sold ausblieb, nahm die Desertion der kaiserlichen Truppen zu. Und um das Maß vollzumachen, forderte Frankreich zur Begleichung wenigstens eines Teils der mexikanischen Schulden die Abtretung der Hälfte der Zolleinnahmen. Die Gläubiger versuchten, von ihrem Geld zu retten, was noch zu retten war. Für Mexiko bedeutete es eine erhebliche Reduzierung der einzigen größeren Einnahmequelle des Staates.

Das alles trug wohl dazu bei, daß Maximilian sich allmählich der Aussichtslosigkeit seiner Lage bewußt wurde. Obwohl es ihm sehr widerstrebte aufzugeben und es ihm graute, als Gescheiterter, Geschlagener nach Österreich zurückzukehren und auf die Gnade seines Bruders angewiesen zu sein, nahm der Gedanke einer Abdankung immer konkretere Formen an. Blieb ihm denn noch etwas anderes übrig?

Charlottes Einschreiten

Maximilian hatte schon begonnen, seinen Rücktritt vorzubereiten, als Charlotte einschritt. Mit Schaudern dachte sie an die Abdankung ihres Großvaters Louis-Philippe, an sein tristes Leben in England und an seinen frühen Tod. Abzudanken, seine Rechte als Herrscher aufzugeben war das Trauma ihrer Jugend gewesen. Und das sollte sich jetzt mit Maximilian und ihr wiederholen? Nach Europa, nach Österreich zurückzukehren, mit Schimpf und Schande, unter dem Spott des österreichischen Hofes? Darauf angewiesen zu sein, was der Kaiser geruhte, Maximilian noch zuzubilligen? Sie sah ihr Leben in Miramare vor sich, endlose Tage voller Langeweile und Hoffnungslosigkeit. Alles in ihr wehrte sich dagegen. Der Tod ihrer beiden liebsten Angehörigen hatte sie an den Rand eines Nervenzusammenbruchs gebracht. Doch nun war ihre depressive Stimmung wie weggeblasen, und wie auf einen Schlag kehrte ihre Energie zurück.

Ihre Gedanken legte Charlotte in einer Denkschrift nieder: »Abdanken heißt, sich verurteilen, sich selbst ein Unfähigkeitszeugnis ausstellen, und das ist nur annehmbar bei Greisen und Blödsinnigen, das ist nicht die Sache eines Fürsten von 34 Jahren voll Leben und Zukunftshoffnung ... Man verläßt den Thron nicht wie eine Versammlung ... Im Augenblick, wo man die Geschicke einer Nation übernimmt, tut man das auf sein Risiko, auf eigene Gefahr und hat niemals die Freiheit, sie zu verlassen. Ich kenne keine Lage, wo Abdankung etwas anderes wäre als ein Fehler oder eine Feigheit ... Solange es hier einen Kaiser geben wird, wird ein Kaisertum sein, selbst wenn nur mehr sechs Fuß Erde ihm gehören ... Daß er ohne Geld ist, ist kein genügender Einwand, man wird sich Kredit verschaffen. Das Kaisertum ist das einzige Mittel zur Rettung Mexikos. Alles muß getan werden, um es zu retten, da man sich dazu durch Eid und Wort verpflichtet hat und keine Unmöglichkeit einen davon entbindet ... Man verläßt seinen Posten vor dem Feind nicht. Warum sollte man eine Krone verlassen? ... Der Bürgerkrieg existiert nicht mehr, denn Juárez' Amtszeit ist abgelaufen ... Man überläßt seinen Platz nicht einem Gegner solcher Art ... Das alles ist weder eines Fürsten aus dem Hause Habsburg noch Frankreichs und seiner Armee würdig, die berufen wäre, das Schauspiel mitanzusehen. Als Kulturbringer und als Retter auszuziehen und unter dem Vorgeben zurückzukehren, daß es nichts zu zivilisieren, nichts zu retten gibt und das in innigem Einvernehmen mit Frankreich, das immer als ein Land geistiger Kräfte galt – das wäre die größte Absurdität unter der Sonne ... Deshalb werde ich jetzt nach Europa fahren und ich hoffe jenseits des Meeres diese Sprache führen zu können.«[139]

Mit diesen Argumenten, so wirr sie dem heutigen Leser manchmal vorkommen mögen, verhinderte Charlotte die drohende Abdankung. Appelle an seine Ehre verfehlten bei Maximilian nie ihre Wirkung.

Von Mexiko nach Europa

Die Reise der Kaiserin

Die letzten Tage in Mexiko

Charlotte, die über Napoleons Wortbruch ebenso empört war wie Maximilian, war davon überzeugt, ihn in einer persönlichen Aussprache umstimmen zu können. Sie baute auf die Stichhaltigkeit ihrer Argumente, vor allem aber auf den Appell an seine und Frankreichs Ehre, den sie ihm nicht ersparen würde. Es konnte doch nicht sein, daß der Kaiser der Franzosen, auf dessen Veranlassung eine französische Truppe überhaupt nach Mexiko gekommen war und dessen Idee es gewesen war, einen österreichischen Erzherzog als Kaiser dieses Reichs einzusetzen, diesen nun im Stich ließ und sein zwei Jahre zuvor gegebenes feierliches Versprechen einfach brach!

Die Kaiserin wußte zwar, daß die Lage kritisch war, aber sie war davon überzeugt, daß sich mit etwas gutem Willen Schwierigkeiten aus dem Weg räumen ließen. Militärische und vor allem finanzielle Hilfe war dringend nötig. Charlotte dachte an eine neue Anleihe. Am Erfolg ihrer Mission zweifelte sie nicht.

Maximilian, der schon zur Abdankung entschlossen war, kapitulierte vor den Argumenten seiner Gattin. Er erklärte sich mit ihrem Entschluß einverstanden und verfaßte eine ausführliche Denkschrift für Napoleon III. Wie es damals um Mexikos Finanzen bestellt war, schildert Oberst Khevenhüller in seinem Tagebuch: »Wie katastrophal die Lage war, kann man daraus ersehen, daß Charlotte noch nicht einmal das Reisegeld für Europa hatte. Sie mußte es dem Fonds entnehmen, der Gelder für Überschwemmungshilfe in Mexiko angesammelt hatte.«[140]

An den Feiern zu Ehren seines Geburtstags am 6. Juli nahm Maximilian wegen einer Unpäßlichkeit nicht teil. Nach dem Tedeum empfing Charlotte an seiner Stelle die Glückwünsche und antwortete mit folgenden Worten: »Meine Herren, gerne nehme ich Ihre Segenswünsche im Namen des Kaisers entgegen, der seine ganze Existenz in Ihren Dienst gestellt hat, und versichere Ihnen, daß sein und mein Leben kein anderes Ziel haben als Ihr Glück.«[141] Die üblichen Veranstaltungen, wie Paraden, Feuerwerk und großes Diner, fielen wegen der ernsten Lage aus.

Die letzten Tage vor ihrer Abreise verbrachte Charlotte in Chapultepec. Im offiziellen Journal, *El Diario del Imperio,* vom 9. Juli 1866 war folgende Verlautbarung zu lesen: »Ihre Majestät die Kaiserin reist morgen ab, um die mexikanischen Interessen zu vertreten und verschiedene internationale Angelegenheiten zu regeln. Diese von unserer Herrscherin mit echtem Patriotismus übernommene Mission ist der schönste Beweis der Hingabe des Kaisers an seine neue Heimat, um so mehr, als die Kaiserin damit die Gefahr des Gelbfiebers auf sich nimmt, das in der Regenzeit an der Küste von Veracruz grassiert. Wir geben diese Mitteilung heraus, damit die Öffentlichkeit den wahren Grund der Reise Ihrer Majestät erfährt.«[142]

Erwartete Maximilian von der Reise Charlottes wirklich ein Wunder? Jedenfalls schrieb er seiner Mutter nach Wien durchaus hoffnungsvoll: »Charlotte macht einen Ausflug in die Alte Welt, um als unser sicherster und geschicktester Botschafter in mexikanischen Angelegenheiten zu arbeiten. Sie ist versehen mit meinen geheimen Instruktionen und hat die Hauptaufgabe, an gewisse Versprechungen für das Wohl Mexikos zu erinnern und in einigen Punkten Unterstützungen zu fordern. Wieviel es mich gekostet hat, mich von ihr zu trennen, können Worte nicht beschreiben. Ich hoffe jedoch, daß Charlotte mit ihren Geschäften bald fertig und in einigen Monaten wieder zurück bei mir wird sein können ... Für große Zwecke muß man große Opfer bringen ... Nachdem uns Europa jetzt von allen Seiten auf die schmählichste Weise verläßt und die alt gewordene Welt vor Nordamerika feige zittert, ist hier die angestrengteste Aktion doppelt notwendig. Daß die europäischen Monarchen sich vor unserer Nachbarrepublik … in unverzeihlicher Schwäche beugen, werden sie einst bitter bereuen. Doch das geht mich nichts an, ich muß nur Tag und Nacht sinnen, mein neues und schon so heißgeliebtes Vaterland zu retten. In dieser Absicht der Pflicht und Liebe steht mir Charlotte treu, redlich und tätig zur Seite, und darin liegt die Erklärung ihrer rasch beschlossenen Reise nach Europa.«[143]

Von Chapultepec nach Saint-Nazaire

In Begleitung der Kaiserin reisten Außenminister Castillo, Großkammerherr Graf del Valle, das Ehepaar del Barrio, Graf Bombelles, der Schatzmeister des kaiserlichen Hauses Kuhacsevich, dessen Gattin als Obersthofkämmerin, der Arzt Dr. Bohuslavek und etliche Diener und Zofen. Eine Kavallerieeinheit bildete die Eskorte. Der Abschied, den Maximilian und Charlotte an diesem 9. Juli voneinander nahmen, war von besonderem Gewicht und von echtem Trennungsschmerz umschattet. Ahnten sie, daß es einer für immer war?

»Schatz meines Herzens«, schrieb die Kaiserin noch am selben Abend von Río Frío. »Nach dem so überaus schmerzlichen Abschied, der mich erdrückte, um so mehr beim Anblick Deiner mich rührenden Tränen, blieb ich einige Zeit wie stumm und bewußtlos, von den Maultieren fortgerissen, selbst weinend, dankend und betend. Und ich beschwöre Dich, gib acht auf die Franzosen, sogar auf die besten. Es würde mir das Herz brechen, wo ich auch immer wäre, sollte ich je erfahren, daß man Dich überredet hat, den Thron aufzugeben, für den wir so viele Opfer gebracht haben und der noch immer eine glorreiche Zukunft haben kann.«[144] Charlotte wußte, wie leicht ihr Mann zu beeinflussen war.

Noch am selben Abend traf die Reisegruppe in Puebla ein. Hier spielte sich eine seltsame Szene ab, die später als erster Beweis einer beginnenden geistigen Verwirrung angesehen wird. Um Mitternacht ließ sich Charlotte in die Räume des kaiserlichen Präfekten führen, obwohl dieser gar nicht anwesend war. Sie irrte durch die Zimmer und kehrte schließlich wortlos in die zurück, die man ihr zur Verfügung gestellt hatte. Niemand konnte sich diesen nächtlichen Ausflug erklären.

Die Reise, die über Orizaba und Córdoba weiter zur Küste führte, stand von Anfang an unter keinem guten Stern. Die Straße, die auch unter normalen Wetterbedingungen schlecht zu befahren war, war nahezu unpassierbar; die Maultiere blieben im Schlamm stecken, und es kostete größte Mühe, die Kutschen wieder fahrbereit zu machen. Doch aus Angst, das Schiff nach Europa zu versäumen, bestand Charlotte auf größter Eile. Am liebsten hätte sie die Strecke zu Pferd zurückgelegt, doch das hielt der Kommandeur der Eskorte für zu gefährlich.

In Veracruz, wo der französische Dampfer *Kaiserin Eugénie* wartete, kam es zu einem neuen Zwischenfall. Charlotte bemerkte sofort mit Mißfallen, daß weder das Dampfschiff die kaiserliche Standarte aufgezogen hatte, noch wehte auf der Barkasse, die sie an Bord bringen sollte, die mexikanische Flagge. Sie weigerte sich daher, das Boot zu besteigen, bis die französische Flagge durch die mexikanische ersetzt worden sei. Erst als der Kommandant der französischen Marineeinheit diesen Befehl ausgeführt hatte, war die Kaiserin bereit, das Boot zu besteigen. Die *Kaiserin Eugénie* konnte ablegen.

Der Brief, den Maximilian seiner Gattin am 27. Juli 1866 schrieb, erreichte sie nicht mehr. »Lieber, bester Engel«, heißt es darin, »heute, am Jahrestag meines Glücks, kann ich es nicht unterlassen, Dir, meinem Engel und Lebensstern, zu schreiben. Neun Jahre danke ich dir schon den Trost und die frohen Stunden meines Lebens, und was ich Gutes und Schönes empfunden habe, kam immer nur von Dir. Für mich sind die jetzigen Tage die bitterste Zeit meines Lebens. Ich fühle mich so unglücklich und tief betrübt, und nur meine Pflicht und die Liebe zu dir, meinem Leben, hält mich aufrecht.«[145]

War Charlottes Ärger über diese an und für sich unbedeutenden Vorfälle die Ursache dafür, daß sie fast während der ganzen langen Reise, anstatt die frische Seeluft zu genießen, in ihrer stickigen Kabine blieb, wo sie ständig unter Kopfschmerzen und Übelkeit litt? Ging sie deshalb bei der Landung in Kuba nicht an Land und nur jeweils für kurze Zeit an Bord, wo sie sich nie ohne ihre Mantilla oder einen langen Schal aufhielt, sich an keinem Gespräch beteiligte und nur in sich gekehrt ins Leere blickte?

Gewiß, die triste Lage in Mexiko und die bevorstehende schwierige Unterredung mit dem Kaiser der Franzosen hatten sie in einen Zustand nervlicher Hochspannung versetzt. Dennoch wird das seltsame Verhalten Charlottes während der Überfahrt nach Europa einem bestimmten Gerücht weitere Nahrung geben.

In Paris

In der Hafenstadt Saint-Nazaire wartete ein neues Ärgernis auf die Kaiserin. Nicht die Flagge Mexikos, sondern die Perus war für ihren Empfang gehißt worden! Es war die einzige Flagge, die man in der Eile hatte auftreiben können. Sie gehörte einem Stadtrat, der einige Jahre dort gelebt hatte. Offensichtlich dachte man in Saint-Nazaire, das mache kaum einen Unterschied. Gravierend kam noch hinzu, daß sich weder der Präfekt noch der Vizepräfekt, sondern nur der Bürgermeister und das Ehepaar Almonte zum Empfang eingefunden hatten.

Charlotte ließ sich sofort zum Bahnhof bringen. Sie wollte so schnell wie möglich nach Paris. Erst im Zug erfuhr sie von der Niederlage Österreichs bei Königgrätz und wie unheilvoll sich der Sieg Preußens auch auf Frankreich auszuwirken drohte. Und damit auf Mexiko …

Der Empfang in Paris hätte Charlotte eigentlich zu denken geben müssen. Obwohl sie Napoleon III. telegraphisch von ihrer Ankunft verständigt hatte, erwarteten sie weder ein großartiges Empfangskomitee noch ein Galawagen, geschweige denn eine Einladung, in den Tuilerien zu übernachten – was die Kaiserin von Mexiko für selbstverständlich gehalten hatte. Und obendrein war der Hofwagen, den man der Kaiserin geschickt hatte, zum falschen Bahnhof gefahren! Nur der alte Gutierrez hatte dafür gesorgt, daß wenigstens ein paar Mexikaner sie willkommen geheißen hatten.

Dem Kaiser der Franzosen kam der Besuch Charlottes denkbar ungelegen. Er war soeben von einer Kur in Vichy zurückgekehrt. Sein Gallenleiden machte ihm wieder schwer zu schaffen. Und der Sieg Preußens über Österreich ließ für Frankreich Schlimmes befürchten. Die »liebe Cousine« aus Mexiko hatte ihm gerade noch gefehlt!

Napoleon ahnte, weshalb sie die weite Reise unternommen hatte. Er versuchte es mit Ausflüchten: »Ich erhalte eben die Depesche Eurer Majestät«, schrieb er. »Leidend von Vichy zurückgekehrt, gezwungen, das Bett zu hüten, bin ich außerstande, Ihnen entgegenzufahren. Wenn, wie ich vermute, Euer Majestät zuerst nach Belgien gehen, werden Sie mir Zeit zu meiner Wiederherstellung geben.«[146] Doch Charlotte fuhr nicht nach Belgien. Sie nahm ihrem Bruder seine ablehnende Haltung gegenüber Mexiko übel. Dasselbe galt für Wien. Der Zweck ihrer Reise war eine rasche Aussprache mit Napoleon.

Gutierrez' Wagen brachte Charlotte zum Grandhotel, wo endlich auch die Hofbeamten eingetroffen waren. Sie entschuldigten sich für den verfehlten Empfang und fragten an, wann der Majestät aus Mexiko ein Besuch der Kaiserin von Frankreich angenehm sei und wie lange sie in Paris zu bleiben gedenke. Darauf erwiderte Charlotte, sie würde Eugénie jederzeit mit großem Vergnügen empfangen, im übrigen gedenke sie in Paris zu bleiben, bis sie ihren Auftrag erledigt habe. Familiäre Verpflichtungen in Europa habe sie nicht.

Der erste Kontakt mit dem französischen Hof war eisig. Nur zu deutlich spürte Charlotte, daß sie nicht willkommen war. Als sie allein war, verlor sie die Fassung und brach in Schluchzen aus. Kaiserin Eugénie kam am frühen Nachmittag des 10. August ihrer Verpflichtung nach. Kaum drei Jahre war es her, daß sie die Idee eines mexikanischen Kaiserreichs mit größtem Eifer verfochten hatte, nun sollte es ein Ende haben. Das erschwerte natürlich die Begegnung, die ihr bevorstand.

Während der größte Teil von Charlottes Gefolge die Kaiserin der Franzosen bereits unten an der Treppe erwartete, blieb Charlotte mit dem mexikanischen Außenminister oben. Sie ging der Besucherin einige Stufen entgegen, umarmte und küßte sie. Als die beiden Kaiserinnen schließlich allein waren, versuchte Eugénie zwar, ein möglichst belangloses Gepräch zu führen, doch Charlotte ließ sich auch nicht durch einen diskreten Hinweis auf die Krankheit Napoleons abhalten und bestand darauf, ihn zu sprechen. Sonst würde sie eben bei ihm »eindringen«. Es sollte scherzhaft klingen, war aber durchaus ernst gemeint. Eugénie blieb nichts anderes übrig, als zu akzeptieren, daß die Kaiserin von Mexiko sich nicht mit Ausflüchten abfertigen ließ und eine Begegnung zwischen ihr und Napoleon nicht zu vermeiden war.

Saint-Cloud, Schicksalsstunde für Mexiko

Ein kaiserlicher Wagen erwartete Charlotte am nächsten Nachmittag an der Auffahrt des Grandhotels. Man wußte am französischen Hof, was man dem unwillkommenen Gast schuldig war. In Begleitung von Señora Almonte trug Charlotte ein schwarzes Kleid und trotz der Sommerhitze eine schwarze Spitzenmantilla. Eine Art weißer Kapuze bedeckte ihr Haar. Señora del Barrio hatte die Kopfbedeckung erst am Vormittag in einem Modegeschäft des Faubourg Saint-Honoré besorgt. Dichte Menschentrauben hatten sich an der Zufahrt des Hotels gebildet. Sichtlich gerührt dankte Charlotte für die Ovationen. Doch ihre Nervosität war kaum zu verbergen. Unter dem Trommelwirbel der Schloßwache fuhr der Wagen in den Park von Saint-Cloud ein. Vor der am Turm wehenden Nationalflagge verneigte sich die Kaiserin von Mexiko. Eine Abteilung der kaiserlichen Garde bildete die Ehrenkompanie. Der ganze Hofstaat war an der Schloßtreppe versammelt, das Zeremoniell lief ab: Der damals zehnjährige Kronprinz, den mexikanischen Adlerorden um den Hals, trat an den Wagenschlag, half der Kaiserin beim Aussteigen und geleitete sie die Treppe hinauf. Alle anwesenden Damen machten einen tiefen Hofknicks. Kaiserin Eugénie, die oben gewartet hatte, ging Charlotte einige Stufen entgegen, begrüßte sie und führte sie sogleich in den Privatsalon des Kaisers.

Charlotte ließ sich gar nicht erst auf eine Plauderei ein, sondern brachte gleich ihr Anliegen zur Sprache. »Sire, ich bin gekommen, um eine Sache zu retten, die sowohl die unsere als auch die Ihre ist«, begann sie und überreichte dem Kaiser der Franzosen ein zwanzigseitiges Memorandum, das alle Argumente Maximilians, einen Bericht über die Lage und die Finanzen sowie Anklagen gegen Marschall Bazaine enthielt, der letztlich nur die Befehle seines Kaisers ausgeführt hatte. »Ich bitte Euer Majestät inständig, rufen Sie den Marschall Bazaine ab, bezahlen Sie den Sold der Hilfstruppen weiter und belassen Sie das Expeditionskorps bis zur vollständigen Befriedung des Landes. Ich beschwöre Sie, verlassen Sie eine Sache nicht, die so innig mit Ihrem dynastischen Interesse verwoben ist. Denken Sie auch an die furchtbare Lage meines Mannes. Sie haben doch versprochen, ihn niemals zu verlassen. Sie haben doch eine Ehre, ein Gerechtigkeitsgefühl.«[147]

Ihre erschütternden Worte, ihre Erregung, die Eindringlichkeit ihrer Bitten und deren Wahrheitsgehalt verfehlten nicht ihre Wirkung auf das französische Kaiserpaar. Napoleon wirkte hilflos, zutiefst berührt, wohl auch beschämt. Ihm standen Tränen in den Augen. »Es hängt nicht von mir allein ab. Ich kann einfach nichts mehr tun«, erwiderte er schließlich.[148]

Ein Diener, der mit einem Tablett mit einer Karaffe Orangeade eintrat, unterbrach die rührende Szene. Charlotte betrachtete irritiert das Glas, das Kaiserin Eugénie ihr etwas verlegen anbot, entschloß sich aber dann doch, daraus zu trinken. Dieser an sich harmlose Zwischenfall wurde später von einem Zeitgenossen, Baron Carl Malortie, zu einer dramatischen Szene umgedeutet, wonach Charlotte den Verdacht geäußert habe, man wolle sie vergiften. Es ist aber möglich, daß die spätere Entwicklung von Charlottes Geisteszustand auf dieser Begebenheit basiert.

Um die aufgeregte Kaiserin zu beruhigen, versprach Napoleon, nochmals mit seinen Ministern über die Lage in Mexiko zu sprechen. Kaiserin Eugénie hatte noch ein Essen vorgesehen, doch Charlotte bestand auf einer sofortigen Rückkehr ins Hotel. Im Wagen überkam sie Verzweiflung. Sie hatte sich so viel von diesem Gespräch versprochen, war davon überzeugt gewesen, Napoleon umzustimmen. Mühsam nach Fassung ringend, klammerte sie sich mit allen Kräften an einen winzigen Rest Hoffnung.

Charlotte und die französischen Minister

Wenn Charlotte wirklich noch einen Funken Hoffnung gehabt hatte, so sah sie sich bald getäuscht. Die Minister machten der Kaiserin von Mexiko zwar ehrerbietig ihre Aufwartung, keiner von ihnen konnte der so tapfer um ihr Land kämpfenden Frau seine Achtung und sein Mitgefühl versagen, aber sie mußten sich an ihre Direktiven halten.

Als erster erschien Außenminister Drouyn de Lhuys. Er zeigte sich sogar recht einsichtig, was für ihn nicht schwierig war, da er bereits zum Rücktritt entschlossen war. Die halbherzige Politik seines Kaisers gegenüber Preußen fand nicht seine

Zustimmung. Kriegsminister Randon gab Charlotte zwar recht, aber versprechen konnte auch er nichts. Keinen Sou mehr für Mexiko, lautete die Devise. Finanzminister Fould ließ sich zwar höchst interessiert von den Bodenschätzen Mexikos berichten, aber außer höflich geschliffenen Phrasen hatte auch er nichts zu bieten.

Sie alle wußten genau Bescheid. Die monarchistische Partei hatte nie die Macht gehabt, die die Emigranten ihr zugeschrieben hatten. Mit deren stärksten Stütze, der Kirche, hatte es sich der Kaiser verdorben. Und die Liberalen hatte er nicht gewonnen, die hielten nach wie vor zu Juárez. Sie wünschten eine Republik und kein Kaiserreich. Maximilian stand allein da – und zwar mit dem Rücken zur Wand.

Die Politiker waren Realisten und befanden, daß das »Abenteuer Mexiko« bereits genügend Menschen und Geld gekostet und recht wenig eingebracht hatte. Es mußte ein Schlußstrich darunter gesetzt werden. Am besten solle Maximilian zurücktreten. Für ihn war doch gesorgt, schließlich war er noch immer ein österreichischer Erzherzog.

Noch einmal Saint-Cloud

Trotz aller Ausflüchte, die im Grunde genommen nur ihre Niederlage bestätigten, gab Charlotte noch immer nicht auf. Auch der Besuch des österreichischen Botschafters in Paris, Fürst Paul Metternich, blieb ergebnislos. Er hatte die Schwägerin seines Souveräns eindringlich davor gewarnt, sich noch Illusionen zu machen. Napoleon III. zu überzeugen, koste es, was wolle, war bei Charlotte zur fixen Idee geworden.

Am 13. August erschien sie wieder in Saint-Cloud, diesmal nur in Begleitung des mexikanischen Außenministers. Das Personal versuchte sie mit dem Einwand abzuhalten, der Kaiser sei krank und nicht zu sprechen. Vergeblich. Ihre Absicht war, wenigstens die Zahlung der monatlichen Hilfsgelder an Mexiko durchzusetzen. Widerwillig hatte Napoleon sich schließlich bereit erklärt, die Kaiserin von Mexiko zu empfangen. Von weiteren finanziellen Zuwendungen wollte er jedoch nichts wissen.

Nun war es mit Charlottes Geduld vorbei. Keine Bitten mehr, keine diplomatischen Floskeln, nun mußte das stärkste Geschütz aufgefahren werden, über das sie gebot: Es war der Brief, den der Kaiser der Franzosen Maximilian im Frühjahr 1864 geschrieben hatte und in dem stand, daß Mexiko, was immer auch geschehe, auf die Hilfe Frankreichs zählen könne. Und um diesem Versprechen noch mehr Nachdruck zu verleihen, legte sie auch den Brief vom 28. März 1864 auf den Tisch, der Napoleons folgenschweren Satz enthielt, der schließlich Maximilians Widerstand gebrochen hatte: »Was würden Kaiserliche Hoheit von mir denken, wollte ich Ihnen, wenn Sie schon in Mexiko sind, auf einmal sagen, daß ich die Bedingungen nicht einhalten könne, die ich unterschrieben habe.« Und als reiche dies immer noch nicht, zitierte Charlotte die ominöse »Konvention von Miramare«. In dieser hatte der Kaiser der Franzosen dem Erzherzog garantiert, daß die Fremdenlegion noch sechs Jahre nach dem Abzug der anderen Truppen in Mexiko verbleiben werde.[149]

Napoleon wußte weder aus noch ein, die Argumente Charlottes, deren Wahrheitsgehalt er nicht leugnen konnte, hatten ihn zutiefst getroffen. Beschämt bat er um Geduld und berief sich wieder auf seine Minister, die am nächsten Tag zusammentreten würden.

Mit Entsetzen hatte Kaiserin Eugénie die zunehmende Verlegenheit ihres Mannes wahrgenommen. Nun ließ die steigende Erregung Charlottes das Schlimmste befürchten. Mit Mühe gelang es ihr, die Aufgeregte in ihre eigenen Räume zu lenken. Dort verlor Charlotte alle Beherrschung und alle Hemmungen ihrer Erziehung. Zorn und Verzweiflung brachen sich ungehindert Bahn. Empört wandte sie sich an den französischen Finanzminister und warf ihm vor, wie wenig Mexiko von der gezeichneten Anleihe tatsächlich erhalten habe.

Also sei Mexiko von den französischen Bankiers und Finanzleuten bestohlen worden! Da griff Kaiserin Eugénie erneut ein. Schluchzend sank sie in einer fingierten Ohnmacht auf dem Sofa zusammen. Die Dienerschaft stürzte herein, um sich ihrer Herrin anzunehmen. Minister Castillo führte die aufs höchste erregte Charlotte hinaus.

Alles vergeblich

Alles, was die französischen Minister den Äußerungen Charlottes entnommen hatten – die trostlose finanzielle Lage Mexikos, seine unzureichende eigene Armee, die zunehmende Stärke der von den Vereinigten Staaten geförderten Truppen der Republikaner –, summierte sich zu der einhelligen Meinung, daß eine weitere Hilfe für Mexiko verlorene Mühe sei. Als der Ministerrat am nächsten Tag zusammentrat, wurde einstimmig beschlossen, die französischen Truppen unverzüglich abzuziehen.

Charlotte erfuhr die Absage durch Almonte. Doch ganz geschlagen gab sie sich immer noch nicht. Noch hielt sie es für unmöglich, daß der Kaiser der Franzosen, einer der mächtigsten Herrscher der Welt, sein Wort so schamlos brechen konnte. Und das wollte sie persönlich von ihm hören.

Charlotte blieb noch eine Woche in Paris. Täglich wurden frische Blumen und Körbe mit Obst im Grandhotel abgegeben. Sie aß kaum davon, lehnte auch eine Einladung zu einem Galadiner ab. Sie entwickelte einen hektischen, aber vergeblichen Tätigkeitsdrang. Sie konferierte mit Bankiers und Wirtschaftsexperten, trug ihnen neue Ideen vor, die weit mehr dem Reich der Phantasie als dem der Wirklichkeit entsprachen. Schon zu diesem Zeitpunkt könnten Zweifel an Charlottes Verstand angebracht sein.

Am 20. August stattete Napoleon der Kaiserin von Mexiko den Besuch ab, den die protokollarische Höflichkeit gebot. Bei dieser Gelegenheit teilte er ihr endgültig mit, daß Frankreich sich außerstande sehe, noch weiterhin etwas für Mexiko zu tun. Das französische Volk, dem er als Herrscher verpflichtet sei, könne keine weiteren Opfer mehr bringen. »Es wäre gut, wenn Eure Majestät sich keinen Illusionen mehr hingäben«, sagte er abschließend.

»Euer Majestät geht dieses Unternehmen zunächst an, und Sie dürfen sich nun ebenso wenige machen«, gab sie eisig zurück.[150]

Napoleon verbeugte sich, küßte ihr die Hand und verließ wortlos den Raum.

Einen Tag später erhielt Charlotte die schriftliche Mitteilung, daß sich Kaiser Napoleon zu seinem größten Bedauern nicht in der Lage sehe, die Wünsche der Kaiserin von Mexiko zu erfüllen.

Auch Maximilian gegenüber ließ der Kaiser der Franzosen nun jede Rücksicht fallen. »Es ist mir sehr peinlich«, schrieb er, »aber die Zeit der halben Maßregeln ist vorbei, nunmehr kann ich Mexiko unmöglich auch nur einen Taler oder einen Mann geben. Wenn Euer Majestät meinen, sich mit eigenen Kräften halten zu können, werden die Truppen vereinbarungsgemäß bis 1. Januar 1867 bleiben, bei einer Abdankung rate ich zu einem Manifest mit der Erklärung der unüberwindlichen Hindernisse, die zur Entsagung zwingen, dann soll noch in Anwesenheit der französischen Truppen eine Nationalversammlung irgendeine Regierung wählen, die einigermaßen Gewähr für Bestand bietet. Wir dürfen uns nicht in Illusionen wiegen.«[151] Der Ratschlag war hart und schonungslos, aber er war ehrlich. Maximilian hätte ihn befolgen sollen.

Der Brief, den Charlotte am 22. August 1866 aus Paris an ihren Gatten schreibt, zeigt deutlich, wie verwirrt ihr Geist bereits war. »Innig geliebter Schatz«, heißt es darin, »ich reise morgen früh von hier ab nach Miramare über Mailand, dies beweist Dir, daß ich nichts erreicht habe … Er [Napoleon] will nicht, und da hilft keine Gewalt, weil er die Hölle bei sich hat und ich nicht, … weil er auf der Welt das böse Prinzip ist und das Gute abschaffen will ... Für mich ist er der Teufel selbst ... Von Anfang bis Ende hat er Dich nie geliebt, weil er nicht lieben kann, er hat Dich fasziniert wie eine Schlange, seine Tränen waren falsch wie seine Worte, alle seine Handlungen Betrug ... Aus dem nächsten Einfluß dieser Hölle mußt Du Dich losmachen ... Ich glaube, Du sollst so lange wie möglich Dich behaupten, denn ist die Hölle draußen, so wäre es im Interesse Frankreichs und ganz Europas, in Mexiko ein großes Reich zu machen, und dies können wir tun ... Kannst Du Dich auf einheimische Elemente stützen, so ist die Sache möglich, aber nicht Franzosen trauen ... Wenn Europa klar wird über Deine Situation, so käme Geld von allen Seiten.«[152]

Die ersten Anzeichen von Verfolgungswahn machen sich bemerkbar. All ihre Bemühungen waren vergeblich und mußten es auch sein, weil ihr Gegner kein Mensch, sondern der Herr der Hölle war, Satan höchstpersönlich. Ihr Verstand verkraftete die Niederlage nicht, sie schob alle Schuld von sich ab, rettete sich in wirre Illusionen, die bar jeglicher Realität waren. Trotz allem, was sie in Paris erlebte hatte und was ihr selbst über die Lage in Mexiko bewußt war, wies sie immer noch jeden Gedanken an eine Abdankung von sich und unterstützte damit einen Weg, der Maximilian letztendlich ins Verderben führte.

Seltsam ist allerdings, daß, zumindest zu diesem Zeitpunkt, nur der Brief an Maximilian diese geistige Verwirrung zeigt, während Schreiben an andere Personen nichts davon aufweisen.

Kurze Ruhepause in Miramare

Charlotte hatte nur noch einen Wunsch: das Land, das sie so sehr enttäuscht hatte, schleunigst zu verlassen.

Man sollte aber Kaiser Napoleon Gerechtigkeit widerfahren lassen. Er war nicht der Unmensch, für den Charlotte ihn hielt. Er war kein absolutistischer Herrscher wie seinerzeit Ludwig XIV., sein Parlament, die Nationalversammlung, bedrängte ihn stark. Und diese hatte entschieden, daß das »Abenteuer Mexiko« zu beenden war. Napoleon hatte keine Wahl und wollte nicht seinen Thron aufs Spiel setzen. Wie wenig festgefügt der war, sollte sich wenige Jahre später zeigen.

Dennoch war die Art, wie der Kaiser der Franzosen mit Maximilian umging, schäbig. Aus eigensüchtigen Gründen hatte er ihn genötigt, die Krone anzunehmen. Nun ließ er ihn einfach fallen. Aber Edelmut und Treue sind in der Politik bekanntlich keine weit verbreiteten Tugenden und Verträge oft nicht das Papier wert, auf dem sie geschrieben sind.

Napoleons großer Fehler lag in der Überschätzung seiner Möglichkeiten, in der mangelnden Kenntnis des fernen, fremden Landes und der Mentalität der Bevölkerung, in dem Vertrauen in angebliche Experten, die sich selbst Illusionen machten. Als großen Eroberer hatte er sich gesehen, als würdigen Neffen seines berühmten Onkels, einer, der »la gloire«, den Ruhm Frankreichs, auch jenseits des Ozeans verbreitete. Ein Kaiserreich sollte gegründet werden, dessen Stifter Napoleon III. hieß. Der junge Erzherzog, der zweite Sohn eines großen Hauses, der sich eine Krone wünschte, schien ihm dazu der Richtige zu sein. Auch dieser war zu vertrauensselig, zu naiv. Verblendet von dem Glanz der Krone und dem Nimbus des Herrschers, eilte er mit fliegenden Fahnen in ein Land, in dem die meisten ihn gar nicht wollten. Und mit den wenigen, die ihn ursprünglich gewollt hatten, verdarb er es sich durch seine Politik. Und alle unterschätzten Juárez, der sich auch durch Rückschläge nicht beirren ließ und beharrlich sein Ziel verfolgte. Vor allem verkannte man in Europa die Macht der USA und deren Entschlossenheit, keine neuen fremden Herrscher auf ihrem Kontinent zu dulden.

Nun, da Charlotte vor der Abreise stand, erwies sich Napoleon als großzügiger Gastgeber. Er stellte ihr seinen Salonwagen zur Verfügung, und sie bekam jetzt alles, was sie bei ihrer Ankunft vermißt hatte: Empfänge, Truppenspalier, Musikkapellen. Doch jetzt machte es ihr keine Freude, und sie war froh, als das Reich des nun Verhaßten hinter ihr lag.

Italien hieß die Kaiserin von Mexiko mit großer Herzlichkeit willkommen. Sehr wohl erinnerte man sich hier der milden Herrschaft des ehemaligen Generalgouverneurs. Dennoch war Charlotte völlig erschöpft, als sie in der Villa ihres Vaters am Comer See ankam. Der Arzt riet ihr zu einem ausgedehnten Erholungsurlaub. Bestimmt hätte es ihren zerrütteten Nerven gutgetan, in jener herrlichen Umgebung gründlich auszuspannen, aber alle Mahnungen verhallten ungehört. Der Ehrgeiz, der trotz aller Mißerfolge noch immer in ihr brannte, ließ sie nicht zur Ruhe kommen, geschweige denn resignieren und die Abdankung in Betracht ziehen.

Schon nach wenigen Tagen hastete sie weiter. Überall wurde sie mit Ovationen empfangen, der König von Italien kam eigens nach Padua, um ihr seine Aufwartung zu machen. Von Venedig, das damals noch österreichisch war, reiste dann Charlotte per Schiff nach Triest, wo die kaiserliche Flotte vor Anker lag, an deren Ausbau Maximilian so großen Anteil gehabt hatte. Sie hatte gerade erst bei Lissa (heute Vis) einen großen Sieg über die Italiener errungen. Es war nicht auf die Flotte zurückzuführen, daß aufgrund unglücklicher Bündnisverhältnisse Venetien dennoch an Italien abgetreten werden mußte. Unter den brausenden Hurrarufen des Geschwaders ging Charlotte an Land.

Das Wiedersehen mit Miramare rührte sie zutiefst. Mit Tränen in den Augen ging sie durch die Zimmer, stellte glücklich fest, wie sehr die Pflanzen beim Gartenhaus gewachsen waren. Aber die Träume von Größe vermochte auch dieses Wiedersehen nicht zu verdrängen. »Plus ultra [immer weiter] lautete der Ruf Deiner Ahnen«, schrieb sie an ihren Gatten. »Karl der Fünfte zeigte den Weg. Du bist ihm gefolgt. Bereue es nicht. Gott stand hinter ihm.«[153]

Nur etwas mehr als zwei Jahre waren seit jenem Apriltag vergangen, an dem sie und Maximilian Miramare verlassen hatten, um in ihr neues Reich zu fahren. Dennoch waren die Menschen, die hier zurückgeblieben waren, erschrocken über die Veränderung, die mit ihrer Herrin vorgegangen war. Ihr Gesicht war hager geworden, die hektische Röte ihrer Wangen wirkte krankhaft, ihre Augen flackerten. Mit Befremden stellte man fest, daß sie trotz des sommerlichen Wetters immer einen Umhang und einen Schal trug. Die beiden Ärzte, Dr. Bohuslawek und Dr. Jilek, betrachteten sie verstohlen und mit wachsender Besorgnis. Die Damen in Charlottes Umgebung begannen zu tuscheln.

Nur Erzherzog Ludwig Viktor kam nach Miramare. Erzherzogin Sophie hatte ihn geschickt, um Nachrichten von Maximilian zu erhalten. Kaiser Franz Joseph, der einen Besuch bei der Flotte geplant hatte, würde ihn erst vornehmen, wenn Charlotte abgereist wäre. Die abweisende Haltung der österreichischen und belgischen Verwandten, die sie jetzt kränkte, hatte Charlotte sich selbst zuzuschreiben.

Ruhe fand sie auch in Miramare nicht. In einem Telegramm, das ihr die Ankunft seines Sekretärs Blasio ankündigte, setzte Maximilian sie davon in Kenntnis, daß die Stadt Tampico gefallen war, Bazaine einen Stützpunkt nach dem anderen räumte und die Truppen Juárez' überall vorrückten. Erneut geriet die Kaiserin in Panik. Eine ganze Nacht lang entwarf sie ein erneutes Hilfegesuch an Napoleon, das sie jedoch angesichts der in Paris erlittenen Demütigungen dann doch nicht abschickte. Verzweifelt suchte ihr verstörter Geist nach einem Ausweg. Schließlich entschloß sie sich, den Papst um seine Vermittlung zu bitten. Ihm konnte Napoleon doch nichts abschlagen!

Nur ein so getrübter Verstand wie der Charlottes konnte sich von einer Intervention des Papstes etwas erhoffen. Der Kirchenstaat war selbst auf Frankreich angewiesen. Das neue Königreich Italien würde ihn sich nur zu gerne einverleiben. Und der Papst verfügte weder über weltliche Macht noch über Geld und Truppen. Und Napoleon, obwohl ein katholischer Herrscher, billigte den Einfluß der Kirche auf sein Land nicht. Charlottes Plan war von vornherein zum Scheitern verurteilt.

Der Zusammenbruch

Die Reise nach Rom

José Luis Blasio, der Privatsekretär Kaiser Maximilians, gibt uns in seinen Memoiren einen anschaulichen Bericht über seine Eindrücke in Miramare und die anschließende Reise Charlottes nach Rom.

Auch er war entsetzt vom Aussehen der Kaiserin, deren Gesichtszüge bereits die Spuren einer tiefen seelischen Erschütterung trugen. Auch ihr Verhalten befremdete ihn; ihre Vorwürfe, sich auf der Reise reichlich Zeit gelassen zu haben, fand er reichlich ungerecht. Noch schlimmer aber dünkte ihn Charlottes Mißtrauen, vor allem ihr Verdacht, die Dokumente Maximilians könnten trotz Chiffrierung und unversehrter Siegel von einer anderen Person eingesehen worden sein. »Napoleon traue ich alles zu, er ist unser Todfeind«, bemerkte sie.[154]

Zu Recht fühlte sich Blasio gekränkt. Er bewunderte Maximilian und war ihm treu ergeben. Er wußte auch, daß der Kaiser seine pünktliche und korrekte Arbeit schätzte. Nachlässigkeit konnte man ihm gewiß nicht vorwerfen. Schließlich klärten ihn die beiden in Miramare anwesenden Ärzte über die beängstigende Veränderung Charlottes auf: Ihr Mißtrauen galt nicht nur ihm, sondern auch Personen, die seit Jahren in ihren Diensten standen.

Am 16. September um sechs Uhr früh verkündeten einundzwanzig Salutschüsse den Bewohnern von Miramare und Umgebung, daß die Kaiserin es sich nicht nehmen ließ, den

Jahrestag der mexikanischen Unabhängigkeit festlich zu begehen. Auf dem Turm wehte die mexikanische Flagge, daneben die Banner der belgischen und österreichischen Herrscherhäuser. Um neun Uhr kündete eine weitere Salve den Beginn der Messe in der Schloßkapelle an. Wie Blasio weiter berichtet, spielte am Nachmittag im Park eine österreichische Militärkapelle, und um fünf Uhr wurde im großen Speisesaal ein Bankett serviert. Charlotte, in großer Toilette und mit einem prachtvollen Diadem im Haar, schien alles zu genießen; vor allem die Ovationen, die ihr dargebracht wurden, vermittelten ihr wohl die Illusion, daß sich alles noch zum Guten wenden könne und die Monarchie in Mexiko noch zu retten sei.

Am nächsten Tag ordnete Charlotte an, die Reise nach Rom vorzubereiten. Wegen einiger Cholerafälle, die in Triest aufgetreten waren und Quarantänebestimmungen in Italien zur Folge haben könnten, entschied sie sich für den Landweg – bei den damals herrschenden rudimentären Bahnverbindungen ein reichlich abenteuerlicher Plan. Blasio und Schatzmeister Kuhacsevich erhielten den Auftrag, nach Villach zu fahren. Da die Bahnlinie dort endete, mußten für die Weiterreise Unterkünfte und Pferde besorgt werden.

Blasio beschreibt anschaulich die Stationen der Reise durch Kärnten, Nord- und Südtirol bis Brixen, wo es wieder per Bahn weiterging. Nach einigen Tagen erreichten sie Reggio nell' Emilia. Dort warteten General Márquez und der mexikanische Gesandte in Italien auf die Kaiserin. Da kam ein Telegramm aus Brixen, das den Reisenden befahl, sofort nach Miramare zurückzukehren. Charlotte hatte einen schlimmen Anfall von Übelkeit und nervösen Kontraktionen erlitten. Die Pläne mußten geändert werden. Gehorsam fuhren Blasio und seine Begleiter nach Mantua zurück, wo ihnen in einem weiteren Telegramm aufgetragen wurde, dort auf neue Befehle zu warten. Charlotte wolle nun doch zum Heiligen Vater nach Rom!

Für das Gefolge muß die Reise mit der Kaiserin eine ziemliche Zumutung gewesen sein. Ständig wechselten ihre Stimmungen, in harmlosen Menschen glaubte sie getarnte Spitzel Napoleons zu erkennen, die sie umbringen wollten.

Dabei hätte die Fahrt für Charlotte ein Triumphzug sein können. Überall wurden ihr unerwartete Huldigungen zuteil. In jedem Ort, durch den sie kam, versammelten sich die Menschen, um ihr zuzuwinken. In Mantua erwiesen ihr die Truppen der österreichischen Garnison alle Ehre; die ganze Stadt war hell erleuchtet. Empfänge und Diners wurden ihr zu Ehren veranstaltet. In Reggio nell'Emilia gab ein italienischer Graf für sie ein festliches Bankett, in Bologna bildeten italienische Bersaglieri-Regimenter ein Spalier vom Bahnhof bis zum Eingang ihres Hotels.

Der Menge gegenüber verhielt sie sich wie gewohnt, winkte lächelnd und dankte freundlich für das herzliche Willkommen, aber sobald sie allein war, schloß sie sich ein und wollte niemanden mehr sehen. Es kam auch vor, daß sie nur in Gesellschaft von Frau del Barrio in ihrem Zimmer speiste, wobei sich das Gespräch hauptsächlich um Gift und Giftanschläge drehte, denen viele Herrscher bereits zum Opfer gefallen seien. Auch ihre Eltern seien vergiftet worden! Alle Ehrerweisungen und Huldigungen vermochten nicht ihr Mißtrauen zu zerstreuen. Ihr kranker Geist hielt daran fest, daß ein Spion Napoleons Einsicht in die Papiere genommen habe, die Blasio aus Mexiko mitgebracht hatte.

Bei ihrer Ankunft in Rom war der Bahnhof taghell erleuchtet und festlich geschmückt. Eine riesige Menge drängte sich, um Charlotte zu sehen. Eine Abordnung von Kardinälen, in Rom akkreditierte ausländische Diplomaten und zahlreiche Angehörige des römischen Adels hießen sie willkommen. Die Nobelgarde bildete ein Spalier, und eine Eskorte von Kürassieren gab der Kaiserin von Mexiko und ihrem Gefolge das Geleit bis zum *Albergo di Roma,* wo ein ganzes Stockwerk für sie reserviert worden war. Aber die nächtliche Fahrt zum Hotel bei strömendem Regen und im Fackelschein und die schwarz gekleidete Frau in der Kutsche »machten eher den Eindruck eines prächtigen, nächtlichen Leichenbegängnisses als den des Empfangs einer jugendschönen Kaiserin«.[155]

Vielleicht wäre größtmögliche Ruhe für ihren Zustand zuträglich gewesen, doch das Wetter war schön, und Charlotte bestand darauf, Kirchen und Sehenswürdigkeiten zu besichtigen. Erschöpft und schweißgebadet kehrte sie von der Tour zurück, hatte jedoch vor, am Nachmittag auf den Monte Pincio zu fahren, der als beliebtester Corso der eleganten Welt Roms galt. Die Damen in den Kutschen wetteiferten im Glanz ihrer neuesten Toiletten, Reiter auf rassigen Pferden drängten sich in den schattigen Alleen.

Schon am nächsten Tag machte der engste und mächtigste Mitarbeiter von Papst Pius IX., Kardinalstaatssekretär Giacomo Antonelli, bei der Kaiserin von Mexiko einen Höflichkeitsbesuch. Er war ein hochgewachsener Mann mit gebieterischem Auftreten, das durch die purpurrote Soutane und den gleichfarbigen Schulterumhang noch unterstrichen wurde. Er war für die Koordination der Gesamttätigkeit der Kurie und der außenpolitischen Beziehungen des Heiligen Stuhls zuständig. Als er seiner Prunkkarosse entstieg, fielen alle vor dem Hotel wartenden Menschen auf die Knie, um den Segen von ihm zu erhalten. Charlotte erwartete ihn am oberen Treppenabsatz.

Es war nicht nur ein Höflichkeitsbesuch. Sein eigentlicher Zweck bestand darin, der Kaiserin von Mexiko klarzumachen, daß sie vom Vatikan keine Hilfe zu erwarten hatte. Mit seiner sonoren Stimme erinnerte der Kardinalstaatssekretär sie an die Verfehlungen, deren sich das Kaiserreich gegen die Kirche schuldig gemacht hatte, wie die Bestätigung der Konfiskation der Kirchengüter und die gewährte Religionsfreiheit, beides Hindernisse für den Abschluß eines Konkordats. Auf die Bitte um eine Intervention bei Napoleon antwortete der Kardinal ausweichend. In Wahrheit konnte und wollte er es sich mit dem Kaiser der Franzosen nicht verderben, denn der Vatikan brauchte ihn. Doch wider alle Vernunft ließ sich Charlotte ihre letzte Hoffnung nicht nehmen. Antonelli war nicht der Papst!

Ruhe fand die Kaiserin auch in Rom nicht. Es war ein ständiges Kommen und Gehen von Angehörigen des römischen Adels und des Klerus sowie von Diplomaten. Zu den ersten zählte das exilierte Herrscherpaar des Königreichs beider Sizilien, das in Rom im Palazzo Farnese lebte. Die Gattin Franz' II., des letzten Königs von Neapel und Sizilien, Marie, schrieb ihrer Schwester, der österreichischen Kaiserin Elisabeth, daß Charlotte bei ihrem Besuch sehr erregt gewesen sei und daß das Gespräch sich hauptsächlich um Gift gedreht habe.

Die Audienz

Die Audienz bei Papst Pius IX. war für den 27. September um elf Uhr vormittags angesetzt. Eine ganze Kolonne von Wagen fuhr vor dem *Albergo di Roma* vor. Charlotte, in schwarzer Toilette und einer schwarzen, auch das Haar bedeckenden Mantilla, bestieg mit Frau del Barrio den vierspännigen Galawagen, dessen Pferde von vier Lakaien in päpstlicher Galalivree geführt wurden. Mitglieder der Nobelgarde bildeten die Eskorte. Vor dem Eingang des Vatikans hielt der Zug an. Hohe Würdenträger des Vatikans, in altertümlicher Tracht mit Kniehose, Wams und weißer Halskrause, erwarteten die Besucher. Die Kaiserin, in Begleitung von Graf del Valle, stieg die Scala Regia genannte Treppe empor, an deren Seiten Soldaten der päpstlichen Schweizergarde ein Spalier bildeten. Ihre noch von Michelangelo entworfene Uniform bestand aus knielangen Pluderhosen, einem grellbunt gestreiften Rock, einem silbernen Helm mit weißen Federbuschen – als Waffe trugen sie eine blanke Hellebarde in der Rechten.

Am Ende mehrerer Galerien befand sich ein großer Saal. Der vierundsiebzigjährige Papst, bekleidet mit einer weißen Soutane und einem weißen Umhang, saß in einem goldenen Lehnsessel unter einem roten Baldachin. Zu beiden Seiten des Thrones standen zwei Gardesoldaten, um ihn herum eine große Gruppe geistlicher Würdenträger. Als Charlotte sich ihm näherte, erhob sich der Papst, um sie daran zu hindern, seinen Fuß zu küssen, wie es sonst Brauch war. Statt dessen reichte er ihr die Rechte und gestattete ihr nur einen Kuß auf seinen Ring. Der Papst erteilte den Anwesenden seinen Segen und geleitete dann Charlotte in einen Nebenraum.

Die Audienz dauerte über eine Stunde. Über den Inhalt der Gespräche gibt es nur Vermutungen. Fest steht nur, daß die Kaiserin dem Papst einen Entwurf für ein Konkordat überreichte und daß ihr trotz aller Freundlichkeit jegliche Hilfe verweigert wurde. Der Abschluß eines Konkordates hing vom Einverständnis der mexikanischen Bischöfe ab, die auf der Rückgabe ihres Eigentums bestanden.

Charlotte hatte also auch bei Pius IX. nichts erreicht. Wie Blasio berichtet, »schritt sie in Begleitung der Kardinäle und Prälaten die Scala Regia hinab bis zu dem Ort, wo die Kutschen abgestellt waren. Wir folgten ihr schweigend, gespannt auf eine Mitteilung über das Ergebnis der Audienz. Durch eine Menge von Schaulustigen fuhren wir vom Vatikan bis zum *Albergo di Roma.* Dort begleiteten wir besorgt Charlotte bis zum Salon des Hotels, wo wir ungeduldig auf ein Wort warteten, das unsere Unruhe zerstreuen mochte. Doch düster und verschlossen grüßte sie uns mit einem Kopfnicken und sagte kalt: ›Sie dürfen sich entfernen.‹ Dann gab sie Anweisungen, das Essen für sie allein auf ihr Zimmer zu bringen, schloß sich ein und war für niemanden zu sprechen … Wir alle waren zutiefst verstört. Am Nachmittag desselben Tages ließ Charlotte den Grafen del Valle rufen. Sie ersuchte ihn, mit den Militärbehörden zu vereinbaren, daß die Ehrenwachen und Musikkapellen ehebaldigst abgezogen würden, da sie keine Musik und keine Ehrenbezeugungen wünschte.«[156]

Da die Kaiserin wieder vollkommen normal erschien, entschloß sich der Papst gemäß den diplomatischen Gepflogenheiten zu einem Gegenbesuch. Dieser fiel kurz aus und war von streng protokollarischer Höflichkeit geprägt. Über Politik wurde nicht mehr gesprochen. Dann ließ Charlotte ihr Gefolge kommen, damit der Papst ihm seinen Segen spendete.

Es stellte sich jedoch bald heraus, daß der geistige Zustand der Kaiserin sich keineswegs gebessert, ihr Mißtrauen sich sogar noch verstärkt hatte. Obwohl sie durstig war, wies sie das Wasser zurück, das eine Hofdame ihr brachte. Beim Diner, zu dem sie geladen hatte, aß sie, sichtlich sehr hungrig, nur einige Nüsse und Orangen, deren Schalen sie sorgfältig auf etwaige Beschädigungen untersuchte.

Ihr Mißtrauen galt vor allem ihrem langjährigen Gefolge, dem Grafen del Valle, dem Ehepaar Kuhacsevich und Dr. Bohuslavek. Alle wurden verdächtigt, sie vergiften zu wollen. Da sie aus Angst vor Gift jedes Getränk im Hotel abgelehnt hatte und begreiflicherweise sehr unter Durst litt, kam sie auf eine abstruse Idee. Um acht Uhr früh ließ sie Frau del Barrio rufen und wies den Kutscher an, zur Fontana di Trevi zu fahren. Dort stieg sie aus, kniete am Beckenrand nieder und schöpfte mit den Händen Wasser heraus, das sie gierig trank. Dann gab sie dem Kutscher den Befehl, sofort zum Vatikan zu fahren. Verzweifelt versuchte Frau del Barrio, sie zurückzuhalten. Sie wandte ein, daß die Kleidung der Kaiserin keinesfalls der Etikette entsprach und sie keinen Schleier hatte. Doch davon wollte Charlotte nichts wissen. Herrscher stünden über der Etikette, wies sie die Mexikanerin zurecht.

Ihr verstörtes Aussehen, die dunklen, brennenden Augen, die hektisch geröteten Wangen bewogen die Wachen des Vatikans und die Kammerherren, ihr unverzüglich Einlaß zu gewähren. Vielleicht hatte es sich auch schon herumgesprochen, daß die Kaiserin von Mexiko nicht ganz zurechnungsfähig sei.

Papst Pius IX., der gerade die Messe gelesen und noch nicht gefrühstückt hatte, empfing sie sofort. Mit tränenüberströmtem Gesicht warf sich Charlotte ihm zu Füßen und flehte ihn an, ihr Gefolge zu verhaften. Alle, auch das Personal des Hotels, wollten sie vergiften! Sie stünden alle in Napoleons Sold. Nur im Vatikan fühle sie sich vor ihren Anschlägen sicher.

Der Papst versuchte sie zu beruhigen, verfuhr mit ihr wie mit einem kleinen Kind. Als ihm gemeldet wurde, das Frühstück sei bereit, ließ er eine zweite Tasse Schokolade kommen und lud Charlotte dazu ein. Doch sie bestand darauf, aus seiner Tasse zu trinken, denn ihre sei bestimmt vergiftet. Der Heilige Vater, der sich ihres verwirrten geistigen Zustands bewußt war, gestattete es ihr, worauf Charlotte wieder Vernunft annahm und in aller Ausführlichkeit von Mexiko sprach, ohne an Aufbruch zu denken.

Der Papst wurde allmählich ungeduldig; heimlich gelang es ihm, Kardinal Antonelli eine Nachricht zukommen zu lassen. Er beauftragte ihn, zwei als Kammerherren verkleidete Ärzte zu schicken und dafür zu sorgen, daß die von Charlotte verdächtigten Personen ihres Gefolges in ein anderes Hotel untergebracht würden. Ihr machte man weis, sie seien verhaftet worden. Außerdem gab er die Anweisung, den König der Belgier von den Vorfällen zu unterrichten. Endlich gelang es ihm auch, Charlotte in die Bibliothek zu locken. Während sie mit Interesse ein seltenes Manuskript betrachtete, konnte sich der Papst unauffällig entfernen.

Inzwischen war es Mittag geworden. Da Charlotte aber nicht gewillt war, ins Hotel zurückzukehren, hatte man keine andere Wahl, als sie zum Essen einzuladen. Sie aß jedoch nicht von ihrem Teller, sondern nur von dem Frau del Barrios. Erst abends glückte es mit List, sie in ihr Hotel zu bringen.

Doch als sie bemerkte, daß die Schlüssel des Appartements innen fehlten, erlitt sie einen hysterischen Anfall, behauptete, draußen würden schon ihre Mörder warten, und bestand darauf, in den Vatikan zurückzukehren. Um größeres Aufsehen zu vermeiden, blieb dem als Kammerherrn verkleideten Arzt nichts anderes übrig, als nachzugeben.

Es war schon zehn Uhr abends, als die völlig verstörte Frau zum Entsetzen aller Anwesenden wieder im Vatikan auftauchte. Dort erklärte sie, lieber auf dem blanken Boden schlafen zu wollen, als ins Hotel zurückzukehren. Zwar war es in der sittlich lockeren Zeit der Renaissance, etwa unter dem Borgia-Papst, bestimmt nicht ungewöhnlich, daß Frauen im Vatikan genächtigt hatten – aber das war Jahrhunderte her. Für das Jahr 1866 war es eine große Ausnahme.

Auch der Papst, der sich schon zur Ruhe begeben hatte, resignierte. Einen Skandal wollte auch er nicht heraufbeschwören, denn Charlotte war schließlich eine mit den berühmtesten Herrscherhäusern Europas eng verwandte Kaiserin, und darauf mußte man Rücksicht nehmen. In aller Eile wurde ein Raum der Vatikanischen Bibliothek in ein Prunkschlafzimmer umgewandelt und Charlotte zur Verfügung gestellt. Der Arzt verabreichte ihr mit einer Tasse heißer Milch ein Schlafmittel, und sie schlief ein. Nur Frau del Barrio blieb aus Sorge um ihre Herrin die ganze Nacht wach.

Doch für die päpstlichen Würdenträger war der Alptraum noch nicht ausgestanden. Auch am nächsten Tag weigerte sich Charlotte, den Vatikan zu verlassen, wo sie sich sicher fühlte. Sie aß nur von den Speisen, die für den Papst zubereitet worden waren, und war überzeugt, bald sterben zu müssen. An Maximilian schrieb sie: »Heißgeliebter Schatz, ich verabschiede mich von Dir. Gott ruft mich zu sich. Ich danke Dir für das Glück, das Du mir immer geschenkt hast. Gott segne Dich und gewähre Dir die ewige Seligkeit.«[157]

Da sie auch zu keiner Spazierfahrt, zu keiner Besichtigung zu überreden war, griff Kardinal Antonelli wieder zu einer List. Er bat die Oberin eines nahegelegenen Waisenhauses, Charlotte mit dem Bemerken einzuladen, wie glücklich die Kinder über ihren Besuch wären. Die Kaiserin willigte ein, benahm sich völlig normal, stiftete Geld und besichtigte bereitwillig das ganze Haus, auch die Küche, in der gerade das Mittagessen vorbereitet wurde. Hungrig wie sie war, machte sie eine anerkennende Bemerkung über den Duft des Ragouts, worauf eine Schwester ihr eine Kostprobe anbot. Da bemerkte Charlotte einige Flecken auf dem Messer, mit dem die Nonne ein Stück Fleisch abschnitt. Sofort schrie die Kaiserin auf, das seien Giftspuren, und ehe sie jemand daran hindern konnte, griff sie tief in den Kessel, in dem die Speise noch siedete, und holte ein anderes Stück heraus, das sie gierig verschlang, ohne zu berücksichtigen, daß sie sich verbrennen konnte. Als sie den Schmerz spürte, sank sie in Ohnmacht. Da bot sich die Gelegenheit, sie mit Hilfe zweier kräftiger Gardisten ins Hotel zu bringen. Es hieß sogar, man habe sich dazu einer Zwangsjacke bedienen müssen. In Windeseile verbreitete sich in Rom das Gerücht, daß die Kaiserin von Mexiko verrückt geworden sei.

Wieder im Albergo di Roma

Ohne Wissen Charlottes beriet sich ihr Gefolge, was weiter zu geschehen habe. Man kam überein, Dr. Bohuslavek nach Mexiko zu schicken, um Kaiser Maximilian Bericht zu erstatten.

Inzwischen hatte Charlotte Frau Kuhacsevich zu sich rufen lassen, um ihr mitzuteilen, daß sie sich nie wieder bei ihr blikken lassen dürfe, sei sie doch eine bezahlte Agentin Napoleons. Die arme Frau, die nicht wußte, wie ihr geschah, warf sich ihrer Herrin zu Füßen und beteuerte ihre Unschuld. Doch Charlotte beharrte auf ihrer Anklage: »Fort mit Ihnen!« schrie sie. »Und lassen Sie Ihre Komplizen wissen, daß ich Ihr Spiel durchschaue und die Verräter kenne. Sagen Sie Graf del Valle, Ihrem Gatten und Dr. Bohuslavek, daß sie flüchten sollen, wenn sie nicht sofort verhaftet werden wollen. Und Ihnen rate ich das gleiche, denn ich will Ihren Namen nie wieder hören.«[158]

Gleich darauf fuhr sie mit Frau del Barrio zu einem Brunnen, um dort einen Krug mit Wasser zu füllen, das wenigstens nicht vergiftet war. Frau del Barrio und die Zofe Mathilde Doblinger waren die einzigen, die noch das Vertrauen der Kaiserin genossen. Auf deren Anweisung mußte die Zofe einen kleinen eisernen Ofen, Kohle, zwei lebende Hühner und einen Korb Eier besorgen, um in Zukunft Charlottes Mahlzeiten vor ihren Augen zuzubereiten. Fortan trank sie nur noch Wasser, das sie selbst aus dem Springbrunnen abfüllte. Sogar Obst und Brot waren vermeintlich vergiftet. Die bedauernswerte Kammerzofe mußte also auf dem Markt die Hühner kaufen, schlachten, rupfen und ausnehmen, um sie dann zuzubereiten. Ein Alptraum für den Direktor eines so vornehmen Hotels!

Schlimm waren die Nächte, denn Charlotte ließ sich weder entkleiden noch zu Bett bringen, sondern lief ruhelos im Zimmer umher. Erst gegen Morgen war sie dazu zu bewegen, ein wenig auf dem Sofa auszuruhen.

Erst am 5. Oktober entschlossen sich die mexikanischen Würdenträger, Kaiser Maximilian telegraphisch über die Erkrankung seiner Gattin an Gehirnfieber zu informieren. König Leopold II. hatte inzwischen angekündigt, daß sein Bruder, der Graf von Flandern, am 7. Oktober in Rom eintreffen werde, um seine Schwester nach Miramare zu bringen. Dort würden renommierte Spezialisten sie untersuchen und weitere Maßnahmen treffen. Kaiser Franz Joseph, der von der Erkrankung seiner Schwägerin unterrichtet worden war, kündigte die Entsendung des Psychiaters Dr. Riedel nach Miramare an.

Am Morgen desselben Tages befahl die Kaiserin Blasio zu sich, um ihm einige Dekrete zu diktieren: »Charlotte, Kaiserin von Mexiko, in Anbetracht der Tatsache, daß Herrr Juan Suárez Perfedo, Graf del Valle de Orizaba, unser Großkammerherr, an einer Verschwörung gegen das Leben der Herrscherin beteiligt war, erachten wir es für notwendig, ihn seiner Ämter zu entheben, und geht dieser hiermit aller seiner Titel, Ämter und Würden verlustig und hat sich vom Hof zu entfernen und niemals wieder an diesen zurückzukehren. Dieser Beschluß wird Seiner Majestät Kaiser Maximilian kundgetan und von unserem Intendanten der Zivilliste und Minister des kaiserlichen Hauses unterschrieben und zur Kenntnis genommen.«[159] Gleichlautende Schriftstücke betrafen del Barrio, Dr. Bohuslavek, das Ehepaar Kuhacsevich und Castillo. Letzterer, der sich angeblich gar nicht mehr in Rom befand, sollte also seine eigene Absetzung unterschreiben!

Um die Kranke nicht zu erregen, fertigte Blasio gehorsam die verlangten Schriftstücke aus. Mit Entsetzen stellte er die Veränderung fest, die in der Kaiserin vorgegangen war, ihr hager gewordenes Gesicht, die ungesunde Röte ihrer Wangen, den mal funkelnden, mal leeren Blick. Das Bett war offensichtlich tagelang nicht mehr benutzt worden, auf einem Tisch stand ein kleiner Ofen, daneben der Krug, mit dem Charlotte selbst Wasser holte, sowie einige Eier; unter dem Tisch waren Hühner angebunden.

Es war erschütternd zu sehen, was aus dieser so intelligenten Frau geworden war. Ihr Zustand wechselte ständig. Es gab Stunden, da schien sie ganz normal, elegant wie eh und je; dann aber sah sie wieder völlig ungepflegt aus, mit wirrem Haar, da der Kamm ja vergiftet sein könnte.

Am 6.Oktober traf Graf Bombelles aus Miramare ein. Mit ihm fuhr Charlotte am nächsten Tag zum Bahnhof, um ihren Bruder abzuholen. Sie freute sich sichtlich, ihn wiederzusehen und von der Familie zu hören, warnte ihn aber sogleich davor, im Hotel zu essen, denn dort sei alles vergiftet.

Zwei Tage später wurde auf dem Bahnhof ein Sonderzug bereitgestellt, der die Kaiserin von Mexiko und ihren Bruder nach Ancona brachte, von wo aus sie sich nach Triest einschifften. Zum Abschied hatten sich der belgische Gesandte, der österreichische Geschäftsträger und der Abgesandte des Heiligen Stuhles eingefunden, die einen schriftlichen Segensgruß des Papstes überreichten.

In Miramare erwartete sie Maximilians treue Dienerschaft, alle Räume waren mit Blumen geschmückt. Aber dort befanden sich auch die angekündigten Spezialisten, um sie zu untersuchen. Doch auch die Heimkehr brachte keine Besserung ihres Zustands. Der Wahn ließ sie nicht mehr los.

Was war schuld an Charlottes Zusammenbruch?

Darüber lassen sich nur Vermutungen anstellen. Charlotte war schon immer introvertiert gewesen. Das lag wohl schon in ihrem Charakter, aber der frühe Tod der Mutter, der dominante verehrte Vater, der keine Vertraulichkeiten zuließ, der Mangel an Freunden und die Pflichten, die man der Jugendlichen zumutete, hatten diesen Wesenszug noch verstärkt. In ihrem Leben hatte sie sich eigentlich nur ihrer Erzieherin, Gräfin d'Hulst, öffnen können, aber auch diese verließ bald den Brüsseler Hof. Da es in ihrer frühen Jugend niemanden gab, dem sie ihre Freude und ihre Sorgen hätte anvertrauen können, fiel es ihr später immer schwerer, sich mitzuteilen. Gleichrangige waren nicht vorhanden, und Untergebene kamen dafür nicht in Frage. Das hätten weder ihr Stolz noch ihre Vorstellung von Würde zugelassen. Von Kindheit an war es ihr eingehämmert worden, daß Beherrschung, Contenance, zu den wichtigsten Eigenschaften einer Prinzessin zählte. Maximilian, dem Gefährten ihres Lebens, vermochte sie ihr Inneres offensichtlich auch nicht zu enthüllen. Mit ihm sprach sie über Mexiko und über Politik.

Alles mit sich selbst auszumachen, Würde und Beherrschung zu zeigen, scheinbar über den Dingen zu stehen, alles zu bewältigen, was auf sie zukam, war zu einem beherrschenden Teil ihres Lebens geworden. Ihre Heirat, die sie zunächst für die Erfüllung ihrer geheimsten Sehnsüchte hielt, hatte ihre Erwartung auf die Dauer nicht erfüllen können. Schon früh war es zu einer Entfremdung zwischen dem Ehepaar gekommen. Auch sonst erwies sich so manche Hoffnung als trügerisch. Ihr Gatte wurde als Generalgouverneur der Lombardei und Venetiens abgesetzt, es blieb nur die Rückkehr nach Miramare übrig, auf einen Posten ohne besondere Bedeutung.

Endlich schöpfte sie neue Hoffnung: die Kaiserkrone von Mexiko. Mit großem Elan und mit glühender Begeisterung stürzte sich Charlotte, noch mehr als ihr Mann, auf diese neue Aufgabe. Sie war es, die den manchmal Zögernden antrieb, von neuem überzeugte und ihre ganze Kraft einsetzte, um auftauchende Hindernisse aus dem Weg zu räumen. Insgeheim mag sie auch gehofft haben, daß die gemeinsame Arbeit neues Eheglück mit sich bringe. Wenn es der Fall war, dann war es von kurzer Dauer.

Charlotte blieb nichts anderes übrig, als sich mit ihrer Einsamkeit abzufinden. Ihr Traum, ihr Wunsch, ihrem Mann ein Kind und der Dynastie Mexikos einen Erben zu schenken, war nicht in Erfüllung gegangen. Besonders tief traf es sie, als sie erfuhr, daß Maximilian ihr nicht treu war und die Erfüllung seiner sexuellen Bedürfnisse, die sie offensichtlich nicht befriedigen konnte, in flüchtigen Abenteuern suchte. Schlimmer noch, daß es angeblich sogar ein Indiomädchen, die Frau oder Tochter eines Gärtners, gab, das ein Kind von ihm bekommen hatte...Charlotte flüchtete sich in einen Traum, an dessen Erfüllung sie mit jeder Faser ihres Herzens glaubte: Mexiko. Ein blühendes Reich sollte entstehen, an dem sie ihren Anteil hatte. Wenn sie schon nicht Frau und Mutter sein durfte, dann wollte sie wenigstens eine gute Kaiserin sein.

Wie gering die Chancen waren, diesen Traum zu erfüllen, wollten weder sie noch Maximilian wissen. Er zerrann an der harten Wirklichkeit. Persönliche Schicksalsschläge kamen hinzu: der Tod des geliebten Vaters, unmittelbar gefolgt von dem der Großmutter. Nun gab es gar niemanden mehr, der bedingungslos zur ihr stand. Einzig die Illusion blieb, ihren großen Traum zu retten. Sie mußte Napoleon überzeugen, Mexiko auch weiterhin zu helfen und zu seinem Wort zu stehen. Die Erkenntnis, bei ihm gescheitert zu sein, hatte sie nicht mehr verkraftet.

Ihr bereits zerrütteter Geist gaukelte ihr noch einen letzten Schimmer von Hoffnung vor: Rom, der Papst. Die Tatsache, daß sie auch dort keinen Erfolg hatte, wurde ihr zum Verhängnis. Die Hilfe, die Charlotte so sehr erhofft und für die sie alle Kraft eingesetzt hatte, war nicht gekommen. Schon seit einiger Zeit hatte ihre nähere Umgebung ihre steigende Nervosität bemerkt. Der neuen Belastung war sie trotz all ihrer Energie und zur Schau getragenen Stärke nicht mehr gewachsen.

Schuldgefühle mögen hinzugekommen sein. Sie war der treibende Geist der »Unternehmung Mexiko« gewesen. Maximilian hatte sich zwar auch nach einer Stellung gesehnt, die seiner würdig war, aber ebensosehr hing er an Miramare und an seiner Flotte. Viel Glück hatte Mexiko ihnen beiden nicht gebracht. Wenn sie jetzt als gescheiterte Hasardeure nach Österreich zurückkehren mußten, dann empfand sie es als ihre Schuld.

War wirklich Gift im Spiel?

Man hat wilde Spekulationen darüber angestellt, daß Charlotte in Yucatán vergiftet worden sei. Angeblich wurden ihr dort Pilze vorgesetzt, die in großer Dosis tödlich wirken, in geringer zu Halluzinationen und zu einer allmählichen Geisteszerrüttung führen sollen. Toluache sollen diese Pilze heißen. Eine vage Vermutung, aber kein Beweis.

Es ist gut möglich, daß es derartige Pilze oder Pflanzen in Mexiko gibt. Aber wer sollte ein Interesse daran gehabt haben, die Kaiserin zu vergiften? Jemand, der sich aus persönlichen Gründen an ihr rächen wollte?

Gerd Mesenholm schreibt in seinem Buch über das Kaiserreich Mexiko, in dem er angebliche Briefe von Hidalgo an Gutierrez zitiert, von der Notwendigkeit, die Aktivität der allzu liberalen Kaiserin zu bremsen und ihren Einfluß auf den Kaiser einzuschränken, weil dadurch die Interessen der konservativ-klerikalen Partei beeinträchtigt würden. Er erwähnt ein Tonikum aus einem Pilz namens Teyhuinte. Bleibende Schäden solle Charlotte dabei aber nicht davontragen. War das etwa die Erklärung für ihre geistige Verwirrung? Allerdings darf nicht außer acht gelassen werden, daß dieses Werk eine eher romanhafte Aufbereitung der historischen Tatsachen ist. Oder kam noch etwas anderes, Schwerwiegendes hinzu, das die Geisteskrankheit auslöste? Eine geheime, persönliche Schuld, die Charlotte auf sich geladen hatte?

Das Ende des Kaiserreichs

Die Entscheidung

Ein Kaiserreich im Niedergang

Maximilian hatte den Eindruck, als nähmen die Unglücksbotschaften überhaupt kein Ende mehr: zuerst Charlottes verzweifeltes Geständnis, daß ihre Intervention bei Napoleon, auf die sie beide so sehr gehofft hatten, vergeblich gewesen sei; gleich darauf der Brief Napoleons, der ihm nicht nur schonungslos bestätigte, daß er für Mexiko nichts mehr tun könne, sondern zudem bereits mit seiner Abdankung rechnete. Am besten sei es, eine Nationalversammlung einzuberufen, die für eine neue, stabile Regierung sorge. Vergessen war der Vertrag von Miramare, vom Winde verweht alle Garantien und großspurigen Versprechungen. Die wirtschaftlichen Vorteile, die Frankreichs Größe und Macht dienen sollten, hatten sich nicht eingestellt. Der Plan war gescheitert. Höchste Zeit, ihn so schnell wie möglich zu vergessen und sich anderen Zielen zuzuwenden.

Es hatte lange gedauert, bis Maximilian durchschaut hatte, daß er in seiner zweieinhalbjährigen Amtszeit als Kaiser von Mexiko für Napoleon III. nichts anderes gewesen war als ein Spielball, eine Marionette, an deren Fäden der Kaiser der Franzosen nach Belieben zog.

Diese Erkenntnis war bitter, aber noch schwerer traf ihn Charlottes Zusammenbruch, vor allem, als er von seinem Hausarzt Dr. Basch erfuhr, welcher Spezialist nach Miramare gekommen war, um seine Diagnose zu stellen: Professor Riedel, der Direktor der Irrenanstalt Steinhof in Wien. Es bestand kein Zweifel mehr, Charlotte war geisteskrank.

Über die Vorgänge in Geist und Seele verfügte man damals über nur unzureichende Kenntnisse. Die Aufgabe, die Ihre Majestät sich gestellt hatte, und die bittere Erkenntnis, dabei versagt zu haben, hätten sie einfach überfordert, meinte Dr. Basch und fügte tröstend hinzu, daß der Spezialist in Miramare die Hoffnung auf Genesung nicht ganz aufgegeben habe.

Der Kaiser, um dessen Gesundheit es gerade nicht gut bestellt war – ein schwerer Malariaanfall quälte ihn –, war völlig bestürzt. Sein erster Impuls war, abzudanken und nach Europa zurückzukehren. Stefan Herzfeld, der schon in Triest sein Adjutant und treuer Freund gewesen war und nun seinen Posten als Generalkonsul in Wien im Stich gelassen hatte, um Maximilian in Mexiko beizustehen, beschwor ihn seit Wochen, der Stimme der Vernunft zu folgen. Das Kaiserreich sei am Ende, die Stellung nicht mehr zu halten. Es sei höchste Zeit, sich in Sicherheit zu bringen.

Die Erkenntnis, daß das Ende kaum mehr abzuwenden war, beherrschte auch die Wiener Zeitungen. Die *Neue Freie Presse* vom 6. Oktober 1866 berichtete über die »Krise in Mexiko« wie folgt: »Das mexikanische Kaiserreich liegt im Sterben. Die französischen Ärzte, die ihm hiebei Assistenz leisten, gestehen offen, daß es mit Riesenschritten dem Ende entgegengeht … Kapitulation vor dem verachteten ›Indianerhäuptling‹, ruhmloser, fluchtähnlicher Abzug der Krieger der großen Nation, das ist das baldige Ende der abenteuerlichen neuen Conquista, welche der Kaiser der Franzosen als sein genialstes Werk betrachtete … Das Herz der Franzosen hat sich nie dafür zu erwärmen vermocht … Man [das Parlament] wird der Nation vorrechnen, daß das Leben von 50 000 braven Soldaten und die Summe von nahezu einer Milliarde Francs auf ein Abenteuer vergeudet wurde.«

Nach einem Bericht aus New York »hatten die Verluste [der Kaiserlichen] … den Republikanern den Mut gegeben, energischer vorzudringen … und in einer gefahrdrohenden Weise den Staat von Veracruz mit vielen Detachements zu überschwemmen ... Die Gefahr für das Kaiserreich ist dadurch noch erhöht, daß die nordamerikanische Nation, die stets mit lebhaftem Interesse die Ereignisse in Mexiko verfolgt, sich nun durch tatsächliche Unterstützung an der nationalen Bewegung der Mexikaner beteiligt. Nicht allein, daß in jüngster Zeit wohl an 90 Millionen Dollar für diesen Zweck gezeichnet worden sind, auch Freiwillige, unter ihnen manche tüchtigen Offiziere, dringen massenweise über den Rio Grande, um sich Präsident Juárez zur Verfügung zu stellen ... Sowohl um das verlorene Terrain wiederzugewinnen, als auch die Lücke auszufüllen, die der Abzug der Franzosen hinterläßt, war die [kaiserliche] Regierung anfangs entschlossen, aus den Eingeborenen des Landes eine Armee zu organisieren. Aber dieser Plan mußte sehr bald als undurchführbar beiseite geschoben werden, einesteils wegen der Unzuverlässigkeit solcher anzuwerbenden Truppen, andernteils wegen der großen Geldkalamität, in welcher sich die Regierung befindet ... Voraussichtlich also sind die Tage des Kaiserreiches gezählt.«

Das französische *Mémorial Diplomatique* bediente sich zum erstenmal einer Sprache, die dem Kaisertum keinen Funken Hoffnung mehr ließ, was um so erstaunlicher ist, da gerade dieses Blatt die Verherrlichung des transatlantischen Kaiserthrons zu seiner vorrangigen Aufgabe gemacht hatte. Dort war zu lesen: »In dem Maße, in dem die Franzosen sich zurückziehen, rücken die Dissidenten vor und besetzen, ohne auf Widerstand zu stoßen, die Städte und das flache Land. Die durch Anhänglichkeit an die kaiserliche Regierung am meisten kompromittierten Familien verlassen Hab und Gut und folgen dem Nachtrab der abziehenden Armee. Die Juaristen, die beinahe unbestritten Herren im Norden und Nordwesten sind, erheben gleichfalls im Süden ihr Haupt. Sie unterbrechen die Verbindung der bedeutendsten Städte untereinander und mit den Häfen beider Weltmeere und schließen die Hauptstadt in immer engeren Kreisen ein.« Und die *Neue Freie Presse* vom 7. Oktober 1866 berichtete: »Das Schicksal der Kaiserin erregt hier allgemeine und aufrichtige Teilnahme. Bei den einen wurzelt es in der Anerkennung der hohen persönlichen Vorzüge der unglücklichen Frau, bei anderen regt sich wohl auch etwas wie Gewissen. Übrigens glaubt und hofft man allgemein, daß die Rückkehr ihres Gemahls und der Eindruck des Wiedersehens von sehr wohltätigem, ja vielleicht entscheidendem Einfluß auf die Wiederherstellung der hohen Dame sein würde.«

Hatte Kaiser Franz Joseph diese Meldungen nicht gelesen? Berichtete der Minister des Kaiserlichen Hauses, der zugleich Außenminister war, ihm nicht über die prekäre Lage in Mexiko? Wäre es nicht damals an der Zeit gewesen, den Bruder wieder in seine alten Rechte einzusetzen und ihm auf diese Weise die Rückkehr in die Heimat zu erleichtern? Oder war jene Rückkehr am Ende gar nicht erwünscht?

Doch nun zurück zu Maximilian. Am 18. Oktober schien sein Entschluß festzustehen. Der Kommandant der im Hafen von Veracruz liegenden österreichischen Korvette *Dandolo* wurde über die baldige Ankunft des Kaisers verständigt, die nötigen Vorbereitungen zur Abreise wurden getroffen.

Maximilian teilte Bazaine mit, daß er die Absicht habe, sich aus gesundheitlichen Gründen nach Orizaba zu begeben, das auf dem Weg nach Veracruz lag. Herzfeld atmete erleichtert auf. Doch er hatte die Rechnung ohne Pater Fischer gemacht.

Die verhängnisvolle Rolle von Pater Fischer

Der Jesuitenpater hatte es sich auf Kosten des mexikanischen Kaiserreichs in Rom nicht schlecht gehen lassen, war aber unverrichteter Dinge nach Mexiko zurückgekehrt. Das versprochene Konkordat hatte er zwar nicht mitgebracht, seinen Einfluß auf Maximilian dennoch nicht verloren. Auch Herzfeld ließ sich von Pater Fischers jovialer Art täuschen. Er hielt ihn für einen echten Freund des Kaisers und zog ihn ins Vertrauen.

Als Fischer von den neuesten Plänen des Kaisers erfuhr, horchte er argwöhnisch auf. Eine Abdankung und Abreise des Kaisers bedeutete das Ende seiner Karriere. Auch bei der gesamten konservativen Partei herrschte tiefe Bestürzung. Entsetzt fragten sich ihre Anhänger, was denn aus ihnen werden solle, wenn der Kaiser das Land verließ, denn dann hätten Juárez und seine Anhänger freie Bahn. Und die würden gewiß nicht gerade sanft mit ihnen umgehen.

Doch Pater Fischer war nicht nur ein Meister der Überredungskunst, er war auch eine Kämpfernatur. Den Kampf um Maximilian gab er noch lange nicht verloren. Er kannte dessen Wankelmütigkeit, und solange er sich noch im Land befand, bestand noch Hoffnung. Der Jesuit gab sich wie immer als guter Freund, voller Mitleid für das Unglück, das den Kaiser getroffen hatte, besorgt um die Gesundheit des Herrschers und seiner Gattin. Aber er machte sich zugleich Sorgen um die Ehre und Würde des Kaisers und des erlauchten Hauses, dem dieser entstammte.

Konnte er wirklich so einfach das Land verlassen, ohne sich um die Österreicher und Belgier zu kümmern, die noch immer für ihn kämpften, um all seine Anhänger, die schutzlos zurückbleiben würden? Sie alle im Stich zu lassen war doch weder mit der Ehre eines Kaisers von Mexiko noch mit der eines österreichischen Erzherzogs zu vereinbaren.

Abdanken, fliehen, aufgeben: Mit diesen Begriffen hatte Napoleon III. den schwankenden Maximilian bewogen, die Krone Mexikos anzunehmen, und Charlotte ihre verhängnisvolle Europareise durchgesetzt. Worte wie diese hatten damals ihre Wirkung auf den Kaiser nicht verfehlt.

Aber noch immer war Maximilian nicht vollends entschlossen zu bleiben. Doch Pater Fischer gab sich noch nicht geschlagen und empfahl dem Kaiser, im Interesse seiner Gesundheit nur nach Orizaba zu reisen und sich viel Zeit dafür zu nehmen. Er wußte, daß dort viele Konservative lebten und es nicht schwierig sein würde, mit einem prächtigen Empfang den Kaiser zu beeindrucken und ihn von der Treue seiner Anhänger zu überzeugen.

Tatsächlich waren Tausende von Indios zur Stelle. Mit Palmzweigen in der Hand umringten sie die kaiserliche Kutsche, während Feuerwerkskörper knallten, die Kirchenglocken läuteten und unzählige Menschen in den Ruf ausbrachen: »Viva el Emperador!« Maximilian war zwar beeindruckt und gerührt, aber sein Entschluß, abzudanken, stand fest. Gemeinsam mit Herzfeld setzte er ein Manifest auf, in dem er seine Abdankung ankündigte und eine Regentschaft in Aussicht stellte, die bis zur Bildung einer neuen Regierung durch einen Kongreß Regierungsgewalt haben sollte. Veröffentlicht wurde das Manifest allerdings noch nicht, denn wieder schaltete sich Pater Fischer ein. Er hatte inzwischen erkannt, wer sein wahrer Gegner war. Nicht der Kaiser, sondern Herzfeld, der vor allem das Wohl seines Freundes im Auge hatte. Seinem Einfluß durfte der Kaiser nicht länger ausgesetzt werden. Tatsächlich gelang es Pater Fischer mit List und Intrige, Herzfeld aus der Nähe des Kaisers zu entfernen. Maximilian schickte ihn voraus nach Europa, um seine Ankunft vorzubereiten.

Der treue und arglose Herzfeld tat ein übriges und schrieb aus Havanna dem Pater einen Brief, in dem er ihn mit bewegenden Worten beschwor, sich für die baldige Abreise des Kaisers einzusetzen. »Jede Stunde Verzug wird zur furchtbaren Gefahr«, schrieb er, »die Vorwände, unter denen der Kaiser zurückbleibt, sind nichtig. Fort aus diesem Land, das in den nächsten Wochen der Schauplatz der blutigsten Bürgerkriege wird … Erfüllen Sie nun die Pflichten der Religion, retten Sie den Kaiser, den Menschen.«[160] Herzfeld sah die Lage mit prophetischer Klarheit. In gutem Glauben wandte er sich an Pater Fischer und machte damit, wie das Sprichwort sagt, den Bock zum Gärtner.

Obwohl Maximilian noch immer seine endgültige Entscheidung hinausschob, gewann die konservative Partei mit der tatkräftigen Unterstützung des wortgewaltigen Paters immer mehr an Einfluß. Dazu trugen auch die Generäle Miramón und Márquez bei, die aus Europa zurückgekehrt waren und ebenfalls den Kaiser beschworen, nicht aufzugeben.

Am 25. November 1866 tagte in Orizaba der Staatsrat. Er sollte über den Verbleib des Kaisers entscheiden. Er bestand aus achtzehn Räten, davon vier Minister, deren Stimmen doppelt zählten. Das Ministerium bot an, beträchtliche Geldsummen flüssig zu machen, während Miramón und Márquez die Aufstellung eines schlagkräftigen Heeres versprachen. Sie stellten 15 Millionen Pesos jährlich in Aussicht. So wäre es möglich, die vorhandenen Truppen auf 30 000 Mann zu erhöhen und damit das Reich zu retten.

Die Zusagen waren völlig aus der Luft gegriffen, die Anhänger Juárez' errangen einen Erfolg nach dem anderen. Jedem klar denkenden Menschen mußte es völlig schleierhaft erscheinen, wie man unter diesen Umständen etwas vollbringen könnte, was Marschall Bazaine mit seinen Truppen nie gelungen war. Es war ein Jonglieren mit Zahlen, die jeder Realität entbehrten, ein Betrug am Kaiser, um die eigene Haut zu retten.

Später wird die *Neue Freie Presse* darüber schreiben: »Angesichts der furchtbaren Überzahl war dies ein verzweifeltes Beginnen. Dazu kam, daß die Klerikalen ihr Versprechen nicht hielten und die 20 Millionen Piaster niemals flüssig wurden.«

Der Zeitung vom 1. Juli 1867 zufolge ließ sich Maximilian davon abbringen, das Land zu verlassen, erst »durch den verhängnisvollen Einfluß jener geistlichen Ratgeber, denen auch die Fürsten nichts anderes sind als Mittel zum Zweck. Die ihn ins Land gerufen, hielten ihn zu seinem Unglück im Land zurück, und wie sie ihn betrogen, als sie ihm sagten, ganz Mexiko harre seiner als des Retters und Befreiers und liege ihm zu Füßen, so haben sie ihn belogen, als sie ihm die Möglichkeit vorspiegelten, mit dem Schwert in der Hand das Kaisereich aufrechtzuerhalten.«

Die liberalen Mitglieder des Staatsrates griffen zwar die Finanzierung heftig an, aber die Konservativen konnten eine knappe Mehrheit der Stimmen auf sich vereinigen. Der Staatsrat lehnte eine Abdankung des Kaisers ab. Um den Zögernden zu überzeugen, erinnerten sie ihn sowohl an seinen Krönungseid als auch an das, was er am letzten Unabhängigkeitstag gesagt hatte, nämlich daß ein Habsburger seinen Posten auch bei Gefahr nicht im Stich lasse. Sie erklärten ihm, alles würde anders werden, sobald die Franzosen Mexiko verlassen hätten. Sie seien die unerwünschten Störenfriede, die keiner im Land haben wollte. Auf sich gestellt, würden die Mexikaner zeigen, wozu sie imstande wären.

Gerade rechtzeitig für die Konservativen traf ein Brief von Gutierrez ein, der es aus dem sicheren Rom für nötig hielt, einzugreifen: »Welcher General verläßt in der Stunde der Schlacht seine Befehlshaberstelle über das Heer aus einem privaten Grunde? … Die Kaiserin hatte ihre Gesundheit dargebracht, wie sie auch gerne ihr Leben geopfert hätte, alle Welt ist sich in der Bewunderung darüber einig und würde Euer Majestät Beifall klatschen, wenn Sie den gleichen Opfermut zeigen. Dann würde es einen glorreichen Sieg geben und die Kaiserin vielleicht wieder gesund an Euer Majestät Seite zurückkehren. Wenn aber trotzdem alles mißlingt, dann haben Sie, Sire, das Bewußtsein, alle menschlichen Mittel angewandt und Ihre Ehre ebenso wie die Euer Majestät erhabenen Stammes gewahrt zu haben.«[161]

Ob Maximilian den vollmundigen Versprechungen der Konservativen wirklich glaubte, ist nicht bekannt. Ein Appell an seine und Habsburgs Ehre verhallte bei ihm jedoch nie ungehört. Er war »zu jedem Opfer bereit, welches das Wohl des Vaterlandes von Uns verlangt«.[162] Sein Gepäck, das bereits nach Veracruz geschickt worden war, wurde wieder zurückbeordert.

Auf Wunsch Napoleons III., der sich den Vorwurf ersparen wollte, Maximilian im Stich gelassen zu haben, drängte Marschall Bazaine den Kaiser, ebenfalls Mexiko zu verlassen. Doch er hatte damit keinen Erfolg.

Blasio, der inzwischen aus Europa zurückgekehrte Sekretär des Kaisers, hat in seinen Erinnerungen die Proklamation wiedergegeben, die Maximilian am 1. Dezember 1866 in Orizaba erließ:

»Mexikaner! Gravierende, das Wohl Unseres Vaterlandes betreffende Umstände, zu denen noch familiäres Leid getreten ist, hatten in Uns die Überzeugung geweckt, daß Wir die Uns von Euch verliehene Macht an Euch zurückgeben sollten. Der von Uns einberufene Staatsrat war der Meinung, das Wohl Mexikos erfordere Unser weiteres Verweilen an der Macht. Wir haben es für Unsere Pflicht erachtet, diesem Drängen nachzugeben. Zugleich möchten Wir Euch Unsere Absicht ankündigen, einen Nationalkongreß auf möglichst breiter liberaler Basis einzuberufen, an dem sich alle Parteien beteiligen können. Dieser Kongreß soll bestimmen, ob das Kaiserreich weiter bestehen soll und, wenn dies der Fall ist, jene Gesetze verabschieden, die zur Festigung des Staatswesens notwendig sind. Unterdessen, Mexikaner, rechnen Wir auf Euch alle, ohne Unterschied des politischen Bekenntnisses, und setzen alles daran, mutig und beharrlich die Aufgabe der Erneuerung fortzusetzen, die Ihr Eurem Landsmann Maximilian übertragen habt.«[163]

Die Entscheidung für ein Verbleiben des Kaisers fiel trotz der parlamentarischen Mehrheit der Konservativen sehr knapp aus. Nun hatten sie den Kaiser völlig in der Hand, und sie setzten alles daran, all diejenigen von ihm fernzuhalten, die ihm noch zur Abdankung hätten raten können. Zugleich versuchten sie, ihre Versprechungen zu erfüllen. Aber die vermeintliche Armee von 30 000 Mann unter den Generälen Miramón, Márquez und Mejía, die es mit den Truppen von Juárez hätte aufnehmen können, blieb ein Wunschtraum.

Auch die österreichischen und belgischen Freikorps waren stark geschrumpft. Nicht genug, daß sowohl der österreichische Gesandte, Baron Lago, als auch der belgische Geschäftsträger es für ihre Pflicht hielten, ihre Landsleute zur Rückkehr mit der französischen Armee aufzufordern, die meisten hatten alle Illusionen längst verloren. 3600 Mann entschieden sich für die Rückreise nach Europa. Nur 800 willigten unter dem Befehl von Oberst Kodolitsch ein, in die mexikanische Armee zu wechseln. Major Graf Khevenhüller mußte sein Husarenregiment, das er auf eigene Kosten aufgestellt hatte, mit Mexikanern und zurückgebliebenen Franzosen auffüllen.

Rückkehr in die Hauptstadt

Am 12. Dezember reiste der Kaiser mit seiner Eskorte von Orizaba ab in Richtung Puebla, das er am 3. Januar 1867 verließ. Drei Tage später verkündeten Glockengeläute und ein Feuerwerk seine Rückkehr in die Hauptstadt. General Márquez hatte ihm an der Spitze von tausend Soldaten von Río Frío aus das Geleit gegeben. Da Chapultepec inzwischen unbewohnbar geworden war, nahm Maximilian in dem auf halbem Weg zur Stadt gelegenen Landhaus La Teya Quartier. Dort erfuhr er, daß die Juaristen nach dem Abzug der Österreicher Cuernavaca erobert hatten, obwohl eine Abordnung Mexikaner es tapfer verteidigt hatte. Maximilians geliebtes Refugium La Borda war völlig ausgeplündert und verwüstet worden.

In La Teya kam es zur letzten Begegnung zwischen dem Kaiser und Bazaine. Dieser forderte Maximilian nochmals auf, das Land zu verlassen, solange es noch Zeit sei. Laut Joan Haslip habe der Kaiser jedoch erklärt, er wisse, daß die Konservativen ihn getäuscht hätten, wolle sich aber nicht drücken.

In seinem Entschluß, Mexiko nicht zu verlassen, wurde der Kaiser seltsamerweise durch einen Brief seiner Mutter bestärkt. »Ich kann nur vollständig billigen, daß Du in Mexiko geblieben bist, denn so hast Du den Anschein vermieden, weggepraktiziert worden zu sein, und nun, da Dich so viel Liebe, Teilnahme und Anerkennung und wohl auch die Angst vor der Anarchie nach Dir, in Deinem Land zurückhält, kann ich mich nur darüber freuen und innig wünschen, daß die Reichen im Land Dein Bleiben und Ausharren möglich machen.«[164]

Vermutlich war die Erzherzogin über die wahren Zustände in Mexiko nicht ausreichend unterrichtet. Bekanntlich hatte Maximilian alles immer möglichst »schöngeredet« und die traurige Wirklichkeit verschwiegen.

Maximilian ließ sich ohnehin durch eine gute Nachricht leicht beflügeln. Dies war beispielsweise der Fall bei einem Sieg von Miramón, der Zacatecas, das derzeitige Hauptquartier von Juárez, in kühnem Handstreich genommen hatte. Beinahe wäre Juárez selbst gefangengenommen worden, aber er war im letzten Augenblick entkommen. Als Antwort darauf hatte der republikanische General Escobedo Miramóns ungenügend gedeckte Flanke angegriffen und ihm eine vernichtende Niederlage beigebracht. Das Massaker von San Jacinto endete mit der Hinrichtung von mehr als hundert französischen Legionären, die freiwillig in Mexiko geblieben waren. Man zählte über 3000 Tote, Verwundete und Gefangene, vom Verlust der Kriegskasse mit 25 000 Pesos ganz zu schweigen.

Die französischen Truppen verlassen das Land

Am 5. Februar 1867 verließ Marschall Bazaine mit seinen Truppen die mexikanische Hauptstadt. Sämtliche Türen und Fenster des Kaiserpalastes blieben geschlossen. Viele mexikanische und französische Emigranten, Bedienstete, Exminister und Großgrundbesitzer folgten ihm. Es waren die, die beim

Sieg der Republikaner Repressalien, wenn nicht sogar um ihr Leben fürchten mußten. Einer der ersten war Erzbischof Labatista. Auch Hidalgo und Almonte gingen aus dem Land fort.

Am 27. März begann in Veracruz die Einschiffung des französischen Expeditionskorps. Alle noch vorhandene Munition wurde vernichtet. Den Vorwurf, daß man diese den kaiserlichen Truppen hätte überlassen können, wies der Marschall mit der Erwiderung zurück, daß sie doch nur den Republikanern in die Hände fiele, die schon bereitstanden, um das Land zu besetzen.

Maximilian hatte, wie Blasio berichtet, auf der Dachterrasse des Nationalpalastes und geschützt vor neugierigen Blicken den Abzug der Franzosen beobachtet. Als die letzte Kolonne verschwunden war, soll er zu seinen Begleitern erleichtert gesagt haben: »Endlich frei.«[165]

Nach Querétaro

In der Vorahnung, daß die Entscheidung nahte, hatten der Kaiser und seine Berater beschlossen, sich nach Querétaro zu begeben. Nicht die strategische Lage war dabei ausschlaggebend, sondern die Tatsache, daß die Stadt immer besonders konservativ und klerikal gesinnt gewesen war.

Vor seinem Aufbruch wandte sich Maximilian ein letztes Mal an seine Minister. Von den Versprechungen der Konservativen war so gut wie nichts in Erfüllung gegangen. Von den zwei Millionen Pesos, die man ihm zugesagt hatte, waren nur 100 000 tatsächlich eingetroffen. Das gleiche galt auch für die Verstärkung der Truppen. Inzwischen war auch nichts mehr zu erwarten, denn die Reichen hatten sich bereits in Sicherheit gebracht.

Daß sich der Kaiser aber von den mexikanischen Generälen hatte überzeugen lassen, gerade die beiden österreichischen Regimenter zur Verteidigung der Hauptstadt zurückzulassen, ist unbegreiflich. Schließlich waren sie nur seinetwegen in Mexiko geblieben. Doch der Kaiser hatte sich dem Argument der Generäle gefügt, wonach seine Beliebtheit zunähme, wenn er sich als mexikanischer Herrscher nur mit Mexikanern umgebe. Hätte ihm nicht klar sein müssen, daß es den Offizieren eher darum ging, ihn von seinen österreichischen Landsleuten zu trennen und er den Mexikanern völlig ausgeliefert sei?

Mit großen Hoffnungen ging der Kaiser also nicht nach Querétaro.

Die letzte Station

Abmarsch nach Querétaro

Am 13. Februar 1867 um sechs Uhr morgens verließ Maximilian zum letzten Mal seine Räume im Kaiserpalast der Hauptstadt und begab sich mit Dr. Basch, Pater Fischer und einigen anderen Herren seines Gefolges in den Haupthof, wo die österreichische Infanterie und die Husaren angetreten waren. Der Kaiser ging auf die Kommandanten zu und sagte: »Die Pflicht gebietet mir, das Kommando meiner Armee zu übernehmen. Ich gehe nach Querétaro, wo sie mich erwartet. Ihnen beiden vertraue ich, daß Sie Unsere Sache gut führen werden. Sie bleiben mit den Österreichern zurück.«[166]

Oberst Kodolitsch, Graf Khevenhüller und Baron Hammerstein waren konsterniert. Sie versuchten dem Kaiser darzulegen, daß sie nur um seinetwillen in Mexiko zurückgeblieben seien und es ihre Pflicht sei, ihn zu beschützen. Zugleich warnten sie ihn eindringlich davor, sich den mexikanischen Generälen auszuliefern, die ihn doch nur hintergehen würden.

Doch der Kaiser ließ sich nicht beirren. Er dankte seinen Landsleuten für ihre Treue, bestand aber darauf, sein Heer selbst in den Kampf zu führen. Damit gebe er den Mexikanern einen Beweis seines Vertrauens und seiner Verbundenheit mit dem Land. Außerdem wolle er unbedingt den Eindruck vermeiden, sich mit ausländischen Söldnern zu umgeben.

Trotz ihrer trüben Vorahnungen blieb den Offizieren nichts anderes übrig, als zu gehorchen. Wie Khevenhüller berichtet, bekam er am Nachmittag den Befehl, General Vidaurre eine halbe Schwadron Husaren für die Weiterreise des Kaisers zur Verfügung zu stellen. Zwar hätte Khevenhüller am liebsten das ganze Regiment in Marsch gesetzt, aber er hielt sich an den Befehl und wählte nur fünfzig seiner besten Männer aus.

Da der Aufbruch des Kaisers geheimgehalten worden war, nahm niemand davon Notiz. Beim inneren Stadttor waren inzwischen die Truppen angetreten, die zur Begleitung vorgesehen waren: insgesamt 1600 Mann, die sich aus dem Kavallerieregiment der Kaiserin unter Oberst Miguel Lopez, aus der berittenen Stadtgarde und der Infanterie rekrutierten. 10 000 hätten es eigentlich sein sollen …

Mit Ausnahme von Dr. Basch, dem Koch und dem Kammerdiener – die beiden Letztgenannten waren Ungarn – war der Kaiser nur von Mexikanern umgeben, beispielsweise von den beiden Adjutanten und dem Sekretär Blasio, der darum gebeten hatte, mitgehen zu dürfen.

Der Marsch ging durch ein Gebiet, das längst nicht mehr von den Kaiserlichen beherrscht wurde, und es kam des öfteren zu Scharmützeln und Gefechten mit feindlichen Guerilleros. Nur einige Meilen von der Hauptstadt entfernt stieß die Truppe schon auf den Feind, der die Vorhut attackierte, jedoch von den Kaiserlichen zurückgeschlagen wurde. Mitten unter ihnen, mit der Waffe in der Hand, befand sich der Kaiser.

In San Juan del Río, einem Dorf vor Querétaro, erließ Maximilian einen Tagesbefehl an das Heer, der überall angeschlagen wurde: »Unsere Pflicht bedingt es jetzt, für die beiden heiligsten Prinzipien des Landes zu kämpfen, für seine Unabhängigkeit, welche von Männern bedroht wird, deren Selbstsucht sie sogar Nationaleigentum verkaufen ließ, und ebenso für die Wiederherstellung der inneren Ordnung, welche Wir täglich zum Nachteil Unserer friedlichen Bürger in der gröbsten Weise verletzt sehen. Frei in Unseren Handlungen von jedem Einflusse, von jedem fremden Druck, werden Wir danach trachten die Ehre Unseres glorreichen National-Banners hochzuhalten … Vertrauen wir auf Gott, der Mexiko beschützt und beschützen wird, und schlagen Wir Uns tapfer in Unserem heiligen Beruf. Es lebe die Unabhängigkeit! Maximilian.«[167]

General Márquez wurde zum Generalstabschef ernannt, die Streitmacht in drei Armeekorps unterteilt. Die Armee war nicht mehr als 9000 Mann stark, einschließlich der Reste, die Miramón aus der Katastrophe von San Jacinto gerettet hatte, der Indio-Truppe von General Mejía und der größtenteils aus zurückgebliebenen Franzosen bestehenden Eliteeinheit von General Mendez. In der Truppe waren also nicht nur Mexikaner, sondern auch etliche andere Nationalitäten vertreten.

Die Salms

Zu den Ausländern zählte auch Felix Prinz Salm-Salm, Abkömmling eines alten deutschen Adelshauses. Als jüngerer Sohn folgte er der Tradition und trat in ein vornehmes Kavallerieregiment ein, mußte aber infolge zahlreicher Skandalgeschichten und Schulden trotz seiner militärischen Fähigkeiten und seiner persönlichen Tapferkeit das Regiment verlassen. Er trat in österreichische Dienste, wo prompt das gleiche eintrat. Das leidige Glücksspiel, Liebesaffären und Duelle und immer wieder Schulden machten sein Verbleiben dort unmöglich. Schließlich schob die Familie das schwarze Schaf ihres Hauses ab, indem sie ihm die Überfahrt nach Amerika bezahlte. Dort sollte Prinz Salm sehen, wie er zurechtkam. Und er kam zurecht. Er machte nämlich die Bekanntschaft einer jungen Frau, Agnes Leclerq, die in Washington bei ihrer Schwester lebte. Über ihre Herkunft ist wenig bekannt, es kursierten nur die abenteuerlichsten Gerüchte. Sie soll französischer Abstammung und eine Zeitlang als Kunstreiterin tätig gewesen sein. Einige nehmen sogar an, sie stamme von jenem Herzog von Norfolk ab, der Maria Stuart aus dem Gefängnis befreien wollte und deswegen geköpft wurde. Dafür gibt es allerdings keinen Beweis.

Aber Agnes war offensichtlich eine Dame voller Energie und Raffinesse. Es gelang ihr nicht nur, von Felix Salm geheiratet zu werden und damit zur Prinzessin aufzusteigen, sondern auch, ihrem Gatten ein Regiment zu verschaffen, mit dem er schließlich als General auf der Seite der Nordstaaten im amerikanischen Sezessionskrieg kämpfte. Die abenteuerlustige Agnes folgte ihm an die Front, wo sie in Lazaretten arbeitete und zum Hauptmann ernannt wurde.

Als nach Kriegsende Salms Regiment aufgelöst wurde, wandte er sich nach Mexiko. Dort gab es Krieg. Ein Garnisonleben behagte ihm nicht. Doch weder sein Vorleben noch seine Herkunft als preußischer und später nordamerikanischer Offizier galten als Empfehlung für den Kaiserhof. Nachdem der Kaiser sich geweigert hatte, ihn zu empfangen, landete er dank der Fürsprache des preußischen Gesandten als Oberst im Stab der Legion von Oberst van der Smissen, einem Draufgänger wie er selbst, mit dem er sich prächtig verstand. Die Auflösung der belgischen Legion machte ihn wieder arbeitslos.

»Daß ich nicht mit dem Kaiser ins Feld ziehen solle, schien mir gegen die Natur zu sein«,[168] schrieb er über seine vergebliche Bemühung, in den Stab des Kaisers aufgenommen zu werden. Doch seine Beharrlichkeit verhalf ihm zum Sieg. Es gelang ihm, mit Hilfe von List und Beziehungen, ins Regiment General Vidaurres einzutreten und mit diesem nach Querétaro zu ziehen. Prinzessin Agnes ging mit.

Maximilian war zwar überrascht, den Prinzen zu sehen, jedoch nicht verärgert. Die beiden Salms erwiesen sich bald als treue und wagemutige Freunde.

Querétaro

Die im Nordwesten von Mexiko-City im zentralen Hochland gelegene Stadt Querétaro war seit jeher eine Hochburg der konservativ und kirchlich gesinnten Bewohner. Zum Christentum bekehrte Indios hatten sie in der Mitte des 16. Jahrhunderts für Spanien erobert. Ihre Bedeutung gewann sie als Stützpunkt zwischen der Hauptstadt und den reichen Silbervorkommen im Norden. (Das Stadtbild mit den zahlreichen Gebäuden aus der Kolonialzeit und einer Anzahl von Klöstern und Kirchen zieht heute viele Touristen an und gehört zum Weltkulturerbe der UNESCO.) Von Querétaro aus nahm im Jahre 1810 die Unabhängigkeitsbewegung Mexikos ihren Anfang.

Maximilian traf am 19. Februar 1867 in Querétaro ein, wo ihm und seiner Armee nicht nur die ansässige kreolische Aristokratie, sondern auch die Bevölkerung einen stürmischen Empfang bereitete. Besonders General Mejía, der die Stadt erst einige Jahre zuvor von den Truppen der Liberalen erobert hatte, wurde dort sehr verehrt.

Doch Zuneigung und Gesinnung der Bevölkerung vermochten nicht, einen großen Nachteil von Querétaro zu verbergen. Die Stadt war auf drei Seiten von Hügeln und im Norden von der Sierra Gorda umgeben. Wer die dominierenden Höhen militärisch beherrschte, konnte sie mit Erfolg verteidigen. Dazu waren die kaiserlichen Truppen aber zahlenmäßig zu schwach. Daß sie den weit überlegenen Kräften der Republikaner unterliegen würden, war daher von Anfang an vorauszusehen.

Die Lage war überhaupt bedenklich. Sobald die Franzosen abgerückt waren, zogen im ganzen Land die Liberalen in die Städte ein. Dem Kaiserreich waren außer Querétaro nur noch die Hauptstadt Mexiko, Puebla, Orizaba und Veracruz geblieben. Und schon näherten sich der republikanische General Escobedo Querétaro von Norden und General Corona von Westen. Wenn sie die Höhen über der Stadt einmal besetzt hatten, saßen die Kaiserlichen in der Falle.

General Miramón drängte den Kaiser, endlich seine Einwilligung zu geben, die beiden Armeen getrennt angreifen zu dürfen, zuerst Escobedo, dann Corona, um deren Vereinigung zu verhindern. Der Plan hätte durchaus gelingen können. Doch da er von Miramón kam, war Márquez dagegen und setzte sich durch. Die beiden Heere konnten sich also in aller Ruhe vereinigen und Querétaro mit etwa 25 000 Mann einschließen.

Wie üblich zögerte Maximilian, holte sich Ratschläge von überallher und befolgte schließlich die falschen. Er stürzte sich tapfer ins Kampfgetümmel, aß das gleiche wie seine Truppe, schlief wie sie unter freiem Himmel, aber eine Entscheidung zu treffen, einen raschen Entschluß zu fassen entsprach nicht seinem Charakter. Und er gab die Hoffnung nicht auf, mit Juárez doch noch zu einer gütlichen Einigung zu kommen. Aber die Hoffnung trog. Juárez wollte keine Verständigung, er wollte die totale Niederlage des verhaßten Gegners. So trat das Unvermeidliche ein: Der Feind schloß Querétaro ein.

Dazu kam der Mangel an Geld: für die Beschaffung von Vorräten, für den Sold und die Verpflegung der Truppen. Die Husaren, die der Kaiser zusätzlich angefordert hatte, hätten Geld mitbringen sollen, doch das Ministerium war dem Befehl nicht nachgekommen. Dort dachte man nur an die eigene Rettung. So war Maximilian schon sehr bald gezwungen, die Bewohner von Querétaro mit einer Zwangsabgabe zu belegen und zusätzliche Soldaten ausheben zu lassen.

Dennoch, als am 14. März der Sturmangriff Escobedos begann, kämpften die Kaiserlichen, in ihrer Mitte Maximilian, mit beispiellosem Heldenmut. Der Kaiser wies alle Bitten, sich zu schonen, mit der entschiedenen Erklärung zurück, er wolle die Ehre seines Hauses aufrechterhalten. Keinesfalls wolle er ohne das Bewußtsein, seine Krone bis zum letzten Augenblick verteidigt zu haben, in die Heimat zurückkehren, wo ihn doch nur Schmerz und Enttäuschung erwarteten. Aber auch die Bürger der Stadt, sogar die Nonnen, beteiligten sich auf ihre

Weise an der Verteidigung. Escobedo mußte sich unter schweren Verlusten zurückziehen.

Wäre man dem Rat des Prinzen Salm, der selbst Wunder an Tapferkeit vollbracht hatte, nachgekommen, hätte man vielleicht die feindlichen Truppen aus ihren beherrschenden Stellungen vertreiben können. Doch die mexikanischen Generäle, schon untereinander uneinig, betrachteten voll Eifersucht den ausländischen Prinzen und sprachen sich natürlich gegen den Plan aus. So ließ man dem Feind Zeit, sich wieder zu sammeln und Verstärkung heranzuschaffen.

Der Verrat des Generals Márquez

Inzwischen wurden die Lebensmittel, das Futter für die Pferde und sogar die Munition knapp. Ganz zu schweigen vom Geld. Márquez erklärte sich daher bereit, mit tausend Kavalleristen die feindlichen Linien zu durchbrechen, um in der Hauptstadt das Nötige zu beschaffen. Dort werde er anstelle der schlafmützigen Minister ein fähiges Militärregime einrichten, um schnellstens mit Geld und Verstärkungen zurückzukehren.

In der Nacht des 22. März verließ Márquez Querétaro, ausgestattet mit den höchsten Vollmachten und mit 1200 der besten Reiter. Es war, wie sich später herausstellte, für immer. Márquez war wohlbehalten in der Hauptstadt eingetroffen, aber statt seinen Auftrag auszuführen, kassierte er von den Bürgern hohe Steuern und schickte die Truppen zum inzwischen eingeschlossenen Puebla. Erst nach dessen Befreiung wollte er mit allen verfügbaren Kräften nach Querétaro zurückkehren.

Doch der republikanische General Díaz kam ihm zuvor. Puebla ergab sich ihm, die Nachricht von der Niederlage der Stadt wirkte entmutigend auf Márquez' mexikanische Truppen. Die meisten desertierten, auch Márquez geriet in Panik und zog es vor, sich in Sicherheit zu bringen. Nur Oberst Kodolitsch hielt mit seiner Truppe stand und kehrte mit den Übriggebliebenen in die Hauptstadt zurück.

Die letzten Kämpfe

Allmählich wurde die Lage im belagerten Querétaro unhaltbar. Die Belagerer zählten inzwischen 40 000 Mann, während die Kaiserlichen auf ganze 7000 Mann geschrumpft waren. Um dem Munitionsmangel abzuhelfen, fertigte man inzwischen aus Papier Patronenhülsen an und schmolz Kirchenglocken zu Kanonenkugeln. Aus dem Bleidach des Theaters wurden Gewehrkugeln gegossen. Da es kein Futter mehr gab, mußten die Pferde geschlachtet werden. Da gab es wenigstens etwas Fleisch. Nonnen backten täglich aus Hostienmehl einen kleinen Laib Brot für den Kaiser, den dieser mit seinem Gefolge teilte.

Als der April zu Ende ging und die Hoffnung auf Verstärkung schwand, ließ auch die Zuversicht und Loyalität der Kaiserlichen nach. Die Desertionen nahmen zu. Die Bevölkerung litt bereits bittere Not. Als es dem Feind gelang, die Wasserzufuhr in die Stadt zu zerstören, war das Schicksal der Kaiserlichen besiegelt.

Dennoch hätte es nicht bis zum bitteren Ende kommen müssen. Schuld daran waren nicht zuletzt die unentschlossene Führung und die Eifersucht der Generäle. Ein Ausfall der Belagerten am 26. April etwa war durchaus erfolgreich. Die Liberalen flüchteten Hals über Kopf und ließen Gepäck und Waffen zurück. Miramón hatte 21 Geschütze erbeutet und mehr als 500 Gefangene gemacht. Doch über der Siegesfreude geriet der eigentliche Zweck des Unternehmens, der Ausbruch aus dem Kessel, ganz ins Hintertreffen.

Aus einem Gespräch mit gefangenen Offizieren erfuhr Blasio, »daß die Panik unter den liberalen Soldaten einen Grad erreicht hatte, der es uns erlaubt hätte, mit unserem gesamten Heer durchzubrechen … Doch kostbare Zeit ging verloren, was den Feinden erlaubte, frische Mannschaften herbeizuschaffen. Als General Miramón schließlich doch einen neuen Sturm unternahm, geriet er in dichten Kugelhagel und mußte sich mit seinen Truppen zurückziehen. Wir kehrten … als Verlierer in die Stadt zurück.«[169]

Der zwielichtige Oberst Lopez

Querétaro war verloren. Das war allen Verantwortlichen klar, seitdem sie erkannt hatten, daß mit einem Entsatz aus der Hauptstadt nicht mehr zu rechnen war. Die einzige Hoffnung war ein Ausbruch in die Sierra, deren Bewohner treu zu General Mejía standen. Prinz Salm und die österreichischen Husaren, ein Bataillon mexikanischer Jäger, ein Kavallerieregiment und eine Schwadron des Regiments der Kaiserin unter Oberst Lopez sollten die Eskorte des Kaisers bilden. Eine größere Anzahl von Mejías Indios, die in der Stadt lebten, sollten die von den Kaiserlichen geräumten Stellungen besetzen, die Truppen der Liberalen mit Gewehrsalven täuschen und sich dann zurückziehen.

Der Ausbruch, der geheimgehalten wurde, sollte in den frühen Morgenstunden des 15. Mai erfolgen. Schon in der vorhergehenden Nacht war Oberst Lopez durch die feindlichen Linien geschlüpft. Angeblich mit Wissen des Kaisers, der die Hoffnung noch immer nicht aufgegeben hatte, mit Juárez zu einer ehrenvollen Verständigung zu kommen.

War er damals schon der Verräter? Oder wirklich ein von Maximilian gesandter Parlamentär? Oder war Lopez erst zum Verräter geworden, als Escobedo die bedingungslose Kapitulation forderte? War Bestechung im Spiel? Die Fragen sind nicht schlüssig zu beantworten. Angeblich wurde Lopez die Freiheit und ein größerer Geldbetrag versprochen, wenn er die Zitadelle kampflos übergebe. Den Kaiser würde man entkommen lassen.

Prinz Salm hat jenen Morgen des 15. Mai genau beschrieben. Er erwachte von einem ungewöhnlichen Lärm. Einige Minuten später kam Lopez in sein Zimmer gestürzt und rief ihm zu: »Schnell, retten Sie das Leben des Kaisers. Der Feind ist schon in der Cruz.«

Salm machte sich in aller Eile fertig und lief zum Kaiser, der schon angekleidet war. Er hatte unter einer heftigen Kolik gelitten und kaum geschlafen. »Salm, wir sind verraten«, sagte er. »Lassen Sie die Husaren und die Leibeskorte ausrücken … Ich komme gleich nach.«

Salm eilte hinaus, doch der Platz lag leer und still, kein Soldat war zu sehen. Als Salm zum Tor kam, bemerkte er, daß ein Geschütz umgeworfen war und ein Angehöriger von Escobedos Truppen eben durch ein Loch in der Mauer stieg. Der Prinz rannte zu Maximilian zurück, packte ihn am Arm und schrie: »Majestät, es ist höchste Zeit, der Feind ist da.«[170]

Draußen stieß die Gruppe auf einige Republikaner, unter ihnen Oberst Lopez, der sich mit einem jungen Oberst unterhielt. Als ein Soldat die Gruppe aufhalten wollte, rief Lopez laut: »Sie dürfen passieren, es sind einfache Bürger.« Der Feind hielt sich offensichtlich an das Lopez gegebene Versprechen, den Kaiser entkommen zu lassen.

Später erfuhr man, daß Oberst Miguel Lopez für eine Belohnung von 7000 Pesos die Feinde in die belagerte Stadt eingelassen und damit die Gefangennahme des Kaisers bewirkt hatte.

Die Kapitulation

Der Kaiser dachte aber nicht an Flucht. Er dachte vor allem an Miramón und Mejía, denen er ausrichten ließ, sich ebenfalls zum Cerro de las Campanas (Glockenhügel) zu begeben.

Da trat Lopez noch einmal in Aktion. Er ritt im Galopp auf den Kaiser zu und rief: »Señor, alles ist verloren! Der Feind ist in die Cruz eingedrungen und ist drauf und dran, die Stadt zu besetzen. Doch es gibt ein völlig sicheres Versteck für Eure Majestät.«[171] Doch der Kaiser wies das Ansinnen brüsk zurück und eilte weiter zum Glockenhügel, wo er hoffte, noch kaiserliche Truppen anzutreffen.

Unbehindert vom Feind, der bereits in Scharen in die Stadt strömte, erreichten Maximilian und seine Getreuen ihr Ziel, das nur noch von einem einzigen Bataillon verteidigt wurde. Die anderen Soldaten waren bereits geflohen. Ob ein Durchbruch noch möglich sei, fragte der Kaiser Mejía, dem es gelungen war, ihm mit wenigen Kavalleristen zu folgen. Doch Mejía mußte verneinen. Vier Bataillone Infanterie und fast die ganze Kavallerie hatten den Hügel umzingelt. Es blieb nichts anderes übrig, als zu kapitulieren.

Rasch ließ Maximilian von Blasio zwei Päckchen mit wichtigen Papieren verbrennen, dann befahl er, die weiße Fahne auf dem Cerro aufzuziehen. Escobedo ließ er ausrichten, daß er sich ergebe. Ruhig erwartete er das Herankommen der feindlichen Offiziere, dann legte er seinen Degen ab und übergab ihn dem General Escobedo. »Ich habe bereits im März abgedankt und bitte, daß kein Blut mehr vergossen wird. Falls dies aber doch nötig sein sollte, so soll man mein Leben nehmen und sich damit begnügen. Andernfalls bitte ich, da ich nur den Wunsch habe, Mexiko zu verlassen, an irgendeinen Einschiffungsplatz gebracht zu werden. Behandeln Sie aber meine Leute gut, denn sie haben sich in schwerer Zeit treu und tapfer bewährt.«[172]

Escobedo versprach, Maximilians Wünsche an seine Regierung weiterzuleiten. Vorläufig müßten der Kaiser und seine Leute sich als Kriegsgefangene betrachten. Maximilian wurde in seine alten Räume im Kloster Cruz gebracht. Nach 72tägigem Widerstand von 7000 Kaiserlichen gegen 40 000 Republikaner war Querétaro gefallen.

Letzte Rettungsversuche

In der Gewalt von Juárez

Nach einem zweitägigen Aufenthalt im Kloster Cruz wurde Maximilian in das ehemalige Karmeliterinnenkloster La Teresita gebracht. Die Räume, die man dort für ihn vorgesehen hatte, waren völlig kahl und wurden erst nach seiner Ankunft notdürftig möbliert.

Die Begeisterung der Bewohner für die Eroberer hielt sich in Grenzen. Nach wie vor hatte der Kaiser ihre volle Sympathie. Viele Damen trugen nach der Einnahme der Stadt nur noch Schwarz. Als sie erfuhren, daß dem ehemaligen Herrscher ein Teil seines Privateigentums, Kleidung und sogar Wäsche gestohlen worden waren, überboten sie sich gegenseitig, um ihn reichlich mit allem Nötigen zu versehen. Da in der Stadt noch immer Lebensmittelnot herrschte und keiner der Gefängniswärter sich um die Mahlzeiten kümmerte, sorgte der reiche Kaufmann Carlos Rubio dafür, daß es dem Gefangenen an nichts fehlte.

Prinzessin Salm, tatkräftig und erfindungsreich wie immer, war inzwischen von San Luis Potosí, wo sie sich aufgehalten hatte, nach Querétaro gereist, wo es ihr gelang, von Escobedo die Erlaubnis für einen Besuch beim Kaiser und ihrem Mann zu erwirken.

Sie brachte keine guten Nachrichten. In San Luis Potosí ging das Gerücht um, daß Juárez den Kaiser und seine Generäle vor ein Kriegsgericht zu stellen beabsichtigte. Das kam einem Todesurteil gleich. Juárez berief sich dabei auf das von ihm erlassene Gesetz vom 25. Januar 1862, das nicht nur allen Mexikanern bei Todesstrafe verbot, fremden Invasoren Hilfe zu leisten, sondern auch jedem Fremden dieselbe Strafe androhte, der sich gegen die Unabhängigkeit der Republik verging. Auch das unglückselige Gesetz, das Maximilian am 3. Oktober 1865 verabschiedet hatte, wandte sich nun gegen ihn.

Maximilian, der wiederholt beteuert hatte, sich nie mehr in mexikanische Angelegenheiten einmischen zu wollen, hatte bislang nicht daran gezweifelt, daß man ihn nach Europa zurückkehren lassen würde. Erst jetzt wurde ihm bewußt, wie ernst die Situation war. Auf Anraten von Prinz Salm wandte er sich an Baron Magnus, den Gesandten des neutralen Preußen, und bat ihn, ihm die besten Anwälte aus der Hauptstadt zu besorgen.

Prinzessin Salm hatte Escobedo um ein besseres Quartier für den Gefangenen gebeten, doch das ehemalige Kapuzinerkloster, in das Maximilian nun verlegt wurde, war eine erhebliche Verschlechterung. Der Kommandant, ein erbitterter Gegner des Kaiserreichs, wies ihm für die erste Nacht sogar die Totengruft als Quartier zu. Angeblich waren die anderen Räume noch nicht frei. Aber auch diese waren recht karg ausgestattet: Sie waren zweckmäßig möbliert mit einem Feldbett, einem Tischchen mit zwei Leuchtern, einem Tisch und Stühlen. Vor der offenen Tür patrouillierte eine Wache.

Ein Fluchtplan

Während der Kaiser immer noch auf Juárez' Entgegenkommen hoffte, schmiedete Salm Fluchtpläne. Freunde unter den liberalen Offizieren hatten ihm Hilfe zugesagt, Offiziere und Bewachungsmannschaften würden bestochen werden. Wichtig war es zunächst, die Sierra Gorda zu erreichen, wo Mejías treue Anhänger für gastliche Aufnahme sorgen würden. Dann werde man sich zur Küste durchschlagen, um an Bord der beiden österreichischen Kriegsschiffe zu gehen, die dort vor Anker lagen. In der Nacht zum 3. Juni sollte der Ausbruch stattfinden.

Doch der Kaiser zögerte, sein Einverständnis zu geben. Er hatte zahllose Einwände. Abgesehen davon, daß die Flucht seiner Natur widerstrebte, erwartete er den preußischen Gesandten und die Geschäftsträger Österreichs und Belgiens, die ihr Kommen zugesagt hatten. Zudem befürchtete er, bei seinem geschwächten Gesundheitszustand den Strapazen langer Ritte nicht gewachsen zu sein. Und eine Flucht ohne Miramón, der immer noch nicht ganz von den Folgen einer Verwundung genesen war, kam für ihn überhaupt nicht in Frage.

Man kann sich vorstellen, daß der Draufgänger Salm angesichts all dieser Bedenken Mühe hatte, nicht die Beherrschung zu verlieren, vor allem als der Kaiser noch ein letztes Argument ins Feld führte: seinen Bart. Maximilian sorgte sich um seinen Bart! Für die Flucht hätte er seinen blonden, auffallenden Bart abrasieren müssen. Aber das wollte er nicht, denn es sei ihm peinlich, wenn er später, in Freiheit, sich der Welt, die ihn nur mit Bart kannte, ohne ihn hätte präsentieren müssen!

Salm beschwor den Kaiser, diese letzte Rettungsmöglichkeit zu ergreifen. Milde von Juárez zu erwarten sei aussichtslos. Alles sei zur Flucht vorbereitet, Pferde stünden zur Verfügung, die Wächter seien zur Hilfe bereit. Die Sierra Gorda sei nicht weit, und habe man sie einmal erreicht, dann sei schon ein großer Schritt getan.

Doch der Kaiser bestand darauf, auf die Diplomaten und Anwälte zu warten.

Der preußische Gesandte und die Verteidiger trafen am 3. Juni in Querétaro ein. Auch ihnen war klar, daß Maximilian das Todesurteil drohe. Am vernünftigsten schien es ihnen daher, Juárez persönlich um Gnade zu bitten.

Das Ehepaar Salm hingegen hielt nichts von Gnade. Sie hofften immer noch, den Kaiser zur Flucht überreden zu können. Zu diesem Zweck wollten sie versuchen, die beiden Offiziere, die für die Bewachung der Gefangenen verantwortlich waren, zu bestechen. Die Summe müsse allerdings so hoch sein, daß diese nicht widerstehen könnten: 100 000 Pesos für jeden. Anstelle von Bargeld würden sie Wechsel akzeptieren, verlangten allerdings als Sicherheit eine Gegenzeichnung der Diplomaten samt deren Amtstitel.

Niemand wird je erfahren, ob sie es ehrlich meinten oder ein falsches Spiel spielten. Denn soweit kam es nicht, weil die Diplomaten zögerten, so viel von sich preiszugeben. Sie fürchteten etwaige Folgen.

Prinzessin Salms hoher Einsatz

Agnes Salm dagegen war bereit, alles zu riskieren. Da Oberst Villanueva, der eine der beiden Offiziere, offensichtlich bereit war, auf eine Bestechung einzugehen, nahm sie es auf sich, auch Oberst Palacio dafür zu gewinnen. Dabei vertraute sie auf die unwiderstehliche Macht ihrer Persönlichkeit, insbesondere aber auf ihre weiblichen Reize.

Nachdem sie sich mit Palacio in aller Freundschaft unterhalten hatte, bat sie ihn, sie nach Hause zu begleiten. Dort führte sie ihn direkt in ihr Schlafzimmer und begann sich auszukleiden. Geld und Liebe, lautete ihr Angebot, wenn er bei der Flucht des Kaisers half. Überrumpelt suchte Palacio sein Heil in der Flucht, fand die Tür jedoch verschlossen. Erst als er drohte, zum Fenster hinauszuspringen, gab sich die Prinzessin geschlagen und öffnete die Tür.

Offensichtlich hat der Oberst alles sofort seinem Vorgesetzten gemeldet, denn Agnes Salm wurde bereits am nächsten Tag aus Querétaro ausgewiesen, ebenso die Diplomaten. Der Prinz wurde vom Kaiser getrennt und wieder in das Kloster La Teresita überstellt.

Am 12. Juni 1867 begann der Prozeß gegen Maximilian und die Generäle Miramón und Mejía. Schauplatz war das städtische Theater, und die ganze Vorstellung glich wirklich einer schlechten Theateraufführung: auf der Bühne das Gericht und die Angeklagten, im Zuschauerraum und in den Logen die Öffentlichkeit.

Maximilian weigerte sich, vor Gericht zu erscheinen. Ein öffentliches Schauspiel war unter seiner Würde. Beim Kaiser gab Escobedo schließlich nach, bestand jedoch auf der Anwesenheit der beiden Generäle.

Das Gericht setzte sich aus sehr jungen Hauptleuten zusammen, den Vorsitz führte ein Stabsoffizier. Die Anklagepunkte lauteten: Verletzung von Frieden, Freiheit und Unabhängigkeit Mexikos, widerrechtliche Aneignung der Würde eines Kaisers und unrechtmäßiges Verfügen über den Besitz des mexikanischen Volkes. Durch sein Dekret vom 3. Oktober 1865 hätten zahllose unschuldige Mexikaner den Tod erlitten.

Daß Maximilian dem Gericht die Zuständigkeit für politische Fragen absprach, änderte nichts daran, daß der Prozeß wie geplant verlief. Auch nichts an der Farce, wie das Urteil zustande kam. Es stand nämlich von Anfang an fest und lautete auf Tod, die Stimme des Vorsitzenden hatte den Ausschlag gegeben. Jeglicher Einspruch ausländischer Mächte – sogar der der Vereinigten Staaten, denen Juárez seinen Sieg zu verdanken hatte, oder des italienischen Freiheitshelden Garibaldi – war vergebens. Erfolglos war auch die Zusicherung des preußischen Gesandten, gemeinsam mit den anderen Staaten die Unabhängigkeit Mexikos zu garantieren, wenn Juárez Kaiser Maximilian begnadige. Sinnlos auch die Erklärung Kaiser Franz Josephs, seinen Bruder wieder in dessen alte Rechte einsetzen zu wollen.

Sechzig Damen von Querétaro, alle in Trauerkleidung, begaben sich zu Juárez, um für das Leben des Kaisers zu bitten.

Der Präsident habe nur geantwortet, er werde alles tun, was sich mit der Gerechtigkeit und seinen Pflichten vertrage. Viele Liberale seien erschossen worden, ohne daß sich jemand für sie verwendet habe, hieß es in dem Bericht der Pariser *Liberté* in der *Neuen Freien Presse* vom 2. Juli 1867.

Prinzessin Salm versuchte das Äußerste. Sie fuhr nach San Luis Potosí, warf sich Juárez zu Füßen und flehte ihn unter Tränen an, das Leben des Verurteilten zu retten.

»Es tut mir weh, Madame, Sie auf den Knien vor mir zu sehen; allein wenn alle Könige und Königinnen Europas an Ihrer Stelle wären, könnte ich sein Leben nicht schonen. Ich bin es nicht, der es nimmt; es ist mein Volk und das Gesetz, und wenn ich deren Willen nicht tun würde, so nähme das Volk sein Leben und das meinige dazu«,[173] bekam sie als Antwort.

Das stimmte nicht ganz. Denn nicht das Volk forderte Maximilians Tod. Die Mehrheit des Volkes tat, was man ihr befahl. Und auch das Gesetz erlaubte eine Begnadigung. Aber Juárez wollte den Tod seines Feindes. Daher war die Bitte der Prinzessin ebenso vergeblich wie die der Ehefrauen Mejías und Miramóns sowie ihrer Kinder, die um das Leben der beiden Männer flehten.

Juárez blieb unerbittlich und unerschütterlich. Es war die Rache des verachteten Indiojungen, der sich mit eiserner Energie aus dürftigen Verhältnissen emporgearbeitet hatte, das Bestreben, es all diesen hochmütigen europäischen Herrscherhäusern zu zeigen, die sich auf ihr Gottesgnadentum und ihr blaues Blut beriefen. Sie sollten wissen, daß er der Herrscher über dieses Land war und sie keinerlei Macht darüber hatten. Das galt auch für die Vereinigten Staaten. Und unterschwellig mochte auch seine Angst eine Rolle spielen, daß Maximilian eines Tages trotz feierlicher Versprechen nach Mexiko zurückkehren könnte, um seine Rechte zu fordern. Davor schützte Juárez nur der Tod des Kaisers.

Maximilian nahm das Urteil gefaßt auf. Er wußte, daß er von Juárez keine Gnade erwarten konnte, und hatte sich keine Illusionen mehr gemacht. Die falsche Nachricht, daß Charlotte in Miramare gestorben sei, mag ihn noch darin bestärkt haben, dem Tod ohne Furcht ins Auge zu sehen. »Soeben erfahre ich, daß meine arme Frau von ihrem Leiden erlöst ist. Die Nachricht, so sehr sie mein Herz zerschmettert, ist doch anderseits für mich im jetzigen Augenblick von unnennbarem Trost. Ich habe nur noch einen Wunsch auf Erden, daß mein Leichnam an der Seite meiner armen Frau bestattet werde«, schrieb er an Baron Lago, den er bat, alles zur Rettung seiner Landsleute zu unternehmen.[174]

Ein Aufschub der Hinrichtung um zwei Tage ließ indessen eine vage Hoffnung auf Begnadigung keimen. Doch das Urteil war endgültig. Das galt auch für Miramón und Mejía, für deren Leben sich Maximilian noch nachdrücklich bei Juárez eingesetzt hatte. Auch ihnen wurde keine Gnade gewährt. Die Vollstreckung wurde auf den 19. Juni 1867 anberaumt.

Der Kaiser verbrachte die letzten Stunden, um sein Testament aufzusetzen und Verfügungen über seinen Leichnam zu treffen. In der Nacht schrieb er noch ein letztes Mal an Juárez, den er beschwor, »… daß mein Blut das letzte sein möge, das man vergoß«.[175]

Um drei Uhr früh stand der Kaiser auf und kleidete sich an. Dann ging er zu seinen beiden Mitgefangenen. Miramón war ebenfalls ruhig und gefaßt, während es Mejía sichtlich schwer fiel, von seiner jungen Frau und seinem soeben geborenen Kind Abschied nehmen zu müssen. Einige Tage zuvor hätte er sogar die Möglichkeit gehabt, die Freiheit zu erhalten. Im Laufe des Krieges hatte er Escobedo entkommen lassen, als dieser sich einmal in seiner Gewalt befand. Nun wollte Escobedo sich dafür erkenntlich zeigen und bot Mejía die Freiheit an. Doch General Mejía wollte sie nur in Anspruch nehmen, wenn auch der Kaiser und Miramón freikämen. Das konnte und wollte Escobedo aber nicht bewilligen.

Maximilian wohnte im schwarzen Zivilanzug der Messe bei, die der Gefängnispfarrer zelebrierte; dann übergab er Dr. Basch seinen Ehering und einen Rosenkranz. Beides sollte dieser seiner Mutter übergeben.

Inzwischen war es sechs Uhr geworden. Drei verhängte Kutschen fuhren vor. Gefolgt von Baron Magnus und zwei deutschen Geschäftsleuten, von seinem Beichtvater und seinem ungarischen Koch Tüdös, schritt Maximilian die Treppe hinunter und bestieg den für ihn bestimmten Wagen. Die beiden verurteilten Generäle nahmen in den zwei anderen Kutschen Platz. Eine Abteilung Infanterie und Kavallerie bildeten die Eskorte.

Die meisten Türen und Fenster waren geschlossen, am Straßenrand standen weinende Menschen in Trauerkleidung. Am Fuß des Cerro de las Campanas hielt der Zug an. Nachdem der Kaiser ausgestiegen war, übergab er sein Taschentuch und seinen Filzhut seinem Diener Tüdös mit dem Auftrag, beides seiner Mutter auszuhändigen. Dann schritt er hoch aufgerichtet bergan. Er hatte davon geträumt, ein Reich zu schaffen, in dem Menschen gleich welcher Rasse und Religion in Frieden miteinander leben könnten. Zwar hatte er gewußt, daß es ein Wagnis war und ein Scheitern nicht ganz ausgeschlossen werden konnte. Doch wer nichts wagt, der gewinnt auch nichts. Er hatte nichts gewonnen, sondern verloren. Jetzt verlor er sogar sein Leben. Doch wenn er starb, dann sollte es wenigstens in Würde und Ehren geschehen.

Die Soldaten waren in einem nach einer Seite hin offenen Karree angetreten. Die vierte Seite wurde von einem Steinmäuerchen gebildet, vor das die Gefangenen geführt wurden. Maximilian, dem der Platz in der Mitte zugewiesen wurde, überließ ihn jedoch dem treuen Mejía.

Die Soldaten des Hinrichtungspelotons traten an. Maximilian gab jedem von ihnen eine Goldunze und bat sie, genau zu zielen, um ihn nicht zu sehr zu entstellen. »Ich vergebe allen«, sagte er dann, »bitte, daß auch mir alle vergeben, und wünsche, daß mein Blut, das nun vergossen wird, dem Lande zum Wohl gereichen möge. Viva México! Viva la Independencia!«[176]

Der Kommandeur senkte seinen erhobenen Degen, die Salve krachte. Der Kaiser fiel vornüber. Aber er war noch nicht tot, sein Körper zuckte noch. Der Offizier ging zu ihm hin, wendete ihn mit dem Degen um und wies mit der Spitze auf das Herz, worauf ein Soldat den tödlichen Schuß abgab.

Dann war die Reihe an Miramón. Er wies den Vorwurf, ein Verräter zu sein, von sich und ließ Mexiko und den Kaiser hochleben. Mejía wiederholte mit schwacher Stimme die Worte seines Kameraden.

Maximilian und seine treuesten Generäle bezahlten die Idee eines mexikanischen Kaiserreichs mit dem Leben. Mit Härte, Unnachgiebigkeit und der Zähigkeit eines Indio hatte Juárez den Sieg davongetragen. Nun war niemand mehr da, der ihm die Vorherrschaft streitig machen konnte. Diejenigen aber, die letztendlich mit für das Schicksal des gutgläubigen und idealistisch gesinnten österreichischen Erzherzogs verantwortlich waren, saßen im sicheren Europa und hatten für ihr Opfer höchstens ein heuchlerisches Bedauern.

Die Zeitungen des republikanischen Mexiko zeigten den Tod des Kaisers folgendermaßen an:

»Ferdinand Maximilian von Habsburg, Erzherzog von Österreich, Verbündeter Napoleons III. zu dem Zwecke, Mexiko seine Unabhängigkeit und seine Institutionen zu rauben, welcher sich den Kaisertitel beigelegt, durch den Willen der Nation abgesetzt, durch die republikanischen Streitkräfte zu Querétaro am 15. Mai 1867 gefangen genommen, dem Gesetz gemäß über seine Verbrechen gegen die Unabhängigkeit der Nation gerichtet und durch das betreffende Kriegsgericht zur Todesstrafe verurteilt, ist in Querétaro selbst am 19. Juni 1867 um 7 Uhr morgens zugleich mit den Exgenerälen Miramón und Mejía hingerichtet worden – Friede seiner Asche.«[177]

Die amerikanische Regierung distanzierte sich von der Hinrichtung. »Mexiko verdankt seine Freiheit niemandem so sehr wie Amerika, und Maximilian wurde entgegen dem Wunsch der amerikanischen Regierung erschossen«, schrieb die *New York Herald Tribune*.[178]

Die Heimkehr

Die Reaktion in Europa

Paris befand sich im Taumel der Weltausstellung. 52 000 Aussteller mit den neuesten Errungenschaften aus Technik, Industrie und Handwerk hatten auf dem Marsfeld ihre Hallen und Stände aufgebaut und wetteiferten um das Interesse der Gäste. Sie waren von weither gekommen, Paris war in diesen Tagen der Nabel der Welt, wo sich alles, was Rang und Namen hatte, ein Stelldichein gab. Viele Fürsten und Herrscher Europas, darunter der Zar von Rußland und der König von Preußen, waren der Einladung Napoleons III. gefolgt. Es gab Galavorstellungen in den Theatern; Offenbach feierte mit seiner neuesten Operette, der *Großherzogin von Gerolstein,* wahre Triumphe; in allen Botschaften wurden glänzende Bälle veranstaltet. Vor allem der Ball, den Fürst Metternich, der österreichische Botschafter, gab, war wie ein Märchen aus *Tausendundeiner Nacht.*

Am 1. Juli sollten im Palais der Industrie die Preise für die Ausstellung verteilt werden. Der türkische Sultan, der Prinz von Wales und eine Menge anderer hochgestellter Persönlichkeiten waren anwesend. Niemand ahnte zunächst, welche Schreckensbotschaft Kaiser Napoleon bereits am Vorabend von einem Beamten des Außenministeriums erhalten hatte: Maximilian von Mexiko war in Querétaro erschossen worden.

Der französische Kaiser und die Kaiserin waren zutiefst erschüttert. Keiner von ihnen hätte es für möglich gehalten, daß Juárez wirklich so weit gehen würde. Sie kamen jedoch überein, vorläufig Stillschweigen zu bewahren, um die festliche

Preisverteilung nicht zu stören. Die meisten schenkten deshalb dem Adjutanten, der plötzlich mit einer Depesche erschien, der Bestätigung der Todesnachricht, keine Beachtung. Nur Fürst Metternich wurde informiert und zog sich mit den anderen Angehörigen der Botschaft unauffällig zurück. Kaiserin Eugénie bewahrte Haltung, jedoch nach ihrer Rückkehr in die Tuilerien soll sie, einer Ohnmacht nahe, zu Bett gebracht worden sein.

Doch lange ließ sich die Todesnachricht nicht verheimlichen. Paris, noch mitten im Festtaumel, kam jäh zur Besinnung. Plötzlich wurde so manchem bewußt, was das Abenteuer in jenem fernen Land auch Frankreich gekostet hatte: Tausende Menschenleben, Millionen Francs, Anleihen, die wertlos geworden waren. Und nun hatte es auch dem sympathischen jungen Mann, an dessen Besuch vor wenigen Jahren sich noch viele erinnerten, den Tod gebracht.

Sämtliche Feierlichkeiten wurden abgesagt. Kaiser Napoleon stand plötzlich im Kreuzfeuer der Kritik. Im Parlament nannte man ihn unverblümt den wahren Schuldigen an der mexikanischen Tragödie. Man ahnte, daß sie nicht ohne Rückwirkung auf Frankreich bleiben werde.

Noch größer war das Entsetzen in Wien. Kaiser Franz Joseph befand sich gerade mit seiner Familie in Bayern, als er die Schreckensnachricht erhielt. Auch er hatte nicht geglaubt, daß die Lage so ernst und Maximilians Leben schon so gut wie verwirkt war. Noch kurz zuvor hatte ihm der amerikanische Außenminister beruhigend erklärt, daß es keinen Grund zur Besorgnis gäbe. War doch die amerikanische Regierung davon überzeugt, daß Juárez ihr durch einen Akt der Humanität den Dank für die ihm geleistete Hilfe abstatten würde.

Vergessen war nun alles, was zwischen Kaiser Franz Joseph und dem Bruder gestanden hatte. Da war nur noch die Erinnerung an das gute Einvernehmen in ihrer Jugendzeit und die Reue, nicht energischer gegen das unselige Projekt Mexiko eingeschritten zu sein.

Völlig gebrochen war Erzherzogin Sophie. Maximilian war ihr Lieblingssohn gewesen. Und anstatt ihn anzuflehen, alles aufzugeben und zurückzukommen, hatte sie ihn sogar noch zum Verbleib in Mexiko aufgefordert. An diesem Tag alterte die noch rüstige und selbstbewußte Zweiundsechzigjährige um Jahre.

Aber auch die österreichische Bevölkerung trauerte um ihren Erzherzog. Maximilian hatte sich größerer Beliebtheit erfreut als der Kaiser. In einem Nachruf der *Neuen Freien Presse* vom 1. Juli heißt es ganz im Stil der Zeit: »... vor allem furchtbar wird diese Nachricht an die Pforten der Tuilerien pochen, wo die eigentlichen Urheber dieser großen Tragödie sitzen. Die Fackel dieses Leichenopfers wird eine unheimliche Beleuchtung auf jene Hallen werfen, wo man dieses ganze mexikanische Unheil ersonnen und erzwungen hat und nun so schmachvoll untergehen lassen mußte ... Das Urteil des Kriegsgerichtes hat auf Tod gelautet ... Politisch klug und menschlich wäre es gewesen, den dringenden Rat der Vereinigten Staaten zu befolgen und den Gefangenen an die Grenze zu bringen und in Freiheit zu setzen. So rufen wir heute Juárez zu: ›Dieses Verfahren ist der Demokratie unwürdig. So etabliert man den Rechtsstaat nicht.‹ ... Er war ein Fürst voll der edelsten Begabung ... Freilich war es ein unseliger Tatendrang, ein unklares, romantisches Streben nach Macht, vielleicht ein Gefühl der Enttäuschung, welches ihn bewog, eine glänzende Stellung in der Heimat zu verlassen und jenseits des Ozeans in einem halbwilden Land einen Thron zu begründen ... Er wollte lieber in Mexiko der Erste als in seinem Vaterland der Zweite sein. Er ging nach Mexiko in der aufrichtigen Überzeugung, daß diesem Land nur der rechte Mann fehle, um stark, reich und glücklich zu sein ... Er harrte in der selbstgewählten Stellung aus, als alle Stützen bereits gefallen waren. Und außer einer kleinen Schar von Braven ihn nichts mehr umgab als schurkischer Verrat, er hielt es in unseligem Wahn für Schande, diesen von allen verlassenen Thron aufzugeben.«

Und *La France* schrieb am 3. Juli: »Schmach, ewige Schmach diesen Henkern, welche die Freiheit besudeln, in deren Namen sie solche Verbrechen begehen und welche unserer Zivilisation diesen Blutfleck aufdrücken! Denn sie haben ihn nicht besiegt, sie haben ihn gekauft ... Mit einigen Unzen Goldes vollbrachte die mexikanische Regierung ihr Werk ... Um das Drama von Querétaro in seinem ganzen Grauen zu erfassen, muß man die Blicke nach Miramare wenden. Dort weilt eine edle Frau, welche die Verzweiflung zum Wahnsinn gebracht hat. Gott erwies ihr die Gnade, sie das Geschehene nicht verstehen zu lassen.«

Der Streit um den Leichnam

Nach der Exekution wurde Maximilians Leichnam in einen einfachen Sarg gelegt, in dem er wegen seiner beachtlichen Größe gerade noch untergebracht werden konnte. Während die Särge der beiden Generäle ihren Familien übergeben wurden, brachte man den des Kaisers zurück in das Kapuzinerkloster. Acht republikanische Ärzte nahmen die Einbalsamierung vor, die acht Stunden in Anspruch nahm. Ihr Werk glich Elwenspoek zufolge einer »wahren Schlächterei«.[179] Der Kaiser wurde mit einer schwarzen Hose, Marinestiefeln und einer blauen Jacke mit Goldknöpfen bekleidet. Sein Bart war schon vorher zum Teil eine Beute von Souvenirjägern geworden. Der Leichnam wurde in einen Zinksarg gelegt, in dem über seinem Antlitz eine Glasscheibe angebracht war. Der Sarg verblieb zunächst unter militärischer Bewachung im Kapuzinerkloster.

Noch am Tag der Exekution forderte der österreichische Gesandte von der mexikanischen Regierung die Herausgabe des Leichnams. Juárez verweigerte jedoch seine Zustimmung, für die es angeblich schwerwiegende Gründe gab. Der preußische Gesandte und Dr. Basch erhielten eine ähnliche Abfuhr. Ende

August errang Vizeadmiral Tegetthoff, der mit der Fregatte *Novara* in Veracruz gelandet war, wenigstens einen Teilerfolg. Er bekam den Bescheid, daß zur Herausgabe des Leichnams ein Gesuch der kaiserlichen Familie erforderlich sei.

Das war eine reine Formalität. Juárez wollte der Welt, vor allem den europäischen Monarchien, zeigen, wer die Macht in Händen hatte. Erst als Tegetthoff ihm ein Schreiben von Baron Beust, dem Minister des Äußeren und des Kaiserlichen Hauses in Wien, übergab, in dem Juárez als das Oberhaupt der Nation gebeten wurde, die sterblichen Überreste des »österreichischen Erzherzogs Ferdinand Maximilian« der Familie zu überlassen, gab der Mexikaner nach. Denn in Juárez' Augen war Maximilian nie Kaiser, sondern ein Usurpator gewesen. Nun war er zufriedengestellt: Eines der mächtigsten und ältesten Herrscherhäuser Europas hatte ihn, Benito Juárez, als Staatschef Mexikos anerkannt.

Der Leichnam des Mannes, der dennoch drei Jahre lang Kaiser von Mexiko gewesen war, befand sich in einem erbarmungswürdigen Zustand, sein Gesicht war überhaupt nicht mehr zu erkennen. »Der Eindruck ist erschreckend. Das Gesicht ist fast schwarz … Ich hoffe, daß keiner seiner Angehörigen ihn jemals so sehen wird«,[180] schrieb Tegetthoff. Die mexikanische Regierung hatte allen Grund, sich zu schämen, denn die Einbalsamierung war nicht sachkundig durchgeführt worden. Die Kapelle wurde gesperrt, jeglicher Einlaß verboten. Drei Ärzte versuchten, noch eine rettende Hand daran zu legen.

Maximilians letzte Fahrt auf der »Novara«

Fünf Monate waren nach Maximilians Tod vergangen, als am 12. November 1867, um fünf Uhr, zwei Kutschen vor dem San-Andrés-Spital in der Hauptstadt anhielten, um den Sarg zu übernehmen, der von 300 Soldaten nach Veracruz begleitet wurde. Am 26. November übernahm Vizeadmiral Tegetthoff den Sarg von den Behörden und ließ ihn in der Ehrenkabine des Schiffes zwischen brennenden Kerzen aufbahren.

Es war dieselbe Fregatte, auf der der junge Erzherzog Maximilian seinerzeit als Flottenchef so viele Fahrten unternommen und mit der er dreieinhalb Jahre zuvor mit soviel Enthusiasmus und Hoffnung als Kaiser den Ozean überquert hatte, um in sein neues Reich zu gelangen. Jetzt trug sie ihn zurück in die Heimat. Ebenfalls mit der *Novara* reisten Dr. Basch und Sekretär Blasio sowie alle Österreicher und Belgier, die bis dahin freigekommen waren.

Ganz Triest trauerte um Maximilian, als die *Novara* am 16. Januar 1868 vor Anker ging. Auf dem Verdeck des Fahrzeugs, auf dem der Leichnam an Land gebracht wurde, stand auf einem schwarzen Katafalk der Sarg. Darauf ruhten ein großer Lorbeerkranz, auf Kissen der österreichische Erzherzogshut, die mexikanische Kaiserkrone und die Orden des Verblichenen. Nach der Einsegnung durch den Bischof von Triest wurde der Sarg mit militärischem Gepränge unter dem Salut der Schiffsgeschütze und Kanonen und dem dumpfen Wirbel der Trommeln von Unteroffizieren der Marine zu dem mit acht Rappen bespannten Trauerwagen gebracht. Unmittelbar dahinter schritten die beiden jüngeren Brüder Maximilians und Vizeadmiral Tegetthoff, gefolgt von zahlreichen Offizieren und Würdenträgern, zum Bahnhof, von wo der Sarg mit einem Sonderzug nach Wien befördert wurde.

Unter dem gedämpften Wirbel der Trommeln rollte der Zug um Punkt acht Uhr abends in die Halle des Wiener Südbahnhofs. Der Hof hatte das ganze Zeremoniell aufgeboten, das für einen Bruder des Kaisers vorgesehen war. Der prunkvolle Leichenwagen, geführt von Reitknechten in Trauerkleidung, war mit acht Rappen mit schwarzen Schabracken und schwarzen Federbüschen bespannt. Eine Kompanie Husaren der kaiserlichen Leibgarde bildete die Eskorte. Fackelschein tauchte den makabren Zug in gespenstisches Licht, während der Schnee ohne Unterlaß vom Himmel fiel und auf dem Leichenwagen bereits eine dicke weiße Schicht hinterlassen hatte. Erst an der Hofburg erwarteten die Angehörigen den Leichnam, allen voran Maximilians verzweifelte Mutter, Erzherzogin Sophie, die sich schluchzend über den Sarg warf.

Frühmorgens wurde der Sarg schließlich in aller Stille in die Hofkirche gebracht und dort bis zum Nachmittag aufgebahrt, damit die Bevölkerung Abschied nehmen konnte. Schon in den frühen Morgenstunden hatten sich die Menschen im inneren Burghof versammelt. Die Wachen waren kaum imstande, der Menge Herr zu werden und den Besucherstrom in einigermaßen geordnete Bahnen zu lenken. Der Sarg ruhte auf einem schwarz überzogenen Sockel, sowohl Wände als auch Boden der Kirche waren mit schwarzem Tuch drapiert, Garden in großer Gala und mit gezogenem Säbel hielten Wache. Um zehn Uhr erschien der Kaiser mit den Mitgliedern des kaiserlichen Hauses in der Loge der Kirche, und unter der Leitung des Hofkapellmeisters erklang das *Miserere*.

Beisetzung in der Kapuzinergruft

»Schon seit Mittag herrschte in den Straßen der Stadt eine Bewegung, wie wir sie seit Jahren nicht mehr gesehen haben«, berichtete die *Neue Freie Presse* am 19. Januar. »Bereits um ein Uhr waren alle Straßen und Plätze, welche der Leichenzug und der Allerhöchste Hof passieren sollten, mit Menschenmassen gefüllt. Nottribünen waren in der Eile errichtet worden, und die Passage war nicht nur für Wagen, sondern auch für einzelne Passanten nahezu unmöglich geworden. Nur mit Mühe konnten sich die Truppenabteilungen Bahn brechen, um an ihre Aufstellungsorte zu gelangen … Selbst auf dem Dach des Albrecht'schen Palais sowie auf jenem des neuen Opernhauses hatten sich Zuschauer eingefunden. Die Fenster aller Gebäude waren von Publikum in dichten Reihen, insbesondere Damen, besetzt … Alle dienstfreien Generäle und hohen Offiziere, alle in Paradeuniform, mit Orden geschmückt und mit Trauerflor am linken Arm, hatten sich auf dem Neuen Markt versammelt. Fahnen und Feldzeichen trugen ebenfalls Trauerflor, die Trommeln waren schwarz verhüllt.

Die Kapuzinerkiche war schwarz drapiert, die Bänke weggeräumt, an den Wänden das mexikanische Kaiserwappen angebracht. Vor dem Hauptaltar war eine schwarze Balustrade zur Aufstellung des Sarges errichtet ... Um drei Uhr begann das Geläute der Glocken sämtlicher Kirchen. Der Zug setzte sich in Bewegung.«

Minutiös wurden dann in dem Zeitungsbericht die Teilnehmer aufgeführt, die Knaben und Mädchen aus den Waisenhäusern, die »Pfründner und Pfründnerinnen« vom Altersheim, die Mönche aus den Klöstern, die Gemeinde- und Hofbeamten, schließlich im sechspännigen Hofgalawagen der Obersthofmeister des Kaisers, Fürst Hohenlohe, gefolgt von einer Matrosen- und Infanteriekompanie. Dann endlich der Leichenwagen, umgeben von fackeltragenden Edelknaben und einer Anzahl hoher Militärs, wie das seit Jahrhunderten gültige Hofzeremoniell es vorschrieb. Eine Kompanie Infanterie und eine Schwadron Husaren bildeten den Schluß. Der Sarg wurde heruntergehoben und in die Kirche getragen, in der sich inzwischen der Hof sowie die ausländischen Gäste und Diplomaten eingefunden hatten.

Unmittelbar neben dem Sarg befanden sich Kaiser Franz Joseph, seine Brüder und die anderen Erzherzöge, Vizeadmiral Tegetthoff, König Ludwig II. von Bayern und Prinz Georg von Sachsen, dahinter die Vertreter sämtlicher europäischer Regierungen, darunter der Herzog von Gramont als Vertreter Napoleons III. Kaiser Franz Joseph gegenüber standen die Hofdamen von Kaiserin Charlotte, die Gräfinnen Zichy und Kollonitz – die einzig erwähnten weiblichen Teilnehmerinnen an der Zeremonie. Offensichtlich sah das Protokoll weder die Anwesenheit der Mutter des Toten noch die anderer Erzherzoginnen vor.

Eine Anzahl von Würdenträgern, die für das mexikanische Kaiserreich tätig gewesen waren, hatten sich ebenfalls beim Requiem eingefunden: Marquis de Corio, Staatsrat Eloin, Graf Khevenhüller, Dr. Basch, Blasio, die treuen Mitgefangenen der letzten Stunde und etliche andere mehr. Doch weder Gutierrez noch Hidalgo noch Almonte waren erschienen, all die, die so eifrig die Werbetrommel für ein Kaiserreich Mexiko gerührt hatten, glänzten durch Abwesenheit. Sie fürchteten nur um ihre Besitztümer, die jetzt erneut in Gefahr waren.

Hilarion Frias de Soto, ein republikanischer Schriftsteller aus Querétaro, schreibt darüber: »Alle Notabeln der kaiserlichen Partei, die Minister, Räte und hohen Beamten hielten sich in Europa auf, wohin sie vor der mexikanischen Justiz geflohen waren. Doch keiner jener Männer, die vom Kaiser mit Würden, Gold und Aufmerksamkeiten überhäuft worden waren, erwies ihm die letzte Ehre. Dieselben Männer, die ihn auf den Thron und von dort auf die Richtstätte gezerrt hatten, ließen sich nicht herab, Maximilians bei seinem Begräbnis zu gedenken.«[181]

Nach der feierlichen Einsegnung durch den Wiener Kardinal Rauscher trugen Kapuzinerpatres, gefolgt von Kaiser Franz Joseph und Maximilians Brüdern, dem Obersthofmeister Fürst Hohenlohe, Vizeadmiral Tegetthoff und zwei Kämmerern, den Sarg des ehemaligen Kaisers von Mexiko in die Gruft hinunter, in der sich seit dem Jahre 1633 die letzte Ruhestätte der Habsburger befindet.

Nach Beendigung der Trauergebete übergab der Obersthofmeister den Leichnam der Obhut des Guardians der Kapuziner und händigte ihm die Schlüssel des Sarges aus.

Maximilians bronzener, mit goldenen Ornamenten und dem mexikanischen Wappen verzierter Sarg befindet sich heute in der (erst 1962 erbauten) Neuen Gruft und ist ebenso wie die Särge von Kaiser Franz Joseph, Kaiserin Elisabeth, dem Kronprinzen Rudolf und der letzen österreichischen Kaiserin Zita immer mit frischen Blumen geschmückt.

Wie aus dem amtlichen Teil der *Wiener Zeitung* hervorgeht, wurde schon am 22. Januar 1868 der Sarg mit der Leiche Kaiser Maximilians erneut geöffnet. »In diesem Sarg erblickte man die einbalsamierte, noch wohl erhaltene höchste Leiche, welche alle Anwesenden genau in Augenschein nahmen und als jene weiland Sr. Majestät des Kaisers von Mexiko und Erzherzogs von Österreich, Ferdinand Maximilian, erkannten.« Über diese Amtshandlung wurde ein Protokoll angefertigt, das vom k.k. Ministerpräsidenten Fürst Karl Auersperg, vom Ersten Obersthofmeister des Kaisers, Fürst Konstantin Hohenlohe, Vizeadmiral Tegetthoff und anderen Würdenträgern unterzeichnet worden ist.

Die *Neue Freie Presse* wußte auch »aus verläßlicher Seite« zu berichten, daß »die Kopfhaare sowie die Kleider, welche der unglückliche Fürst am Morgen seines Todes trug, der spekulativ rohe Arzt von Querétaro zurückgehalten und sie für 15 000 Peso zum Verkauf angeboten habe. Doch wurden diese Reliquien durch die mexikanische Regierung dem einheimischen Arzt abgefordert und in einem Kistchen dem Vizeadmiral Tegetthoff eingehändigt, während der Arzt wegen seiner spekulativen Roheit zur Verantwortung gezogen wurde.«

Das mexikanische Kaiserreich war endgültig untergegangen.

Noch ein Gerücht

Eine sensationelle Story

Um berühmte Menschen ranken sich oft Gerüchte und wundersame Geschichten, manchmal werden sogar Tote wieder zum Leben erweckt.

Knapp vor Fertigstellung dieses Buches geriet die Autorin durch Zufall an ein Werk über Kaiser Maximilian, das ihr bisher in keiner Bibliographie aufgefallen war und dessen spektakuläre Quintessenz sie den Lesern nicht vorenthalten möchte. Demnach soll Kaiser Maximilian keineswegs am 18. Januar 1868 in der Kapuzinergruft in Wien beigesetzt worden sein, sondern er habe noch viele Jahre in San Salvador, der Hauptstadt des gleichnamigen Staates auf der Landbrücke zwischen Mexiko und Südamerika, gelebt!

Nur halb so groß wie die Schweiz, grenzt El Salvador an den Pazifischen Ozean sowie an Guatemala und Honduras und hat noch einige aktive Vulkane. Bis zu seiner Unabhängigkeit im Jahre 1821 war es ein Teil des spanischen Kolonialreichs.

Wie konnte ein solches Gerücht aufkommen? Behaupten nicht sämtliche Geschichtsbücher, daß Maximilian gegen jegliches Rechtsempfinden von seinem Gegner Juárez in Querétaro standrechtlich erschossen und sein Leichnam erst nach langen Verhandlungen in seine Heimat Österreich gebracht wurde, um dort die ewige Ruhe zu finden?

Der Autor des Buches *Des Kaisers neues Leben,* Johann Georg Lughofer, der derzeit als »Gastforscher« in Mexiko tätig ist, tritt keinen völlig schlüssigen Beweis seiner These an, aber er weist auf eine recht plausible Weise darauf hin, wie es sich zugetragen haben könnte.

Es sei so gewesen, wie es bei Puccini im letzten Akt der Oper *Tosca* hätte sein sollen. Eine Hinrichtung zum Schein, ein abgekartetes Spiel für die Welt, wobei Maximilian genau gewußt habe, daß ihm nichts geschehen werde. Deshalb habe er auch alle Fluchtpläne unter manchmal lächerlichen Vorwänden abgelehnt und sowohl das Urteil als auch die Hinrichtung mit großer Gelassenheit hingenommen. Auch der Aufschub, der allen so unmenschlich erschien, sei nötig gewesen, um alle Vorbereitungen zu treffen.

Eine Begnadigung sei nicht in Frage gekommen, denn sie wäre auch den anderen beiden Delinquenten zugute gekommen. Aber ihrer wünschte sich Juárez unbedingt zu entledigen. Generäle waren gefährlich, denn sie hätten eines Tages wieder auftauchen und erneut Unruhe stiften können.

Der Deal sei mit Maximilians Einverständnis über General Escobedo zustande gekommen. Der Gedanke, als Besiegter in die Heimat zurückzukehren, mit allen Plänen gescheitert und auf die Gnade seines Bruders angewiesen zu sein, habe ihm ohnehin mißfallen. Möglicherweise habe auch die Vorstellung, an der Seite einer geistesgestörten Frau leben zu müssen, eine Rolle gespielt. Ein Leben in einem jener südlichen Länder, die er so liebte, inmitten einer herrlichen Natur, fern von Verpflichtungen und Etikette, dagegen mochte ihm nach dem Fiasko in Mexiko durchaus reizvoll erscheinen. Niemand würde auf die Idee kommen, ihn in einem so entlegenen und weitgehend unbekannten Land wie El Salvador zu vermuten. Er würde nichts entbehren müssen, denn Freimaurer würden ihm dort behilflich sein, ein auskömmliches Leben zu führen. Um nicht Juárez' Nimbus als Nationalheld und Wahrer der Gerechtigkeit zu schädigen, ist es anzunehmen, daß Maximilian sich verpflichten mußte, eine neue Identität anzunehmen – eine Bedingung, auf die er sich gewiß problemlos einließ.

Die Frage, warum sich Juárez letztendlich bereit gefunden

habe, auf diese Weise Gnade walten zu lassen, beantwortet Lughofer mit einem einfachen Hinweis: Sie seien alle Freimaurer gewesen, Juárez, Maximilian und die Menschen, die mithalfen, den angeblich Toten in Sicherheit zu bringen!

Es ist bekanntlich verbürgt, daß Maximilian, der geistig liberalem Gedankengut weit näher stand als der streng konservativen Mentalität eines Gutierrez, Juárez nie besonders feindlich gesinnt war, sondern immer wieder versuchte, sich mit ihm zu einigen. Gerade seine liberale Gesinnung, sein Lavieren zwischen den Parteien, gestaltete ja seine Regierung so schwierig.

Juárez hätte nämlich infolge des Eids, den er bei seinem Eintritt in die Loge geschworen habe, seinen Gegner gar nicht hinrichten lassen dürfen. »Schon 1721 wurde im ersten Konstitutionsbuch der Freimaurerei ... in den sogenannten ›Alten Pflichten‹, die Verpflichtung einer gegenseitigen Hilfestellung unter Brüdern festgelegt: ›Zum Verhalten gegenüber einem fremden Bruder: ... Ist er in Not, so muß ihm nach Vermögen geholfen werden, oder man muß ihn dorthin verweisen, wo ihm geholfen werden kann ... Übt brüderliche Liebe, den Grund- und Schlußstein, den Mörtel und Ruhm dieser uralten Bruderschaft, meidet allen Zank und Streit ... erweist ihm alle guten Dienste, soweit das mit eurer eigenen Ehre und Sicherheit vereinbar ist.‹«[182]

So habe Juárez einerseits die Pflichten eines gehorsamen Freimaurers erfüllt, andererseits seinem Volk gegenüber den Beweis erbracht, daß dem Gesetz um jeden Preis und gegenüber jedermann Genüge geleistet werden mußte. Und daß er sich als Präsident eines unabhängigen Staates weder von den illustren Herrscherhäusern des alten Europa noch von den mächtigen Vereinigten Staaten von Amerika kleinkriegen lasse.

Der Urheber des Gerüchts

Die abenteuerliche Version von Kaiser Maximilians Schicksal, die Lughofer aufgreift, geht auf den Architekten Rolando Ernesto Deneke zurück, der sich für die Geschichte seines Heimatlandes El Salvador und die dort lebenden Menschen sehr interessierte. Dazu zählte ein etwas geheimnisumwitterter Mann namens Justo Armas, zu dem Denekes Urgroßmutter Abelina eine freundschaftliche Beziehung unterhielt. Justo Armas sei in Wirklichkeit Kaiser Maximilian gewesen!

Intensive Nachforschungen Denekes erhärteten seine These. Viele Gegenstände, die nachweislich Eigentum des Kaisers gewesen waren, hätten sich im Besitz Justo Armas' wiedergefunden. Freimaurer hätten sie ihm in seine neue Heimat gebracht.

Wie aber war die Täuschung inszeniert worden, wie die Welt hinters Licht geführt? Hatte man sich für die Hinrichtung eines Doppelgängers bedient? Oder hatte man einfach statt scharfer Munition nur Platzpatronen verwendet? Darüber herrscht tiefes Schweigen.

Den angeblichen Leichnam unter einer Decke wegzuschaffen stellte wohl keine besonders Schwierigkeit dar. Danach habe man nur wenige Eingeweihte zur Besichtigung der Leiche zugelassen. Dazu habe Maximilians Leibarzt Dr. Basch gezählt, der dann auftragsgemäß die nicht vorhandenen Einschüsse dokumentiert habe. Die ausländischen Gesandten, die den Kaiser gut kannten, hätten hingegen keine Erlaubnis erhalten, nach Querétaro zu reisen.

Vorsorglich habe Juárez eine sofortige Auslieferung des Leichnams verweigert. Denn für die mühevolle Tätigkeit, bei einer fremden Leiche eine Ähnlichkeit mit dem ehemaligen Kaiser zu schaffen, habe man Zeit gebraucht. Dazu gehört wohl auch die empörte Zeitungsmeldung, daß Maximilians Barthaare an Souvenirjäger verkauft wurden.

»Vier Fotos existieren von dem Leichnam, die sich beträchtlich unterscheiden«, führt Lughofer aus. »Bei einem Foto wurde nachgewiesen, daß es sich um eine Puppe handelte. Keine Abbildung kann als Beweis dienen, der Leichnam wäre Maximilian ... Die stümperhaften Einbalsamierungen und die rohe Behandlung des Sarges während des Transportes wären der absichtliche Versuch gewesen, die sterblichen Überreste bis zur Unkenntlichkeit zu entstellen. Man sollte keine klaren Züge mehr erkennen.«[183] Bei den Leichen Miramóns und Mejías dagegen sei die Einbalsamierung einwandfrei gelungen.

Vizeadmiral Tegetthoff, der im Januar 1868 den Empfang des Leichnams bestätigte, habe diesen »in vollkommen gut konserviertem Zustand«[184] entgegengenommen, wie auch das Protkokoll der *Wiener Zeitung* bestätigte, das zwei Tage nach der Beisetzung erstellt wurde.

Spielten also hohe Würdenträger des Wiener Hofes und der Marine, wie der Obersthofmeister des Kaisers und Vizeadmiral Tegetthoff, bei diesem Schwindel ebenfalls mit? Aber wäre dies überhaupt möglich gewesen ohne Wissen Kaiser Franz Josephs?

Maximilians Mutter, Erzherzogin Sophie, soll hingegen beim Anblick von Maximilians sterblichen Überresten ausgerufen haben: »Das ist nicht mein Sohn!«[185]

Ein neues Leben in El Salvador

Laut Lughofer ist es in den Archiven des Landes dokumentiert, daß Justo Armas im Jahre 1870 in der Hauptstadt San Salvador gemeldet war. Es findet sich jedoch kein Hinweis auf das Datum seiner Ankunft oder über seine Herkunft. Man darf aber annehmen, daß er schon etwas früher dort angekommen ist.

Justo Armas, ein hochgewachsener Mann mit auffallendem Schnurr- und Backenbart und hellen Augen, sprach mehrere Sprachen und genoß von Anfang an die Protektion des Kanzlers und Vizepräsidenten Gregorio Arbizú, bei dem er anfangs auch wohnte. Arbizú, der eine Zeitlang als Botschafter in Paris tätig gewesen war, gehörte ebenfalls einer Freimaurerloge an und war der engste Mitarbeiter von Präsident Francisco Dueñas. Es fiel ihm also nicht schwer, den gewandten und sprachenkundigen Armas diesem als Berater zu empfehlen. Armas machte sich dort sehr bald nützlich. Er kannte sich in allen Fragen des Protokolls bestens aus und erwies sich als perfekter Organisator von diplomatischen Empfängen und Diners.

Bald gründete er eine eigene Firma, in deren Rahmen er für die reichen Großgrundbesitzer und Kaufleute ebenfalls Feste veranstaltete. Er sorgte für eine exzellente Küche, edle Weine und gewandtes Bedienungspersonal; Speisenfolge und Getränke zeugten von einem ausgezeichneten Geschmack. Armas lieferte alles, was nötig war: feinstes Porzellan, erlesenes Kristall, hochkarätiges Silber sowie dezente Musik und Blumenschmuck. So etwas hatte es in El Salvador bisher nicht gegeben. Einem habsburgischen Erzherzog, der von Jugend an glänzende Feste und Empfänge gewohnt war, dürfte es nicht schwergefallen sein, derlei zu organisieren. Und wenn Geld keine Rolle spielte, wäre er überhaupt in seinem Element gewesen. Wenn Justo Armas eben wirklich der ehemalige Kaiser von Mexiko war …

Anscheinend stellte die Bruderschaft der Freimaurer im Staate El Salvador, darunter auch die reichen Kaffeeplantagenbesitzer, einen nicht zu unterschätzenden Machtfaktor dar. Sie hatten dafür gesorgt, daß sie beim Verkauf kommunaler Areale ihre Anbauflächen beträchtlich erweitern konnten. Die Vulkanasche an den Berghängen war fruchtbar, das Klima erlaubte reiche Ernten. Die Reichen wurden also noch reicher, was den Festen des Señor Armas zugute kam. Über Mangel an Aufträgen konnte er sich also nicht beklagen. Bald war es üblich, ihn nicht nur mit deren Ausrichtung zu betrauen, sondern auch die Töchter durch ihn in Benehmen und Etikette unterweisen zu lassen.

Armas hatte von Arbizú zwei Häuser gemietet, eines, das er als Wohnung nutzte, das andere als Firmensitz samt den nötigen Lagerstätten für Möbel und Accessoires, die er für seine Tätigkeit brauchte. Sein Privathaus beherbergte eine reichhaltige Kunstsammlung, japanische Keramik, wertvolle Gemälde und Zeichnungen, viele Fotos von Habsburgern sowie eine Menge Möbel und Geschirr mit den Insignien des Hauses Habsburg und des Kaisers von Mexiko. Sie sollen ihm von Juárez auf verschlungenen Wegen nachgeschickt worden sein. Angeblich befinden sich so manche dieser Gegenstände heute noch im Besitz verschiedener Familien von El Salvador.

Privat lebte Armas sehr zurückgezogen, Fragen nach seiner Herkunft wußte er stets auszuweichen. Er soll nur einmal erwähnt haben, daß er bei einem Schiffbruch beinahe ums Leben gekommen sei. In höchster Not habe er damals die Jungfrau Maria um Hilfe angefleht und geschworen, zur Buße nie wieder Schuhe zu tragen, falls er gerettet werden würde. Tatsächlich soll er sogar zum Frack immer barfuß gegangen sein. Ein sinkendes Schiff als Symbol des Kaiserreiches Mexiko? Und Maximilian als Überlebender?

Lughofer berichtet auch über eine Begebenheit, die sich im Ersten Weltkrieg abspielte. Damals hätten zwei Diplomaten den an sich völlig unbedeutenden Kleinstaat El Salvador besucht. Alle waren gespannt zu erfahren, welche Absichten sie mit ihrem Besuch verfolgten. Doch sie besuchten nur Justo Armas. Lughofer folgert daraus, daß sie Gesandte von Kaiser Franz Joseph waren, der den Bruder zur Rückkehr bewegen wollte, um ihn als Nachfolger einzusetzen. Das klingt jedoch nicht sehr wahrscheinlich. War doch Maximilian nur um zwei Jahre jünger als der damals 84jährige Kaiser, also zu Beginn des Ersten Weltkriegs ebenfalls schon 82 Jahre alt! Hätte Franz Joseph das gewollt, hätte er seinen Bruder wesentlich früher zurückgeholt, vor allem um sich den ungeliebten Thronfolger Franz Ferdinand samt dessen nicht ebenbürtiger Braut zu ersparen.

Wer immer Justo Armas in Wirklichkeit war, er schien sich in El Salvador wohl zu fühlen. Der Kleinstaat florierte, der Bau des Panamakanals hatte neue Perspektiven für Handel und Verkehr eröffnet, es gab inzwischen Eisenbahnlinien, Elektrizität und fließendes Wasser. Armas selbst war ein geachteter Mann, dem seine Tätigkeit Freude machte. Wenn er je der Kaiser von Mexiko gewesen war, dann trauerte er seiner schwierigen Regierungstätigkeit wohl nicht mehr nach.

Im Jahre 1917 allerdings, anläßlich eines schwerem Erdbebens bei einem Vulkanausbruch, soll Justo Armas einem Freund namens Rodolfo Schleuz seinen wahrem Namen gestanden haben. Schleuz' Sohn Otto schrieb die Begebenheit auf. Demnach hätte man Maximilian nach der angeblichen Hinrichtung sofort zugedeckt und in das Kapuzinerkloster zurückgebracht. Dort sei er in eine Mönchskutte geschlüpft und mit einem alten Priester drei Tage lang nach Süden geritten. Am Morgen des 23. Juni 1867 hätten die beiden die Grenze Mexikos erreicht. Sein Begleiter soll ihm den Weg nach El Salvador gewiesen haben, wo ein einflußreicher Freimaurer ihn empfangen würde.

Justo Armas starb im Jahre 1936 – folglich wäre Maximilian 104 Jahre alt geworden! Ziemlich unglaubwürdig.

Kurz vor seinem Tod soll er dem Bischof von El Salvador ebenfalls seine wahre Identität gestanden haben. »In Wahrheit ist ein Prinz gestorben!« soll dieser nach Armas' Tod ausgerufen haben.[186]

Deneke scheute weder Mühen noch Ausgaben, um seine These zu untermauern. Er ließ beispielsweise das Besteck von Justo Armas, das sich inzwischen im Besitz der Kinder von dessen Freund Arbizú befand, untersuchen und fand heraus, daß es identisch mit dem des Kaisers von Mexiko war. Er bestellte Experten, die die Schriftzüge in Armas' Tagebuch mit der Handschrift des Kaisers verglichen. Sie stammten von derselben Person, wenn auch ein zeitlicher Unterschied festgestellt wurde. Durch Fotos wurde außerdem bewiesen, daß Schädelform und Lage der Nase und der Augen der beiden Personen identisch waren.

Schließlich gaben die Nachkommen Gregorio Arbizùs, in dessen Familiengrab Justo Armas beigesetzt worden war, die Erlaubnis, aus dessen Knochen Material für eine DNA-Analyse zu gewinnen, um es mit der DNA von Habsburgern zu vergleichen. Dazu schrieb Deneke dreihundert in Frage kommende Personen an, von denen ihm nur wenige antworteten und kaum jemand sich bereit erklärte, solche Proben zu liefern. Auch der Chef des Hauses Habsburg, Otto von Habsburg, wurde um sein Einverständnis ersucht. »In zwei Labors wurde daraufhin untersucht – in den Vereinigten Staaten und in Spanien. Obwohl die Probe von Armas durch Mikroorganismen verunreinigt war, ergab sich eine überraschend hohe Übereinstimmung.«[187]

Justo Armas und Erzherzog Johann Orth

Der mexikanische Historiker und Maximilian-Forscher José Manuel Villalpando war sehr beeindruckt, meinte aber, die Beweise seien nicht endgültig.

Um das Habsburgererbe in der Analyse zu erklären, erwog er, daß Justo Armas eventuell der verschollene Erzherzog Johann Salvator gewesen sein könnte. Ein einfacher Zeitvergleich führt aber diesen Gedanken ad absurdum: Justo Armas' Meldung im Einwohneramt von San Salvador ist seit dem Jahre 1870 dokumentiert. Erzherzog Johann Salvator wandte sich erst 1889, also fast zwanzig Jahre später, nach verschiedenen Unstimmigkeiten mit Kaiser Franz Joseph vom Kaiserhaus ab. Er verzichtete auf all seine Privilegien und Einkünfte als österreichischer Erzherzog und nannte sich fortan Johann Orth. Als einfacher Bürgerlicher erwarb er das Kapitänspatent für Handelsschiffahrt und kaufte das Schiff *Saint Margret*, um damit Handel zu treiben und seinen Lebensunterhalt zu verdienen.

Am 12. Juli 1890 lief die *Saint Margret* aus dem Hafen von La Plata in Argentinien aus. Ihr Ziel war Valparaíso in Chile.

In der Nacht vom 20. auf den 21 Juli 1890 geriet das Schiff vermutlich in einen jener berüchtigten Stürme um Kap Hoorn und blieb trotz eifriger Suche samt seiner ganzen Besatzung verschollen. Johann Orth wurde am 6. Mai 1911 amtlich für tot erklärt. Ob er seine Lebensgefährtin Milli Strubel, die ebenfalls an Bord war, geheiratet hat, ist anzunehmen, aber nicht erwiesen.

Doch war Johann Orth wirklich tot? Oder konnte er sich vielleicht doch an Land retten? Einige beteuerten, ihn später noch gesehen zu haben ... Dennoch, Justo Armas kann er wohl nicht gewesen sein.

Die Skeptiker

Konrad Ratz führte als Gegenbeweis an, daß die letzten Tage Maximilians in Querétaro durch Augenzeugen und Briefe so gut dokumentiert seien, daß gar keine Zeit bestanden habe, eine so komplizierte Transaktion in die Wege zu leiten, wie sie die Rettung des Deliquenten darstellte, von der späteren Identifikation der Leiche ganz zu schweigen. Ratz zweifelt überhaupt an, daß Maximilian Freimaurer gewesen sei.

Der Schriftsteller Fernando del Paso, der sich ausführlich mit Maximilian beschäftigte, wandte ein, daß Juárez ein großes Risiko einging, wenn er auf Maximilians Wort vertraute, seine neue Identität auch wirklich zu wahren, und daß außerdem Juárez und Maximilian verschiedenen Freimaurerlogen angehört hätten, die einander oft feindlich gegenüberstanden.

Der heftigste Protest gegen die Vorstellung, der ehemalige Kaiser von Mexiko habe als Justo Armas in El Salvador weitergelebt, kam, wie erwartet, aus Mexiko. An der Heldengestalt des Benito Juárez durfte nicht gezweifelt werden.

Was spricht für die Annahme, Justo Armas sei der ehemalige Kaiser von Mexiko gewesen?

– Die intensiven Nachforschungen Denekes aufgrund der Berichte seiner Urgroßmutter.
– Es wäre nicht unmöglich gewesen, die Exekution zu fingieren.
– Eine tätige Hilfe der Freimaurer gemäß ihrem Eid wäre vorstellbar.
– Wenn Maximilian am Leben bleiben wollte, hatte er keine andere Wahl, als auf den Vorschlag einzugehen. Ein ruhiges und zugleich auskömmliches Leben könnte ihm nach den vielen Schwierigkeiten in Mexiko durchaus erstrebenswert erschienen sein. Er liebte die tropische Natur, schon als Kaiser hatte er es oft vorgezogen, mit Dr. Bilimek in Cuernavaca auf Schmetterlingsjagd zu gehen, statt sich seiner Regierungstätigkeit zu widmen.
– Seine Kenntnis von erlesenen Speisen, von Etikette und feinen Umgangsformen spricht für eine Herkunft aus hohen Kreisen.
– Die Übereinstimmung seiner Gebrauchsgegenstände mit denen des Kaisers von Mexiko.
– Das Hauptargument: die große Übereinstimmung der Genanalyse von Justo Armas und anderen Habsburgern.

Was spricht gegen die Annahme?

– Das Risiko, daß Maximilian sich nicht an die Bedingung halten würde, seine neue Identität um jeden Preis zu wahren, wäre viel zu groß gewesen.
– Einige Mitwisser waren nötig; selbst wenn ihr Kreis so klein wie möglich war, auch ihr Schweigen war nicht hundertprozentig sicher.
– War Maximilian wirklich Freimaurer? Das Haus Habsburg war streng katholisch. Die Kirche lehnt die Freimaurerei kategorisch ab.

- Dr. Basch kannte den Kaiser sehr genau. Er gab eine Beschreibung der Autopsie. Er müßte also zum Kreis der Eingeweihten gehört haben.
- Als alter Marinekamerad kannte Vizeadmiral Tegetthoff Maximilian ebenfalls sehr gut. Er bezeugte sowohl bei der Übernahme des Leichnams als auch nach dessen Beisetzung in der Kapuzinergruft, daß es sich um den Kaiser von Mexiko handle.
- Auch Fürst Hohenlohe, der Obersthofmeister von Kaiser Franz Joseph, identifizierte die Leiche. Unterschrieb er das Protokoll einfach im guten Glauben, es könne kein anderer sein?
- Es ist unglaubwürdig, daß Juárez die anderen Regierungen einweihte. Die Gefahr, daß die Presse davon erfuhr, war viel zu groß. Zumindest entspricht es nicht dem Charakter Kaiser Franz Josephs, bei einer solchen Täuschung mitzumachen.

Wer war also wirklich der Mann, dessen sterbliche Überreste in jenem Grab in San Salvador ruhen? Kaiser Maximilian oder irgendein unbekannter Abkömmling eines Habsburger Erzherzogs, den man, wohl versehen mit Kapital, in Übersee loswerden wollte?

Wenn auch vieles an Denekes Untersuchung durchaus plausibel ist, einige Zweifel bleiben bestehen.

Die Wahrheit könnte nur eine DNA-Analyse von Maximilians Leichnam in der Wiener Kapuzinergruft ans Licht bringen. Sein genetisches Material müßte eine Übereinstimmung mit dem der Habsburger und Wittelsbacher aufweisen. Nur auf diesem Weg ließe sich eindeutig feststellen, ob ein Fremder in dem pompösen Sarkophag liegt. Doch das ist ein hoffnungsloses Unterfangen. Die Herrscherhäuser wissen ihre Geheimnisse zu wahren, auch wenn sie längst nicht mehr regieren.

Von Miramare nach Belgien

Die Krankheit

Wieder in Miramare

Als Kaiser Maximilian auf dem Glockenhügel von Querétaro unter den Schüssen des Exekutionspelotons fiel, befand sich Charlotte noch immer in Miramare, wohin ihr Bruder Philipp sie ein halbes Jahr zuvor gebracht hatte. Man hatte sie in dem Gartenhaus untergebracht, in dem sie mit Maximilian in der ersten Zeit ihrer Ehe gewohnt hatte, als das Schloß noch nicht fertiggestellt war.

Der Zustand der Kranken hatte sich ein wenig gebessert, die Ruhe tat ihr sichtlich gut. Damit sie nicht die Nahrung verweigerte, hatten die Ärzte ihr eine bekömmliche, appetitanregende Diät verordnet. Angehörige ihres Gefolges durften sich jedoch immer noch nicht bei ihr blicken lassen. Allerdings richtete sich ihr Mißtrauen jetzt mehr gegen Maximilian und dessen Familie, die sie verdächtigte, sie vergiftet zu haben. Während der damals noch häufigen längeren Perioden geistiger Klarheit beschäftigte sie sich, wie es bei Damen der höheren Gesellschaft üblich war, mit Malerei, Zeichnen oder Handarbeiten, gelegentlich mit einem Kartenspiel. Bei schönem Wetter unternahm sie manchmal einen Spaziergang im Park in Gesellschaft des Arztes.

Ihr Erinnerungsvermögen schien bisweilen vollkommen intakt. Zu Neujahr 1867 bekamen alle ihre Freunde und Verwandten Glückwünsche. Sie wußte ganz genau, daß sowohl sie als auch Graf Bombelles am 4. November Namenstag hatten. Charlotte gratulierte ihm und freute sich über die Geschenke, die sie bekam. Aber schon am selben Abend waren ihr die Musiker, die ihr zu Ehren spielten, höchst verdächtig. Es gab aber auch Zeiten, in denen sie Tobsuchtsanfälle hatte, Spiegel oder Vasen zertrümmerte oder auch einmal den Arzt tätlich angriff.

Über Miramare, das Gartenhaus und seine Bewohnerin gebot Graf Carl Bombelles. Er war ein Jugendfreund Maximilians, genauso alt wie er, mit ihm erzogen worden und ebenfalls Marineoffizier. Nur zu gern war er mit ihm nach Mexiko gereist, wo er schließlich die Stellung eines Kommandeurs der Palastwache bekleidet hatte. Er hatte Charlotte als Kammerherr auf ihrer Europareise begleitet, und Joan Haslip bezeichnet ihn als »einen Bruder Leichtfuß, dem das Geld locker saß und der es mit der Moral nicht genau nahm«.[188] Bombelles soll Maximilian nicht nur zu mancher unnötigen Ausgabe, sondern gelegentlich auch zu amourösen Abenteuern animiert haben. Charlotte soll ihn nicht besonders gemocht haben. Später wirkte Bombelles als Obersthofmeister des Kronprinzen Rudolf bei jenem unheilvollen Weg mit, der in Mayerling endete.

Die Berufung Bombelles zur verantwortungsvollen Stelle eines Obersthofmeisters und Begleiters des jungen Thronerben beweist aber, daß das Kaiserhaus sich seiner Treue und Ergebenheit sicher war und ihm Vertrauen schenkte.

Man kann mit Recht behaupten, daß Bombelles die Kaiserin in Miramare vollkommen von der Umwelt isoliert und beinahe wie eine Gefangene behandelt hat. Er besoldete das Bedienungspersonal, das vollkommen von ihm abhängig war, und entfernte diejenigen, die Charlotte zu sehr zugetan waren.

Ein Geheimnis umgibt auch den Tod der Kammerfrau Mathilde Doblinger, die der Kaiserin sehr ergeben war und die als einzige in Rom in ihrer Nähe sein durfte, die einzige, aus deren Händen sie ihre tägliche Mahlzeit nahm. Mathilde Doblinger starb unter ungeklärten Umständen nach einigen Stunden qualvoller Schmerzen. Wurde sie vergiftet? Drohte sie, die Zustände in Miramare publik zu machen? Oder kannte sie ein Geheimnis, das um keinen Preis ans Licht der Öffentlichkeit gelangen sollte?

Betrachtet man Bombelles' Machtstellung in Miramare und sein Verhältnis zum Kaiserhaus, dann drängt sich der Gedanke auf, daß er in Charlotte wohl mehr eine Art Geisel sah als eine Kranke. Ging es um Geld? Die Kaiserin hatte eine sehr große Mitgift in die Ehe gebracht, und als Teilerbin ihres Vaters verfügte sie über ein ansehnliches Vermögen.

Eloin, einst Staatsrat im Kaiserreich Mexiko, bemühte sich vergeblich um eine Besuchserlaubnis in Miramare. Ebenso ging es Charlottes alten Freunden, wie Gräfin d'Hulst oder Gräfin Kollonitz. Auch Blasio mußte unverrichteter Dinge wieder abreisen. Besuche seien verboten, bekam er nur zur Antwort. Galt dieses Verbot auch für die Angehörigen des Kaiserhauses? Denn auch von ihnen kam niemand nach Miramare.

Eloin hatte aber Gelegenheit festzustellen, daß Charlotte Tag und Nacht überwacht wurde und die Fensterläden meist geschlossen waren. Eine medizinische Notwendigkeit? Hätte man sie nicht etwas diskreter überwachen können? Der Belgier notierte seine Eindrücke: »Wenn man ruhig, gehorsam und ergeben ist, dann nur, weil man begreift, daß es da Regeln und einen Willen gibt, den man sich unterwerfen muß. Obwohl frei, fühlt man sich wie im Gefängnis.«[189] »Zuerst versuchte sie, davonzulaufen und man fand sie, wie sie ohne Haube und Schal durch den Park wanderte«, schrieb Eloin an Maximilian. »Inzwischen sieht sie ein, daß sie krank ist und besonderer Behandlung bedarf.«[190]

Endlich war es Dr. Jilek gelungen, Charlotte von der fixen Idee, ihr Mann habe sie vergiftet, abzubringen. Sie sprach jetzt wieder durchaus freundlich über ihn und war überzeugt, er werde kommen, sobald all die bösen Leute, die ihn und sein Reich bedrohten, vernichtet seien. Vielleicht war das der Grund, warum der Arzt strikt verbot, sie über den Tod des Kaisers zu informieren. Darum gab es in Miramare kein äußeres Anzeichen von Trauer. Die vielen Menschen, die Maximilian gekannt und gemocht hatten, mußten die schmerzliche Erinnerung an ihn tief in ihrem Herzen verschließen.

Die unwürdigen Zustände in Miramare dürften aber doch König Leopold II. zur Kenntnis gebracht worden sein, denn er bestand auf der Heimkehr seiner Schwester nach Belgien. In einem Sonderzug fuhr Königin Marie Henriette nach Miramare, um Charlotte abzuholen.

Da Leopold nicht wollte, daß die Habsburger über das Vermögen seiner Schwester verfügten, schlug er Kaiser Franz Joseph ein Abkommen vor. Charlotte würde auf den Nachlaß ihres Mannes verzichten und auch keine Ansprüche auf die Insel Lacroma stellen, die sie seinerzeit gekauft hatte. Dafür sollte sie nach Belgien zurückkehren und ihre Mitgift zurückbekommen. Dort werde Leopold die Vormundschaft für sie übernehmen. Für die Schulden des Ehepaars mußte er nicht aufkommen. Diese überstiegen in der Tat bei weitem das Vermögen. Die von Maximilian in Auftrag gegebenen Bauten und Anschaffungen hatten Unmengen Geld verschlungen. So hatte er noch im Frühjahr 1867, als das Kaiserreich schon seinem Ende entgegenging, in London eine Dampfjacht gekauft! Sie brachte einige Jahre später bei ihrer Versteigerung in Triest nicht einmal die Hälfte ihres Wertes ein. Das Haus Habsburg mußte um des guten Rufes willen ziemlich tief in die Tasche greifen. Dennoch hatten die Anwälte der Gläubiger noch jahrelang damit zu tun, deren Forderungen einzuklagen, vielfach vergeblich.

Als Königin Marie Henriette in Miramare ankam, war sie entsetzt über Charlottes Aussehen. Was hatte die Krankheit nur aus dieser jungen Frau gemacht, die sie jung und blühend in Erinnerung hatte! Was hatte man in jenem Gartenhaus mit ihr angestellt! »Nur Haut und Knochen und voll Angst vor allem und jedem«, schrieb sie.[191]

Die beiden hatten einander eigentlich nicht besonders nahegestanden. Vor allem Charlotte hatte bekanntlich einiges an der Schwägerin auszusetzen gehabt. Marie Henriettes Ehe, eine von den Eltern arrangierte Heirat, war nicht glücklich. Leopold machte ihr zum Vorwurf, daß sie ihm zwar Töchter, aber nur einen Sohn und Erben geboren hatte. Auf die erste Tochter folgte zwar der ersehnte Kronprinz, aber dann wurden wieder Töchter geboren, während der Sohn bereits im Kindesalter starb. Danach ging die Ehe vollends in die Brüche. Leopold wandte sich anderen Frauen zu.

Charlottes Heimkehr nach Belgien, die nach Ansicht der belgischen Königin aufgrund des Abkommens mit Kaiser Franz Joseph unproblematisch sein sollte, stieß jedoch auf Hindernisse. Denn Graf Bombelles und das Schloßpersonal verweigerten die Übersiedlung, indem sie sich auf Anweisungen aus Wien beriefen.

Es blieb der Königin nichts anderes übrig, als ihren Beauftragten, Baron Goffinet, an den Kaiserhof zu schicken, um ihre Wünsche durchzusetzen. Am heftigsten wehrte sich Bombelles, der wohl um seine Stelle und seine Einkünfte fürchtete. Erst nach zehn Tagen konnte der Salonzug endlich in Richtung Belgien abfahren.

Gerüchte

Wenn man sich mit Kaiserin Charlotte beschäftigt, kann man ein Gerücht nicht ganz außer acht lassen, das seit langem um ihre Person im Umlauf ist.

Es führt zunächst zu der Frage: Was geschah in Miramare? Was war der wirkliche Grund dafür, die Kranke in diesem Maße unter Verschluß zu halten, jeden Kontakt zur Außenwelt und sogar zu alten Freunden zu unterbinden? War es tatsächlich nur die Sorge, ihr jede Erregung zu ersparen? Oder gab es da etwas zu verbergen, ein Geheimnis, das auf keinen Fall in die Öffentlichkeit gelangen sollte? Hatte Mathilde Doblinger etwa gegen dieses Gebot verstoßen? Mußte sie deshalb sterben? War Charlotte schwanger?

Diese gewagte Hypothese wird durch Beobachtungen gestützt, die Charlottes Begleitung während ihrer Europareise machte. Es fiel so manchem auf, daß sie während der ganzen Überfahrt unter großer Übelkeit litt, was allerdings bei Seereisen nicht außergewöhnlich ist, und daß sie plötzlich das Fahren in der Kutsche auf den Alpenstraßen nicht vertrug. Auf den wesentlich schlechteren Wegen in Mexiko hatte es ihr dagegen nie etwas ausgemacht. Aber was dem Gerücht weitere Nahrung gab, war, daß sie die ganze Zeit trotz der herrschenden Hitze immer einen langen Schal, ein Cape oder eine Mantilla trug, als habe sie etwas zu verbergen.

Sollte also die Kaiserin ihren Mann betrogen haben? Denn ein eheliches Kind, noch dazu eines, das sie sich schon lange sehnsüchtig wünschte, hätte sie nicht zu verstecken brauchen. Maximilian wäre überglücklich gewesen, hätte aber unter diesen Umständen niemals seine Einwilligung zu einer so langen und gefahrvollen Reise erteilt.

Also mußte, spinnen wir die Hypothese weiter, ein anderer Mann im Spiel sein. Charlotte wußte, daß Maximilian sie hinterging. Daß es sich dabei um ein einfaches Indiomädchen handelte, mußte sie als besonders demütigend empfinden. Das verletzte ihren Stolz, erregte aber zugleich ihren Zorn.

Könnte es nicht sein, daß gerade zu jener Zeit ein Mann zur Stelle war, der kein Träumer war, sondern mit beiden Beinen auf der Erde stand und der sie begehrte? Einmal nur Frau sein und nicht Kaiserin. Das Glück körperlicher Erfüllung spüren. Der Sehnsucht nachgeben. Wäre es wirklich so abwegig, wenn sie das getan hätte?

Aber wer könnte dieser Mann sein? Die Gerüchte deuten vor allem auf Baron van der Smissen. Er war ein Landsmann, der ihren Vater gekannt hatte und den Charlotte als Gesprächspartner schätzte. Und er war bestimmt nicht nur als Soldat ein Draufgänger. Es hieß, daß er der Mann sei, der die Kaiserin bisweilen auf dem Chalco-See umherruderte.

Sollte es sich tatsächlich so zugetragen haben, so könnte es doch sein, daß die heimliche Schwangerschaft, zusammen mit den sonstigen Belastungen, denen die Kaiserin in jenem Sommer ausgesetzt war, Ängste und Gewissensbisse, die Unmöglichkeit, diesem Kind je Mutter sein zu dürfen, die ungewisse Zukunft, letztlich dazu beitrug, sie in den Wahnsinn zu treiben?

Der Einwand, es sei unmöglich, eine Schwangerschaft so lange zu verbergen, läßt sich leicht mit der Mode der damaligen Zeit entkräften. Unter einer Krinoline ließ sich einiges verstecken.

Man wies auch darauf hin, daß weder die Ärzte im Vatikan, die Charlotte untersuchten, noch die in Miramare eine Schwangerschaft festgestellt hatten. Aber die Archive des Vatikans wissen Diskretion zu wahren. Auch haben es die Herrscherhäuser immer meisterhaft verstanden, Akten verschwinden zu lassen und Eingeweihte zum Schweigen zu verpflichten, um die Verbreitung eines anrüchigen Geheimnisses zu verhindern. Beispiele dafür sind der Tod von Kronprinz Rudolf in Mayerling oder von König Ludwig II. von Bayern.

Ein anderes Gerücht, das um die Kaiserin von Mexiko kursiert, bejaht zwar eine Schwangerschaft, führt sie aber auf den Verzehr des giftigen Teyhuinte-Pilzes in Yucatán zurück, durch den sie angeblich betäubt und dann vergewaltigt wurde. Als Verantwortliche werden unter anderen Bombelles, der Oberstallmeister des Kaisers, Oberst Feliciano Rodriguez, und Lopez genannt. Dieses Gift soll keine Erinnerung zurückgelassen, aber später zum Ausbruch der Krankheit geführt haben. Auf diese Hypothese weist, wie bereits berichtet, Gerd Mesenholm in seinem Buch *Im Schatten der Zypressen* in einem Brief Hidalgos an Gutierrez hin.

Laut Elwenspoek haben van der Smissen und sein Adjutant an eine Vergiftung geglaubt. Es war ihnen bekannt, daß die Indios über die Wirkung bestimmter Pflanzengifte Bescheid wußten, die in kleineren Mengen den Verstand beeinträchtigen, in größeren sogar töten können. Eine Schwangerschaft

Charlottes böte eine Erklärung dafür, warum der dem Kaiserhaus ergebene Bombelles sie vollkommen abschottete und jeden Besuch abwehrte.

Kerckvoorde zitiert einen Brief der Gräfin von Reinach, wonach sich dort »ein häusliches Drama abgespielt hatte, das beispiellos in der gegenwärtigen Geschichte des Hauses Österreich ist. Wollte man die Witwe Maximilians für dessen Popularität büßen lassen?«[192] Dieses etwas rätselhafte Zitat würde auf eine Vaterschaft des Kaisers hindeuten, die aber doch recht unwahrscheinlich ist.

Das Kind soll heimlich in der Abgeschlossenheit des Gartenhauses von Miramare am 21. Januar 1867 zur Welt gekommen und unmittelbar danach nach Brüssel gebracht worden sein. Diese Geschichte führt unmittelbar zu einer anderen, die ebenfalls eine Menge Rätsel aufwirft.

Geheimnisse um General Weygand

Eine Herkunft voller Rätsel

Der Lebenslauf des Generals birgt viele Geheimnisse, die bis heute ungelöst sind.

Am 23. Januar 1867 wurde dem zuständigen Standesamt in Brüssel die Geburt eines Kindes gemeldet, das zwei Tage zuvor auf dem Boulevard Waterloo Nummer 59 zur Welt gekommen war. Der Arzt, der die Anmeldung tätigte, hieß Dr. Laussedat, ein Franzose, der aus politschen Gründen nach Belgien geflüchtet war. Bald hatte er sich einen guten Ruf als Geburtshelfer erworben. Das galt besonders in Kreisen, die dem Hof nahestanden. Die Bewohner des erwähnten Hauses zählten nicht zu jener vermögenden Klientel. Warum man also an jenem unwirtlichen Januarabend ausgerechnet einen Arzt holte, der am anderen Ende der Stadt wohnte, wenn es ganz in der Nähe einen anderen gab, ist nicht ganz plausibel.

Bei dem Neugeborenen handelte es sich um einen Jungen. Seine Eltern waren unbekannt. Das Kind wurde nur unter seinem Vornamen, Maxime, eingetragen. Das war gegen das Gesetz, nach dem wenigstens der Name der Mutter angegeben werden mußte. Wenn in diesem Fall der Standesbeamte eine Ausnahme machte, also gegen das Gesetz verstieß, konnte das eigentlich nur mit Billigung von höchster Stelle geschehen. Es gibt übrigens keinen Beweis dafür, daß das Kind, wie angegeben, tatsächlich am Boulevard Waterloo in Brüssel geboren wurde. Es ist durchaus möglich, daß das Kind anderswo zur Welt kam und dann heimlich nach Belgien gebracht wurde.

Dubios sind auch die beiden Zeugen, zwei Männer in bescheidenster Stellung, die eher vermuten lassen, daß sie sich zur Unterschrift bereit erklärten, um sich mit dieser Gefälligkeit etwas Geld zu verdienen.

Außer diesem Eintrag im Geburtsregister gibt es keine Spur des kleinen Maxime, der, obwohl katholisch, in keinem Taufregister zu finden ist. Geheimnisvoll verliefen seine ersten sechs Lebensjahre. Eine Frau namens Caroline-Cécile Mirande, verehelichte Saget, soll den Kleinen betreut haben. Sie war aus Frankreich nach Belgien gekommen, um dort als Kindermädchen in vornehmen Familien tätig zu sein. Erst 1874 tauchte ein Maxime im südfranzösischen Cannes auf. Er ging nun in die Schule und nannte sich de Nimal und hatte inzwischen einen Vormund, einen Kaufmann aus Marseille, Léon Cohen, der in Frankreich für die Interessen des belgischen Königs in Afrika tätig war. Ein Zufall war der Name de Nimal nicht. Cohen war geschieden, hatte aber nach dem Tod seiner Frau eine gewisse Thérèse-Joséphine Denimal geheiratet, deren Nachnamen der Junge nun trug. Durch das Auseinanderschreiben des Namens wurde Maxime mit der Vorsilbe »de« sozusagen ein Adelsprädikat verliehen.

»Soweit meine Erinnerungen zurückreichen, finde ich keine Spur eines anderen Wunsches als den, Soldat zu werden und Uniform zu tragen. Mein ganzes Leben in den Rängen der Armee zu dienen, unter denen zu sein, die dazu beitragen, den Sieg unserer Fahnen zu erringen, war das Ideal meiner Kindheit und Jugend«, schreibt der General in seinen Memoiren.[193] An seine Jugendjahre bewahrt er keine gute Erinnerung, auch nicht an seine zwar fromme, aber derbe und engstirnige Gouvernante. »An meine Jugendjahre habe ich nur die traurigsten Erinnerungen«, schreibt er darüber und fährt ironisch fort: »Der Nachmittag war Familienbesuchen vorbehalten ... Für diejenigen, die keinen Besuch bekamen, bot der Studiensaal außergewöhnliche Zerstreuungen: einige Bücher oder eine Anzahl von alten Nummern des *Journal des Voyages.* Was für ein

Vergnügen! … In keinem Augenblick meiner Kindheit und meiner frühen Jugend habe ich mich des Lebens gefreut.«[194]

Welch trauriges Resümee für einen jungen Menschen, der weder Elternliebe noch die geringste familiäre Geborgenheit kannte, in der rigiden Atmosphäre eines Internats aufwuchs, und weder Besuch bekam noch je heimfahren durfte. Hinzu kam seine unbekannte Herkunft, seine Außenseiterrolle, die ihm mit den Jahren immer schmerzlicher bewußt wurde. Sein Abiturzeugnis zum Beispiel war adressiert an »Monsieur Maxime, 58, Boulevard de Notre-Dame in Marseille«. Das war auch die Anschrift von Madame Denimal. Aber eigentlich war Maxime der einzige legale Name, den er besaß. Wen wundert es, daß ihm da die Armee als ein Hort der Geborgenheit erschien!

Nach Schuljahren in verschiedenen Internaten erfüllte sich der sehnlichste Wunsch von Maxime de Nimal. 1885 trat er in die berühmte Militärakademie Saint-Cyr nahe Versailles ein. Das war ungewöhnlich, denn er war belgischer Staatsbürger, und wenn Ausländer in Saint-Cyr aufgenommen wurden, was selten genug vorkam, dann handelte es sich um Angehörige des hohen Adels. Maxime muß also eine ganz besondere Protektion genossen haben.

Maxime Weygand

Auch sein Leben änderte sich. Seit seinem Eintritt in Saint-Cyr hatte er nicht mehr nur die bescheidenen zwei Francs pro Woche, die er in seiner Schulzeit bekommen hatte, sondern verfügte plötzlich über eine Menge Geld, das ihm erlaubte, auf großem Fuß zu leben und sich mehrere wertvolle Rassepferde zu halten. Das Geld sei regelmäßig von einer ausländischen Botschaft gekommen, soll der Unteroffizier behauptet haben, der die Post besorgte.

Maxime absolvierte seine Ausbildung in Saint-Cyr mit ausgezeichneten Noten und durchlief rasch die verschiedenen Ränge. Noch immer war er aber belgischer Staatsbürger. Das änderte sich im Jahre 1888, als ein gewisser François-Joseph Weygand, ein Bürger französischer Nationalität, verheiratet und Vater einer Tochter, Maxime als seinen unehelichen Sohn anerkannte. Damit wurde dieser endlich Franzose. Er war inzwischen zum Leutnant aufgestiegen und trat in das in Saumur stationierte 4. Dragonerregiment ein.

Wer aber war jener Monsieur Weygand? Und was bewog ihn nach einundzwanzig Jahren, sich als Vater des inzwischen volljährigen Maxime zu bekennen?

Es besteht kein Zweifel daran, daß er mit Sicherheit nicht Maximes Vater war. Es handelte sich also nicht darum, eine Jugendsünde zu legitimieren, sondern darum, dem jungen Offizier einen Namen und die französische Staatsbürgerschaft zu ermöglichen. François-Joseph Weygand war Prokurist in der Firma Cohen! Warum hatte aber Cohen Maxime nicht selbst anerkannt? Möglicherweise, weil er Jude war und das Maximes künftiger Laufbahn nicht ganz zuträglich gewesen wäre.

Weygand hatte weder zu seinem angeblichen Vater, noch zu dessen Familie und seiner sogenannten Halbschwester Kontakt. Er lud Weygand später weder zu seiner Hochzeit ein, noch ging er zu dessen Beerdigung.

Aber er machte dessen Namen Ehre. Rasch stieg er die Karriereleiter empor, verfügte weiterhin über große Geldsummen, die er auch wieder ausgab. Wie es heißt, verbrauchte er im Laufe einiger Jahre die schwindelerregende Summe von einer halben Million Goldfrancs, was ihn nicht daran hinderte, dennoch Schulden zu machen.

Ende des Jahrhunderts verliebten sich Hauptmann Maxime Weygand und die Tochter seines Vorgesetzten und Chefs des Armeekorps, Oberst de Forsanz, ineinander. Die Eltern der vierundzwanzigjährigen Marie-Renée waren nicht sehr glücklich über die Verbindung. Besonders Madame de Forsanz, eine geborene polnische Gräfin, hatte ihre Bedenken. Die Herkunft Weygands erschien ihr zu suspekt. Doch Marie-Renée erklärte kategorisch, sie wolle entweder ihn oder niemand sonst heiraten. Daraufhin sollen ihre Eltern Kontakt mit der inzwischen verwitweten Madame Denimal aufgenommen haben, von der sie hofften, Näheres zu erfahren.

Aber Thérèse Denimal soll nichts verraten haben. »Ich bin durch ein Versprechen gebunden«, habe sie geantwortet, »und Sie werden nichts anderes von mir erfahren, als daß in den Adern Maximes mindestens so viel blaues Blut fließt wie in denen Ihrer Tochter.«[195]

»Ich habe geschworen, das Geheimnis zu bewahren«, soll sie bei anderer Gelegenheit noch erklärt haben, »alles, was ich Ihnen sagen kann, ist, daß seine Mutter noch am Leben ist.«[196] Madame Denimal-Cohen starb, ohne das Geheimnis um Maximes Herkunft je verraten zu haben.

Hatte die Auskunft Marie-Renées Eltern beruhigt? Sie erhoben jedenfalls keine Einwände mehr gegen die Hochzeit.

Am 12. November heirateten Maxime Weygand, Hauptmann des 4. Dragonerregiments, und Marie-Renée-Joséphine de Forsanz, Tochter von Raoul-Camille Vicomte de Forsanz, Offizier der Ehrenlegion, Brigadegeneral, und von Hedwige-Marie-Antoinette Ciechanowiecka, auf dem Standesamt von Noyon; die kirchliche Trauung fand am nächsten Tag in der Kirche Notre-Dame statt. Es heißt, daß auf geheimnisvolle Weise 300 000 Goldfrancs in den »Hochzeitskorb« des Bräutigams gelegt wurden. Einzelheiten wurden nie bekannt. Der harmonischen Ehe entstammten zwei Söhne.

Weygands Karriere ging unaufhaltsam weiter: Im Ersten Weltkrieg wurde er Stabschef von General Foch, 1920 im Polnisch-Sowjetischen Krieg Berater des polnischen Generalstabs, ab 1930 Generalstabschef, schließlich Generalinspekteur der französischen Armee, ab 1930 Kommandeur der Orientarmee. Um die drohende Niederlage Frankreichs gegen Deutschland abzuwenden, wurde Weygand Ende Mai 1940 zum Oberbefehlshaber der Streitkräfte ernannt. Doch es war zu spät. Um Frankreich vor der Anarchie zu bewahren, drängte Weygand ebenso wie Marschall Pétain auf Abschluß eines Waffenstillstands. Der zunächst unbesetzte Süden des Landes wurde zu einem vom Deutschen Reich abhängigen Satellitenstaat mit dem Regierungssitz Vichy. Weygand wurde dessen Verteidigungsminister und Generalgouverneur in Algerien, jedoch aufgrund seiner Kritik an der französischen Unterstützung der deutschen Operationen in Nordafrika in Deutschland interniert. Trotzdem wurde er nach seiner Rückkehr nach Frankreich 1945 wegen Zusammenarbeit mit der deutschen Besatzungsmacht verhaftet, drei Jahre später jedoch vom Obersten Gerichtshof rehabilitiert.

Weygand starb im Alter von 98 Jahren im Jahre 1965 in Paris. Viele bekannte Persönlichkeiten aus Armee, Gesellschaft und Politik folgten seinem Sarg. Die Ehren allerdings, die ihm aufgrund seines hohen Ranges bei seiner Beisetzung zugestanden hätten, wurden ihm nicht zuteil. Trotz seiner Rehabilitation konnte Frankreich ihm die Zusammenarbeit mit der Vichy-Regierung nicht verzeihen.

Wie schon erwähnt, kursieren über die Vaterschaft des kleinen Maxime die abenteuerlichsten Gerüchte. Als Vater wird Kaiser Maximilian selbst genannt. Aber warum sollte Charlotte ihm ihre Schwangerschaft verschwiegen haben? Oder war es etwa van der Smissen? Wie Joan Haslip behauptet, soll General Weygand eine frappierende Ähnlichkeit mit dem belgischen Oberst gehabt haben.

Einige schreiben die Vaterschaft sogar König Leopold II. von Belgien zu. Über seine Liebesverhältnisse lästerte ganz Europa. Anlaß dazu bot nicht nur seine Affäre mit der Tänzerin Cléo Mérode, sondern vor allem seine Beziehung zu Caroline Lacroix, einer jungen Frau zweifelhafter Vergangenheit, die er zur Baronin Vaughan machte. Ihr und den zwei aus dieser Beziehung stammenden Kindern schenkte er Millionen. Er hat sich zeit seines Lebens zu ihnen bekannt und fürstlich für sie gesorgt. Sie erbten mehr als seine ehelichen Töchter.

Fouvez, der Biograph Weygands, der an die Vaterschaft Leopolds glaubt, beruft sich darauf, daß das Liebesleben des Königs erst in späteren Jahren dermaßen eskalierte. Da er in den Gesichtszügen Maximes mongolische Merkmale erkannt haben will, stamme er seiner Meinung nach aus einem Seitensprung Leopolds mit einer hohen ungarischen Adligen, deren Gatte mit weitreichenden Konsequenzen gedroht habe, falls ihr Fehltritt publik werde. Prinzessin Stephanie, eine Urenkelin Leopolds II., soll einmal geäußert haben, General Weygand sei ihr Großonkel. Das träfe allerdings sowohl für eine Vaterschaft Leopolds als auch für eine Mutterschaft Charlottes zu, da es sich bei beiden doch um Geschwister handelte.

Mit ziemlicher Sicherheit geht aus alledem hervor, daß das belgische Königshaus mit dem Fall Weygand in Zusammenhang steht. Dafür sprechen die Protektion, die dem jungen Maxime zuteil wurde, die geheimnisvolle Adoption, die für seine Karriere so wichtig war, die großen Geldsummen, über die er verfügte. Nur eine Person, die kraft ihrer Stellung im Land über eine immense Macht verfügte, kann dieses Spiel schon von Geburt an gesteuert haben. Eine Hofdame Charlottes als Mutter des Generals? Auch darüber wurde spekuliert. Warum aber sollte sich das belgische Königshaus für eine Hofdame derart bemühen?

Fouvez, der selbst jahrelange Recherchen über den Fall Weygand betrieb, schreibt in seinem Buch, daß »man sich an den maßgebenden Stellen über die Beharrlichkeit gewisser Forscher beunruhigte und mit allen Mitteln versuchte, ihnen Prügel in den Weg zu legen«.[197] Man sagte ihm sogar, daß »der königliche Hof, ohne einem Schriftsteller das Recht nehmen zu wollen, bestimmte Recherchen zu machen, wünsche, daß diese sich auf das Ausland beschränkten und Belgien nicht darin verwickelt werde, widrigenfalls könnte seine Aufenthaltserlaubnis aufgehoben werden«.[198] Diese Unterredung fand im Jahre 1959 statt, zu einem Zeitpunkt, als ein französischer Staatsbürger anscheinend in Belgien noch eine solche benötigte.

Für Fouvez besteht kein Zweifel, daß eine Anzahl Dokumente befehlsgemäß vernichtet wurde, wie die von Madame de Ribaucour oder die verbrannten Briefe Charlottes an Gräfin de Grunne sowie die spurlos verschwundenen Papiere von Graf Goffinet. »Man spürt hier einen entschlossenen Willen, gewisse Angelegenheiten zu verschleiern.«[199]

Obwohl Charlotte in ihren klaren Perioden, die in Miramare noch recht häufig waren, eifrig Briefe schrieb, fällt es auf, daß seit dem 19. November 1866 und dem 1. März 1867 keinerlei Korrespondenz mit ihrem Bruder Philipp existiert, auch von August 1866 bis 1868 liegen keine mit Gräfin d'Hulst vor. Sind solche Briefe zurückgehalten und später vernichtet worden?

Weygand selbst hat mehrfach beteuert, nicht die geringste Kenntnis von seiner Herkunft zu haben. Seinen Söhnen, die natürlich sehr daran interessiert waren, hinterließ er folgendes Schriftstück. Es trug kein Datum und war mit sicherer Hand geschrieben:

»Es besteht die Möglichkeit, daß nach meinem Tod die Frage meiner Herkunft wieder laut wird. Ich habe nie mit jemandem über dieses Thema vertraulich gesprochen. Es bleibt auch für mich ein Geheimnis. Meine Kinder sollen nur folgendes wissen: Bis zum Alter von sechs Jahren wurde ich in Marseille von Madame Saget streng und religiös erzogen. Ich dachte, ich sei Maxime Saget. Mit sechs Jahren, bevor ich in ein Internat kam, lernte ich zum ersten Mal meinen Vormund, Monsieur David Cohen, Kaufmann in Marseille, und seine Frau, geborene Thérèse Denimal, kennen. Man sagte mir, daß ich Maxime de Nimal heiße. Ich trug diesen Namen während meiner ganzen Studienzeit bis August 1888. … Ich trat in Saint-Cyr als Ausländer (gebürtiger Belgier) ein. Nach meinem Ausscheiden aus Saumur wurde ich von Monsieur François Weygand, Handelsangestellter in der Firma meines Vormunds, als Sohn anerkannt. Damit erhielt ich meine wahre Nationalität. Unter dem nun legalen Namen Maxime Weygand trat ich am 18. Oktober 1888 in das 4. Dragonerregiment in Chambéry ein. Weygand.«[200]

Der Sohn des Generals fragt sich zu Recht, ob sein Vater mehr erfahren hätte, wenn er sich darum bemüht hätte. Er kommt aber ebenfalls zu dem Schluß, daß die Verschleierung seiner Geburt so meisterhaft vonstatten ging, daß ein junger Mann ohne Beziehungen nichts erreicht hätte, außerdem hochrangige Persönlichkeiten zu jener Zeit unerreichbar waren. Da er ab 1914 durch seine Stellung in der Armee öfters mit König Albert I. von Belgien zusammenkam, hätte sich vielleicht eine Möglichkeit geboten, einiges aufzudecken. Er hat aber diese Gelegenheit nicht wahrgenommen.

»Als Kaiserin Charlotte von Mexiko 1927 im Schloß Bouchout bei Brüssel hochbetagt starb, erhielt mein Vater einige Briefe, deren Tenor ungefähr gleich lautete: ›Ihre Mutter ist soeben gestorben. Auskünfte können Ihnen mitgeteilt werden.‹«[201] General Weygand hat auch diese Gelegenheit nicht ergriffen. Er nahm weder in offizieller noch in privater Funktion an ihrer Beisetzung teil. Nach Aussage seiner Frau hat er den Todesfall überhaupt nicht kommentiert. Zu diesem Zeitpunkt Nachforschungen zu betreiben wäre ihm erniedrigend vorgekommen. Das hätten Stolz und angeborene Würde nicht zugelassen.

Wenn nicht durch einen unwahrscheinlichen Zufall Dokumente gefunden werden, die den Fall Weygand aufklären, dann haben alle Menschen, die die Wahrheit kannten, ihr Wissen mit ins Grab genommen.

Der Fall Leguizano

Zweifellos erinnert sich der Leser an die reizende einheimische Concepción Leguizano, an der Kaiser Maximilian dem Vernehmen nach in seinem Refugium »El Olvido« großen Gefallen fand. Sie soll ihm sogar einen Jungen geboren haben und kurz nach Maximilians Tod gestorben sein. An Kummer, wie es heißt.

Im Januar 1970 wurde das Haus von Concepción Leguizano, »La Royal Casa Chica«, restauriert und zur Besichtigung freigegeben. Bei diesem Anlaß berichtete die mexikanische Zeitung *The News* ausführlich über die Idylle Maximilians mit dem schönen Indiomädchen. Die Geburt eines Kindes fand keine Erwähnung. Ebensowenig wurde sie vom Kammerdiener Grill oder von Maximilians Sekretär Blasio je zur Sprache gebracht.

Dennoch scheint es eine Fortsetzung zu geben. Fünfzig Jahre nach den tragischen Ereignissen von Querétaro, genau gesagt am 10. Oktober 1917, wurde in der Festung Vincennes bei Paris eine Exekution vorbereitet. Ein Mann sollte hingerichtet werden, der als Spion für Deutschland gearbeitet hatte. Er hieß Sedano y Leguizano, und er behauptete, der uneheliche Sohn Maximilians zu sein. Eine gewisse Ähnlichkeit mit dem Kaiser von Mexiko war durch die Barttracht gegeben.

Don Luis Bringas, ein reicher Mexikaner, auf dessen Hazienda in Orizaba Maximilian öfters übernachtete, soll das Kind nach Paris gebracht haben, wo es in dessen Haus Aufnahme fand. Um 1900 scheint Bringas' Geduld mit seinem Gast, der sich wohl als übler Schmarotzer entpuppt hatte, zu Ende gewesen zu sein. Bald war Leguizano bis über beide Ohren verschuldet. Wohl oder übel entschloß er sich, eine Tätigkeit in einer Handelsfirma aufzunehmen. Bei Kriegsausbruch 1914 war er in Barcelona. Dort bot er infolge ständigen Geldmangels dem deutschen Nachrichtendienst seine Dienste an. Er kehrte nach Paris zurück, wo es ihm dank seiner Verbindungen zwei Jahre lang glückte, wichtige Nachrichten über die Schweiz weiterzuleiten. Als einer der ersten Spione verwendete er dazu eine zunächst unsichtbare Tinte. Die alliierte Gegenspionage hatte schon neunzehn Briefe von ihm abgefangen, bis es endlich gelang, ihn auf einem Postamt am Boulevard des Italiens zu verhaften. Sedano y Leguizano wurde zum Tode verurteilt. Wie seinerzeit Maximilian hörte er die Verkündung des Urteils ohne jede Regung an und lehnte ab, daß ihm die Augen verbunden würden. Bemerkenswert ist, daß in den Prozeßakten nie erwähnt wird, daß es sich bei dem angeblichen Kaiserproß um einen Mestizen handelte.

So endete auf unrühmliche Weise das Leben des Mannes, der vorgab, Kaiser Maximilians Sohn zu sein. War es eine Tatsache oder nur die Erfindung eines Hochstaplers? Die Wahrheit liegt im dunkeln.

Übrigens wurde einige Tage später, am 15. Oktober 1917, am selben Ort die angebliche Spionin Mata Hari erschossen.

Laeken – Tervueren – Bouchout

Wiedersehen mit Laeken

Königin Marie Henriette und ihr Gefolge kamen Ende Juli 1867 in Brüssel an. Die Reise mit der Kranken war ohne Zwischenfälle verlaufen.

Charlotte wurde zunächst nach Laeken gebracht, wo sie sichtlich aufblühte. Dort war sie aufgewachsen, damit verknüpften sich die Erinnerungen an ihre Kindheit, an Vater und Mutter. Mit Rührung stellte sie fest, daß der kleine Hund ihres Vaters sie wiedererkannte. Die Fürsorge der Königin wirkte sich wohltuend auf ihre geistige Verfassung aus. Unter ihrem Einfluß besuchte sie wieder regelmäßig die Messe, lehnte aber nach wie vor den Empfang der Sakramente vehement ab.

Schloß Tervueren

Dennoch blieb sie nicht lange in Laeken. Ihr Bruder Leopold wollte seinen Kindern den Anblick einer Geistesgestörten ersparen. Man brachte Charlotte also in das Schloß Tervueren, in dem in aller Eile eine geeignete Unterbringung für sie hergerichtet wurde. An Personal mangelte es nicht. Der Hofstaat umfaßte 37 Personen, fünf Lakaien verrichteten den Dienst bei Tisch.

Am 20. August 1867 schrieb Königin Marie Henriette aus Tervueren an Gräfin d'Hulst: »Unserem innig geliebten Kind, denn ich betrachte sie jetzt als mein Kind, geht es, Gott sei gelobt, so gut wie nur möglich. Die Nächte sind ruhig, der Appetit ist gut, und wir gehen zweimal täglich aus … Aber in welch barbarische und gefühllose Umgebung hat die arme Charlotte geraten müssen! Sie würden es gar nicht glauben können, denn ich kann mir nicht vorstellen, daß es in der Geschichte noch ein Beispiel dafür gibt, daß eine junge Frau so gottverlassen gewesen ist, wie es bei der unglücklichen Kaiserin der Fall war … Charlotte wird mich nie mehr verlassen; ich betrachte es als eine sehr liebe Pflicht, für sie zu sorgen und sie zu heilen, wenn es möglich ist. Die Fortschritte seit unserer Ankunft hier sind so offenbar, daß ich große Hoffnung hege, und wenn es so weitergeht, glaube ich, daß die Heilung nicht auf sich warten lassen kann.«[202]

Auch König Leopold übte indirekt herbe Kritik am österreichischen Kaiserhaus, als er Anfang September ebenfalls an Gräfin d'Hulst aus Ostende schrieb: »Meine Schwester ist in einer abscheulichen Verfassung bei uns angekommen. Sie hatte nur noch Haut und Knochen. Ihr Aufenthalt in Tervueren hat ihr sehr wohl getan. Ich finde, daß sie wieder gut aussieht. Sie schläft und ißt gut, und ihr Zutrauen zu ihrer Umgebung kehrt wieder. Die Behandlung und die Isolierung in Miramare haben schweren Schaden getan. Meine arme Schwester lebte da unten in ewigen Ängsten und von all den Ihrigen im Stich gelassen. Hier weicht meine Frau kaum von ihr, sie fährt und geht mit ihr spazieren und sieht Menschen.«[203]

Da der König der Ansicht war, Tervueren sei für sie im Winter nicht geeignet, schlug er ihr einen Aufenthalt auf Madeira vor. Doch Charlotte lehnte ab. Sie hatte keine guten Erinnerungen an die Insel, auf der es zur ersten Krise ihrer Ehe gekommen war. Glücklich war sie hingegen, als sie wieder nach Laeken durfte, wo ihr Neffe Leo sie mit dem Geschenk einer Spieldose beglückte.

Doch dem kleinen Kronprinzen war nur ein kurzes Leben beschieden. Beim Spielen mit einem kleinen Segelboot war er in den Schloßteich gefallen und hatte sich eine Lungenentzündung zugezogen, der sein Herz nicht gewachsen war. Er starb am 22. Januar 1869 im Alter von neun Jahren und machte damit alle Zukunftshoffnungen des Königs zunichte, der den Tod seines einzigen Sohnes nie verwand.

Bisher hatte man Charlotte den Tod ihres Gatten verschwiegen. Da die Überführung seines Leichnams nach Wien aber erneut das Interesse an der mexikanischen Tragödie erregte und die Gefahr bestand, daß die Kranke davon zufällig erfuhr, beschloß man am belgischen Hof, dem zuvorzukommen. Dem Erzbischof von Brüssel fiel die heikle Aufgabe zu, der Kaiserin die traurige Nachricht zu überbringen. Darauf soll sie schluchzend Königin Marie Henriette umarmt und den Wunsch zu beichten geäußert haben, es aber dann doch unterlassen haben. Gab es also doch etwas, das sie nach Maximilians Tod dem Priester gestehen wollte?

Während Charlottes Aufenthalt in Laeken dürfte Blasio wohl versucht haben, ihr vor seiner Rückkehr nach Mexiko seine Aufwartung zu machen. Die belgische Gesandtschaft in Wien hatte ihm kurz nach der Beisetzung Maximilians das Foto eines Gemäldes zustellen lassen, auf dem sich eine eigenhändige Widmung der Kaiserin befand. Dafür wollte er sich bedanken. Die Ärzte untersagten jedoch den Besuch. Das Bild habe sie an einem ihrer »hellen« Tage gemalt und es an Personen gesandt, an die sie sich noch erinnerte. Kurz darauf habe sich ihr Zustand aber wieder verschlechtert, und dies sei auch derzeit noch der Fall.

Der zurückgewiesene Blasio berichtet: »Zutiefst enttäuscht und ohne Hoffnung, Charlotte zu Gesicht zu bekommen, beschloß ich, zumindest das Schloß von Laeken zu besuchen ... Ich begab mich also einige Male zum Tor des wunderschönen Parks ... Eines Nachmittags gewahrte ich in einer Allee eine Gruppe von Damen in hoher Trauer, die sich ... dem Tor näherten. Als sie in die Nähe des Gitters kamen, erkannte ich die schlanke Gestalt der Kaiserin zwischen zwei anderen Damen.

Charlotte spazierte mit bedächtigem Schritt … Ihr mildes und freundliches Antlitz spiegelte tiefe Melancholie. Ihre großen, dunklen und schönen Augen waren violett umschattet. Die Pupillen waren auf nichts fixiert und schauten ins Leere … Kaum waren die drei Damen in die Nähe des Gitters gekommen, machten sie kehrt und entfernten sich durch die Alleen.«[204]

Hatte Charlotte eine Zeitlang ihrer Umgebung den Eindruck vermittelt, einigermaßen normal zu sein, beweist ein Brief an ihren Bruder Philipp doch eine Verschlechterung ihres Zustands: »Seit 24 Stunden habe ich nichts mehr gegessen. Es ist fast wie in Rom. Willst du der Papst sein und mich diese Nacht beherbergen? Ich werde dir keine Mühe machen. Ich habe Hustenanfälle, die vom Abend bis zum Morgen dauern … Zeig diesen Brief nur deiner Frau und sprich mit niemandem darüber außer mit ihr.«[205]

Charlottes Briefe an Charles Loysel und Napoleon III.

Im Mai 1868 kehrte Charlotte nach Tervueren zurück, das nun für zehn Jahre ihr Aufenthaltsort sein würde. In diesem Zeitraum gab es zwar noch Phasen relativer Vernunft, aber der geistige Verfall schritt unaufhaltsam fort. Das spiegelt die Anzahl der Briefe, die sie an den Chef von Maximilians Militärkabinett, Major Charles Loysel, und Kaiser Napoleon schrieb: fünfundvierzig Briefe an Charles Loysel und acht an Napoleon III. Sie wurden ihren Empfängern nie zugestellt.

Die in französischer Sprache abgefaßten Briefe geben Einblick in die verwirrte Vorstellungswelt, in die sich der früher so klare Geist der Kaiserin geflüchtet hatte, eine Welt, aus der nichts und niemand sie wieder zurückzuholen vermochte.

All der Groll und Haß auf den Kaiser der Franzosen ist darin vergessen, der im Gegenteil zum Symbol des göttlichen Weltherrschers wird und Mexiko schließlich erretten wird. Loysel steht wohl für Maximilian. Mit ihm verbrachte sie die glücklichsten Jahre ihres Lebens. Sie weiß, daß er sie liebt und immer auf sie warten wird. Mal identifiziert sich Charlotte in ihrem Wahn mit Loysel, sieht sich selbst als Mann und unterschreibt als solcher mit Ch. Loysel; mal wähnt sie sich mit ihm verheiratet. Nur er könne sie befreien und nach Paris zu Napoleon bringen. Denn als Frau konnte sie Mexiko nicht retten. Ein Mann zu sein ist alles. Frau zu sein, heißt, nicht zu existieren.

Es hat den Anschein, als spiegle sich in diesen Wahnideen Charlottes eigenes Schicksal wider: Napoleon, der geistige Vater des mexikanischen Kaiserreiches, sie selbst als der Mann, der als Maximilians Kabinettchef die Zügel der Herrschaft in Händen hält.

Es ist nahezu unmöglich, in diese bizarre Gedankenwelt einer Geistesgestörten einzudringen und zu versuchen, sie mit der Wirklichkeit einigermaßen in Einklang zu bringen.

Die langen Jahre der geistigen Umnachtung

Charlotte entrann nicht mehr dem Wahn. Die Phasen geistiger Klarheit nahmen immer mehr ab. Anfälle von Zerstörungswut, in denen sie kostbares Porzellan, Kristallvasen zerschlug oder Bücher zerriß, wiederholten sich immer häufiger.

Fryd will von einer lebensgroßen Wachsfigur mit blondem Bart erfahren haben, mit der Charlotte ihre Mahlzeiten einnahm.

»Ich lebe in meiner Einsamkeit, lese viel, sticke, schreibe und gehe im Park spazieren«, schrieb sie einmal an ihre ehemalige Erzieherin und Vertraute, Gräfin d'Hulst.[206]

»Leider gibt es weder Gutes noch Tröstliches, das ich Ihnen von der Kaiserin berichten kann. Der Fall ist verzweifelt, die unglückliche Fürstin geistesgestört. Was ihre Gesundheit dagegen betrifft, so geht es ihr besser als je zuvor«, berichtete Vicomte Conway ebenfalls der Gräfin.[207]

Ende 1870 hieß es in einem Brief an Königin Victoria, der

Leopold II. regelmäßig über seine Schwester schrieb: »Am 4. November war der Namenstag der armen Charlotte. Ihr Zustand ist nach wie vor sehr traurig. Seit einiger Zeit will sie nicht mehr sprechen, schreibt an alle möglichen Personen Briefe, die nie abgeschickt werden. Sie läßt niemanden mehr eintreten und macht ihre Toilette, ihr Zimmer und ihr Bett ganz allein. Alles, was sie benötigt, wird ihr vor die Tür gestellt.«[208]

So scheint es jedoch nicht immer gewesen zu sein, denn es wird auch berichtet, daß Gäste in Tervueren zum Essen eingeladen waren, beispielsweise Gräfin de Grunne, Baron Goffinet und Alfred van der Smissen. Im Jahre 1875 soll sogar Kaiserin Elisabeth ihre Schwägerin in Tervueren besucht haben.

Schloß Bouchout

Am 3. März 1879 stand Tervueren plötzlich in hellen Flammen. Ihr Anblick soll Charlotte gefallen haben. Schuld an dem Brand war sie wohl nicht, denn er brach nicht in ihren Räumen aus. Das Feuer griff rasch um sich. Nur mit größter Mühe konnte die Kranke gerettet werden.

Leopold kaufte daraufhin Schloß Bouchout und stellte es seiner Schwester zur Verfügung. Es ist nicht bekannt, wie sie sich in dem mittelalterlichen, düsteren und von einem Wassergraben umgebenen Gemäuer fühlte, das eher einer Festung als einem Schloß glich. Denn zu dieser Zeit verwirrte sich ihr Geist zunehmend. Die klaren Momente waren immer seltener.

Zwei Phasen wechselten in ihrem Leben einander ab: eine von Zerstörungswut und Aggression gekennzeichnete Phase, die sich sogar gegen Personen richten konnte, und eine andere, ruhige, in der die kranke Kaiserin in heiterer Gelassenheit einfache Tätigkeiten verrichtete, sich mit Zeichnen oder Klavierspielen, Stick- oder Näharbeiten vor allem für die Sakristei beschäftigte. Für ein Kartenspiel hatte sie ebenfalls meist Interesse. Oft aber verlor sie sich in von Gelächter oder Ausrufen unterbrochenen, lebhaften, aber wirren Monologen in verschiedenen Sprachen. Französisch und Deutsch, Spanisch, Italienisch und Englisch waren ihr ja seit langem geläufig.

Häufig sprach sie von sich in der unbestimmten Form, wie »man hatte einen Gatten, einen Kaiser oder König … und dann der Wahnsinn«.[209]

Mexiko und Napoleon ließen sie nie ganz los. »Wenn Napoleon geholfen hätte …«, war eine ihrer häufigen Redewendungen. Maximilian bewahrte sie in liebevoller Erinnerung. Daß er ihr untreu gewesen war, erwähnte sie nie. Bekanntgeworden ist es trotzdem, denn der König der Belgier berichtete im Jahre 1867 Königin Victoria: »Die Leute in Miramare behaupten, daß die Ehe von Max und Charlotte schlecht war und sie in Mexiko sehr unglücklich gewesen ist.«[210]

Ihrer Würde war sie sich nach wie vor bewußt. »Früher, als ich regierte, brauchte ich nur den Finger zu heben, um meine Zofe zu rufen«, sagte sie einmal, als die Kammerfrau sie ein wenig warten ließ. »Aber das wundert einen ja nicht bei einer alten Frau.«[211] Auf ihre Kleidung legte sie meist großen Wert und liebte es, sich oft umzuziehen. Sie trug jetzt kurzgeschnittenes Haar, darüber ein Häubchen. Noch in hohem Alter war sie für Komplimente über ihr Aussehen oder ihre Kleidung sehr empfänglich. In ihren letzten Lebensjahren verschlechterte sich ihr Sehvermögen durch einen fortschreitenden grauen Star. Sie konnte zwar keine Stickarbeiten mehr anfertigen, aber für eine Kartenpartie war sie immer noch zu gewinnen. Sie war zwar klein geworden, aber noch immer schlank und bewegte sich recht gewandt. Trotz ihres Alters erfreute sie sich also einer sehr stabilen Gesundheit.

Hie und da erhielt Charlotte auch im hohen Alter noch Besuch von ihren Familienangehörigen, so von den Kindern des Grafen von Flandern oder von Albert I., der seinem Onkel Leopold auf den Thron gefolgt war. Berichten zufolge sah man oft, wie er am frühen Morgen mit dem Fahrrad von Laeken nach Bouchout unterwegs war.

Seine Tochter, Prinzessin Marie-José, erinnert sich an ihre Großtante Charlotte als eine kleine, alte Dame, mit einem unter dem Kinn gebundenen Häubchen und einem Cape um die Schultern. Die Konversation mit ihr muß aber recht mühsam gewesen sein, da sie nur verworrene Sätze von sich gab. Die Bewohner der Umgebung bekamen sie nur zu Gesicht, wenn sie an Mariä Himmelfahrt, am 15. August, mit ihrer Begleitung ans Parktor kam und Leckereien an die Kinder verteilte.

Der Tod der Kaiserin

Das, was sich in der Welt abspielte, die Ereignisse und Turbulenzen der Politik drangen nicht bis hinter die dicken Mauern von Schloß Bouchout. Die alte Dame, die dort wohnte, hätte auch nichts mehr davon begriffen – nicht den Tod ihres Neffen Franz Ferdinand in Sarajevo, nicht den großen Krieg, den das Attentat auf den österreichisch-ungarischen Thronfolger auslöste und der sich rasch zum Weltenbrand ausweitete. Auch von dem Schild, das der deutsche Befehlshaber des damals besetzen Gebietes am Tor von Bouchout anbringen ließ, hatte sie keine Kenntnis. »Betreten, Belästigen und Singen verboten!« stand darauf. »Wohnsitz der Schwägerin unseres verehrten Verbündeten Franz Joseph I.«[212]

Im Jahre 1916 starb der greise Kaiser Franz Joseph I. nach 68jähriger Regierungszeit im Alter von 86 Jahren. Sein Großneffe Karl folgte ihm auf den Thron. Er trat ein schweres Erbe an, denn das Kriegende im Jahre 1918 änderte die Welt: Es zerschlug die großen Monarchien Österreich-Ungarn, das Deutsche Reich, Rußland und das Osmanische Reich. Erst 1918 herrschte endlich Frieden. Das Schild am Parktor verschwand mit den abziehenden deutschen Truppen. Aber auch das bekam Charlotte bestimmt nicht mit.

Der Tod hatte auch in ihrer Familie reiche Ernte gehalten. Bereits 1902 war Königin Marie Henriette gestorben, 1909 folgte ihr Gatte Leopold II., Charlottes Bruder. Die Greisin in Bouchout überlebte sogar ihre wesentlich jüngere Nichte Louise von Coburg. Hoch verschuldet wie diese war, hoffte sie sehnlichst, sich mit dem reichen Erbe ihrer Tante endlich sanieren zu können. Doch »die Charlotte«, wie es hieß, tat ihr den Gefallen nicht. Louise starb bettelarm bereits im Jahre 1924.

Als sich Kaiserin Charlotte am 18. Januar 1927 beim Abendessen befand, vermißte sie das Porträt von Maximilian an der Wand. Die geöffnete Tür des Speisezimmers verdeckte es. »Schließen Sie doch die Tür«, verlangte sie, »man wünscht, den Erzherzog zu sehen.«[213] Sie litt in diesen Wintertagen an einer Grippe, der ihr altersschwacher Körper keinen Widerstand mehr entgegenzusetzen vermochte, und starb am folgenden Morgen um 7 Uhr im Alter von 86 Jahren.

Ihre sterblichen Überreste wurden am 22. Januar in der Kirche Notre-Dame von Laeken bestattet, jedoch nicht in der königlichen Krypta, sondern in einer mit einer schweren Bronzetür verschlossenen Nebenkapelle.

Auf einer weißen Marmortafel, neben der sich eine große, schon verblaßte belgische Flagge befindet, ist folgende Inschrift zu lesen:

I. M. Marie-Charlotte, Prinzessin von Belgien,
Witwe S. M. des Erzherzogs Maximilian von Österreich
1840–1927[214]

Eine eigenartige Inschrift, die einige Fragen aufwirft. Weder eine Prinzessin noch ein Erzherzog sind Majestäten. Warum hat man aber Charlotte den Titel einer Kaiserin und Maximilian den eines Kaisers von Mexiko verweigert? Und warum hat man sie nicht in der Krypta der Königsfamilie beigesetzt? Hielt man sie am Ende für nicht würdig, dort ihre ewige Ruhe zu finden? Gab es wirklich etwas, das man Charlotte noch sechzig Jahre später vorwarf und ihr nicht verzeihen konnte?

Das weitere Schicksal der anderen Protagonisten

Mexiko

Ein Kaiserreich wurde Mexiko nicht mehr, dauerhaften Frieden fand es aber auch noch lange nicht. Zunächst blieb Juárez an der Macht; nach seinem Tod folgte ihm mit militärischer Hilfestellung General Porfirio Díaz. Dessen lange, aber diktatorische Regierungszeit gilt zwar als eine Epoche innenpolitischer Stabilisierung und wirtschaftlicher Modernisierung mit Ausbau des Straßen- und Eisenbahnnetzes, der Förderung der reichen Bodenschätze und der Bekämpfung des Bandenunwesens, aber schließlich zwang eine erneute Revolution ihn im Jahre 1910 ins Exil. Die Reichen waren immer reicher und die Armen immer ärmer geworden. Ein Bürgerkrieg folgte, der eine Million Menschenleben forderte. In der Folge kamen Präsidenten reihenweise an die Macht, wurden wieder gestürzt, ins Exil gezwungen, manche sogar ermordet.

Die Kirche wurde mehr denn je verfolgt, zeitweise wurden die Gotteshäuser sogar geschlossen. Jahrzehnte später erlangte der Klerus schließlich einen Teil seiner ursprünglichen Rechte zurück. Erst in den neunziger Jahren konsolidierte sich der Demokratisierungsprozeß des Landes.

Das offizielle Mexiko kennt bis heute keinen Kaiser Maximilian. Sein Schloß Chapultepec ist dennoch ein Anziehungspunkt für viele Besucher geworden.

Napoleon III. und Eugénie

Der Hauptschuldige an der Tragödie des mexikanischen Kaiserreichs, Napoleon III., überlebte Maximilian nur um sechs Jahre. Nach dem Debakel in Mexiko wurde ihm der Deutsch-Französische Krieg im Jahre 1870/71 zum endgültigen Verhängnis. Er wurde mit einer ganzen Armee in Sedan eingeschlossen und geriet in deutsche Kriegsgefangenschaft. Während in Versailles die Geburtsstunde des deutschen Kaiserreiches schlug, bedeutete die Niederlage das Ende nicht nur der Ära Napoleon, sondern auch der französischen Monarchie. Frankreich wurde wieder Republik. Der abgesetzte Kaiser ging ins Exil nach England, wo er 1873 an seinem Gallenleiden starb.

Auch Kaiserin Eugénie, die während des Krieges Regentin gewesen war, glückte nach Ausrufung der Republik die Flucht nach England. Sie nahm den Namen einer Gräfin von Pierrefonds an und lebte auf Schloß Camden-Place bei London, zeitweise aber auch in der Schweiz und auf ihrem Sommersitz in Cap Martin bei Monaco. Sie schrieb ihre Memoiren, machte weite Schiffsreisen mit ihrer Jacht und hatte die Genugtuung, wesentlich ältere Herrscherhäuser, als die Bonapartes es waren, stürzen zu sehen. Sie starb im Alter von 94 Jahren 1920 in Madrid.

Kein langes Leben war dagegen ihrem einzigen Sohn Eugène-Louis beschieden. Er nahm als englischer Offizier im afrikanischen Kapland an einer Aktion gegen die Zulus teil und wurde dort durch einen Wurfspeer getötet.

Bazaine

Auch für Marschall Bazaine sollte der Krieg, der seinen Kaiser die Krone gekostet hatte, fatale Folgen haben. Für die militärische Niederlage zum Sündenbock gestempelt, kam er wegen seiner Kapitulation bei Metz vor ein Kriegsgericht und wurde zum Tode verurteilt, dann aber zu zwanzig Jahren Festungshaft begnadigt, die er auf der Insel Sainte-Marguerite bei Cannes verbüßen sollte. Doch seine Gattin Pepita organisierte eine Jacht, mit der ihm 1874 die Flucht nach Spanien gelang. Er starb unter ärmlichen Verhältnissen und völlig vergessen vier Jahre später in Madrid. Doña Pepita kehrte nach Mexiko zurück und beschloß ihre Tage in einem Armenhaus. Das Palais, das Kaiser Maximilian ihr so großzügig zur Hochzeit geschenkt hatte, bekam sie nie zurück.

General Márquez

Márquez, der auf Befehl Kaiser Maximilians so rasch wie möglich nach Querétaro zurückkehren sollte, um Geld und Truppen zu holen und den bedrängten Kaiserlichen die dringend benötigte Hilfe zu bringen, zog statt dessen nach Puebla, angeblich um es zu befreien. »Márquez erfüllte nicht nur nicht seine Aufgabe, dem Kaiser frische Truppen zu werben und mit diesen und Geld nach Querétaro zu gehen, sondern er schickte dem Kaiser, der ihm seine letzte Kavallerie mitgegeben hatte, nicht einen Peso, nicht einen Mann, nicht eine Zeile, unterschlug dazu alle Befehle, die an mich und andere gerichtet waren. Es waren die letzten Notschreie des verratenen Kaisers«, schrieb Graf Khevenhüller am 1. Juli 1867 in sein Tagebuch.[215]

Später tauchte Márquez in der Hauptstadt unter, von wo ihm schließlich die Flucht nach Kuba gelang. Es wird gemunkelt, daß er sich in einer Kuhhaut durch die feindlichen Linien schleifen ließ! »In Havanna verfügte er über beträchtliche Geldmittel unbestimmter Herkunft und betätigte sich als ›Kredithai‹. 1895 kehrte er nach Mexiko zurück und starb schließlich friedlich im Alter von 93 Jahren.«[216]

Pater Fischer

Auch der Mann, der Maximilian wider alle Vernunft zum Bleiben in Mexiko überredete, konnte sich retten. 1878 weilte er als Hofmeister eines jungen Mexikaners in Paris. Später soll er nach Mexiko zurückgekehrt und 1888 als Pfarrer in einem kleinen Ort bei Zacatecas gestorben sein.[217] Eine große Karriere hat er also nicht mehr gemacht.

Die Salms

Zunächst in Gefangenschaft, gelang es Prinz Salm und seiner Gattin dennoch bald, Mexiko zu verlassen und nach Europa zurückzukehren. Einige Jahre später veröffentliche Salm in Stuttgart seine Memoiren. Er fiel am 18. August 1870 im Deutsch-Französischen Krieg in der Schlacht bei Gravelotte in Lothringen. Agnes Salm betätigte sich als Krankenschwester und heiratete später einen gutsituierten englischen Diplomaten. Sie starb erst kurz vor Beginn des Ersten Weltkriegs in Karlsruhe.

Lopez

Oberst Lopez fand ein frühes Ende. Zwar versuchte er, seinen Verrat mit der Erklärung zu rechtfertigen, er habe nur getan, was Maximilian ihm befohlen habe, fand aber keinen Glauben. Er starb elend am Biß eines tollwütigen Hundes.

Epilog

Die Welt hatte sie längst vergessen. Nur wenige erinnerten sich noch daran, daß es einmal für kurze Zeit ein Kaiserreich Mexiko gegeben hatte, dessen Kaiser erschossen worden und dessen Kaiserin in Wahnsinn verfallen war.

Zuviel war in den vergangenen Jahren geschehen: Kriege, Revolutionen, Zusammenbrüche, so vieles, was den Menschen lieb und teuer gewesen, war für immer verlorengegangen. Millionen hatten Leben und Gesundheit eingebüßt, viele ihr Vermögen verloren. Daß im Januar 1927 eine alte Frau gestorben, die überdies seit sechzig Jahren geistesgestört war, mochte außer ihren Angehörigen nur einigen historisch Interessierten die Ereignisse von damals in Erinnerung rufen, als ein junger Prinz und seine schöne junge Frau, erfüllt von Begeisterung und guten Vorsätzen, über den Ozean gefahren waren, um ein Reich in Besitz zu nehmen und zu beweisen, daß eine gerechte und liberale Regierung einem zerrütteten Land Frieden und Wohlstand zu sichern vermag.

Sie sind beide daran gescheitert: Maximilian wurde von seinen Gegnern getötet, Charlottes Geist blieb zu ihrem Tod gestört.

»Erzherzog Max ist für eine Idee gestorben, und es ist einerlei, ob diese Idee wahr oder falsch war«, schrieb die Wiener *Neue Freie Presse* anläßlich der Beisetzung des Kaisers in der Kapuzinergruft am 18. Januar 1868. »Erzherzog Max war ehrgeizig und hochstrebend, gleichwohl würde man ihm Unrecht tun, wenn man sagte, der Glanz der Krone, die Lust zu herrschen allein habe ihn nach Mexiko geführt. Noch ein anderer höherer Antrieb drängte ihn, der Gedanke, ein von Bürgerkriegen zerrissenes Land zu beruhigen, der Führer und Regenerator eines aus tausend Wunden blutenden Volkes zu werden. Das war der Stern, dem er über das Meer nachzog, das war die Idee, für die er stritt und fiel.«

Das gilt auch für Charlotte – vielleicht für sie sogar mehr noch als für Maximilian, dem der Abschied vom geliebten Miramare noch schwerer fiel als ihr.

Sie waren beide nicht besonders glücklich in Miramare, spürten beide die Bedeutungslosigkeit ihrer Stellung, das ewige Einerlei ihrer Tage. Charlotte dürfte es noch schlimmer empfunden haben als ihr Gatte, der wenigstens Oberbefehlshaber der k.k. Kriegsmarine war. Charlotte aber war zur Untätigkeit verurteilt, denn die eigentliche Aufgabe einer Frau, die Mutterschaft, war ihr versagt geblieben.

War es da ein Wunder, daß sie bereitwillig nach dem Angebot aus Mexiko griffen, das sie nicht nur als die Chance ihres Lebens, sondern auch als neues Lebensziel betrachteten?

Die stärkere Persönlichkeit war ohne Zweifel Charlotte, der es stets gelang, den manchmal unschlüssigen, zweifelnden Gatten von seiner Verpflichtung zu überzeugen. Zugleich fühlte sie sich durchaus fähig, an seiner Seite an der Regierung teilzunehmen, ihn zu beraten und zu helfen, wo immer sie konnte.

So fuhren sie denn beide in das ferne Mexiko, erfüllt von Begeisterung und gutem Willen, ihre Mission zu erfüllen. Zwar sahen sie Schwierigkeiten voraus, aber sie hofften, sie zu überwinden. Daß man sie von Anfang an betrog, ihnen mit gefälschten Wahllisten vorgaukelte, das ganze Land wünsche nichts sehnlicher als die Wiedereinführung der Monarchie, sie in Wirklichkeit aber nur den imperialistischen Zielen Frankreichs und einer selbstsüchtigen Clique von Mexikanern dienten, ahnten sie nicht.

Hinzu kamen Fehler im Laufe der kurzen Regierungszeit.

Das Urteil, das Maximilians Pressechef in Mexiko, Domenech, im Jahre 1868 über seinen Kaiser fällte, klingt zwar hart, erwies sich aber in letzter Konsequenz teils treffend: »Kein Prinz war weniger geeignet, ein Reich zu gründen als Maximilian. Er war leichtlebig, ausgabenfreudig, … unbeständig … Er beherrschte alles, außer der Kunst ein Volk zu regieren.«[218]

Als Napoleon III., den Zwängen der Politik gehorchend, seine Truppen zurückzog, war das Ende des neuen Kaiserreichs nicht mehr aufzuhalten. Damals war Maximilian bereit, abzudanken, in die Heimat zurückzukehren. Doch das ließ Charlottes Stolz nicht zu. Sie vertraute auf die Kraft ihrer Worte, vor allem aber auf das Recht der »Konvention von Miramare«. »Pacta servanda sunt«, heißt es. Wußte sie nicht, wie naiv das war – daß in der Politik vor allem das Recht des Stärkeren gilt?

Charlotte überschätzte sich selbst. Als es ihr klar wurde, daß Napoleon Mexiko im Stich ließ und auch der Papst, ihr letzter Rettungsanker, nicht half, ließen ihre Nerven sie im Stich, ihr Geist verwirrte sich. Damals war sie 26 Jahre alt.

»Ein Trauerspiel, von der Geschichte selbst geschrieben«, nannte die *Neue Freie Presse* das mexikanische Abenteuer; als »ein Opernfinale ohne Triumphmarsch« bezeichnete es Hellmut Andics.[219]

Charlotte blieb geistig verwirrt bis zu ihrem Tod. Von dem Gerücht, Maximilian sei am Leben geblieben und lebe unter einem anderen Namen weiter, hat sie wohl nie erfahren. Vielleicht hat das Schicksal es sogar gut mit ihr gemeint, daß sie das Ende des mexikanischen Kaiserreichs und seines Kaisers gar nicht mehr in seiner ganzen Tragweite erfaßte – und vor allem nicht die bittere Erkenntnis, daß sie mit ihrem Festhalten an einer aussichtslosen Sache mit zu seinem tragischen Ende beigetragen hatte.

Anmerkungen

1 Elwenspoek, 13
2 Kerckvoorde, 18
3 Haslip, 81
4 Ebd., 80
5 Ebd., 84
6 Ypersele, 18
7 Haslip, 85
8 Ebd., 85f.
9 Ebd., 86
10 Ebd., 13
11 Kerckvoorde, 35
12 Ebd., 36
13 Ebd., 37
14 Ebd., 37f.
15 Haslip, 88
16 Elwenspoek, 39f.
17 Haslip, 88
18 Elwenspoek, 41
19 Haslip, 97
20 Kerckvoorde, 48
21 Haslip, 97
22 Elwenspoek, 44
23 Haslip, 101f.
24 Kerckvoorde, 60
25 Elwenspoek, 58
26 Ebd., 60
27 Ebd., 60f.
28 Haslip, 115
29 Elwenspoek, 63f.

30 Haslip, 120
31 Ebd., 120f.
32 Hamann, 134
33 Haslip, 125
34 Ebd., 131f.
35 Elwenspoek, 77
36 Haslip, 129
37 Kerckvoorde, 73
38 Ebd., 71
39 Haslip, 133
40 Ebd., 135
41 Ebd.,138f.
42 Corti, TB, 46
43 Ebd., 46
44 Brockhaus, Bd. 15, 94
45 Corti, *Maximilian*, TB 48f.
46 Ebd., 52
47 Haslip, 165f.
48 Ebd., 166
49 Ebd., 168
50 Mesenhom, 123
51 Haslip, 178/179
52 Ebd., 183
53 Ebd., 178
54 Ebd., 187
55 Corti, *Maximilian*, TB 66
56 Ebd., TB 66f.
57 Corti, *Maximilian und Charlotte*, Bd. I, 224
58 Haslip, 204
59 Ebd., 203
60 Ebd., 204
61 Corti, TB 67
62 Ebd., TB 69
63 Ebd.,TB 71f.
64 Kerckvoorde, 92
65 Corti, TB 74
66 Vogelsbergger, 113
67 Haslip, 209

68 Ebd., 213
69 Corti, TB 74
70 Haslip, 208
71 Corti, TB 75
72 Ebd., TB 76
73 Corti, *Maximilian und Charlotte*, Bd. I, 305
74 Corti, TB 78f.
75 Ebd., TB 79
76 Ebd., TB 80
77 Ebd., TB81
78 Corti, *Maximilian und Charlotte*, Bd. I, 316
79 Kerckvoorde, 98
80 Corti, TB 84
81 Corti, TB. 85; *Die Presse*, 11.4.1864
82 Elwenspoek, 149
83 Corti, TB 88
84 Corti, *Maximilian und Charlotte*, Bd. II. 11
85 Haslip, 239
86 Corti, TB 93
87 Haslip, 246
88 Ebd., 248
89 Ebd., 251
90 Elwenspoek, 158f.
91 Haslip, 266
92 Fryd, 172
93 Corti, TB 103f.
94 Elwenspoek, 166
95 Ebd., 167
96 Ebd., 168f.
97 Haslip, 271
98 Ebd., 277f.
99 Ebd., 273
100 Haslip, 284
101 Ebd., 284
102 Ebd., 284f.
103 Corti, TB 109
104 Ebd., TB.110
105 Haslip, 288

106 Corti, TB 115
107 Hamann, *Mit Kaiser Max in Mexiko,* 78
108 Corti, TB 118f.
109 Ebd., TB 122
110 Ebd., TB 128
111 Haslip, 304
112 Ebd., 304
113 Hamann, *Mit Kaiser Max in Mexiko,* 167f.
114 Haslip, 329
115 Vogelsberger, 198
116 Ebd., 198f.
117 Haslip, 330f.
118 Hamann, *Mit Kaiser Max in Mexiko,* 165
119 Haslip, 319
120 Ebd., 323
121 Ebd., 315
122 Vogelsberger, 200
123 Corti, TB 140
124 Vogelsberger, 203
125 Ratz, *Vor Sehnsucht nach Dir vergehend,* 163f.
126 Elwenspoek, 192f.
127 Mesenholm, 305f.
128 Corti, TB 145
129 Ebd., 145
130 Haslip, 342
131 Ebd., 343
132 Ebd., 344
133 Corti, TB 146
134 Ebd., TB 149
135 Ebd.,TB 149f.
136 Ebd., TB 155
137 Haslip, 215
138 Corti, TB 156
139 Ratz, *Vor Sehnsucht nach Dir vergehend,* 344f.
140 Hamann, *Mit Kaiser Max in Mexiko,* 214
141 Ratz, *Kampf um Mexiko,* 168
142 Ebd., 168f.
143 Corti, TB 172

144 Haslip, 381
145 Ratz, *Vor Sehnsucht nach Dir vergehend*, 362
146 Haslip, 387
147 Corti, TB 191
148 Ebd., TB 191
149 Kerckvoorde, 194
150 Corti, TB 197
151 Ebd., TB 205f.
152 Ebd., TB 196ff.
153 Ebd., TB 212
154 Ratz, *Kampf um Mexiko*, 195
155 Corti, TB 217
156 Ratz, *Kampf um Mexiko*, 211f.
157 Kerckvoorde, 204
158 Ratz, *Kampf um Mexiko*, 217
159 Ebd., 219
160 Haslip, 444
161 Corti, TB 237
162 Haslip, 449
163 Ratz, *Kampf um Mexiko*, 231f.
164 Corti, TB 241
165 Ratz, *Kampf um Mexiko*, 244
166 Hamann, *Mit Kaiser Max in Mexiko*, 243
167 Ebd., 244
168 Haslip, 467
169 Ratz, *Kampf um Mexiko*, 277
170 Haslip, 478f.
171 Ratz, *Kampf um Mexiko*, 291
172 Corti, TB 258
173 Ebd., TB 266
174 Haslip, 497
175 Ebd., 501
176 Ebd., 501
177 Vogelsberger, 335, *Der g'rade Michel*, 27.7.1867
178 Haslip, 507
179 Kerckvoorde, 237
180 Ebd., 239
181 Ratz, *Kampf um Mexiko*, 326

182 Lughofer, 171
183 Ebd., 181
184 Ebd., 182
185 Ebd., 182
186 Ebd., 192
187 Ebd., 195
188 Haslip, 164
189 Kerckvoorde, 247
190 Haslip, 453
191 Ebd., 506
192 Kerckvoorde, 253
193 Fouvez, 51
194 Ebd., 52f.
195 Ebd.,134f.
196 Ebd., 135
197 Ebd., 178
198 Ebd., 180
199 Ebd., 181
200 Weygand, 15
201 Ebd., 16
202 Elwenspoek, 254
203 Ebd., 255
204 Ratz, *Kampf um Mexiko*, 328
205 Kerckvoorde, 267
206 Ebd., 267
207 Ebd., 267
208 Ebd., 267f.
209 Ebd., 273
210 Ebd., 273
211 Ebd., 272
212 Fryd, 414
213 Kerckvoorde, 273
214 Ebd., 259
215 Hamann, *Mit Kaiser Max in Mexiko*, 283f.
216 Vogelsberger, 338
217 Hamann, *Mit Kaiser Max in Mexiko*, 285
218 Kerckvoorde, 11
219 Andics, *Die Frauen der Habsburger*, 265

Literatur

Aichelberg, Wladimir: *Maximilian in zeitgenössischen Photographien*, Wien 1987

Andics, Hellmut: *Die Frauen der Habsburger*, Wien 1985

—: *Das österreichische Jahrhundert*, Wien 1974

Castelot André: *Maximilien et Charlotte, La tragédie de l'ambition*, Paris 1977

Corti, Egon Caesar: *Maximilian und Charlotte von Mexiko*, Wien 1924

—: *Maximilian von Mexiko*, TB, München 1978

Elwenspoek Curt: *Charlotte von Mexiko*, Stuttgart 1927

Fink Humbert: *Auf den Spuren des Doppeladlers*, Düsseldorf/Wien 1992

Fouvez Charles: *Le mystère Weygand*, Paris1967

Frýd Norbert: *Die Kaiserin*, Stuttgart 1976

Fugger, Nora Fürstin: *Im Glanz der Kaiserzeit*, Wien 1980

Gies McGuignan, Dorothy: *Familie Habsburg*, München1967

Hamann, Brigitte (Hg.): *Mit Kaiser Max in Mexiko, Tagebücher des Fürsten Carl Khevenhüller*, München 2001

—: *Die Habsburger. Biographisches Lexikon*, Wien 2001

Haslip, Joan: *Maximilian, Kaiser von Mexiko*, München 1972

Kerckvoorde, Mia: *La passion et la fatalité*, Paris 1981

Kollonitz, Paula Gräfin: *Eine Reise nach Mexiko*, Wien 1867

Lughofer, Johann Georg: *Des Kaisers neues Leben*, Wien 2002

Mesenholm, Gerd: *Im Schatten der Zypressen*, Gernsbach 1990

Ratz, Konrad (Hg.): *Vor Sehnsucht nach dir vergehend. Der private Briefwechsel zwischen Maximilian und Charlotte*, Wien 2000

—: *Kampf um Mexiko. Kaiser Maximilian in den Erinnerungen seines Privatsekretärs*, Wien 1999

Reinach-Foussemagne, Henriette de: *Charlotte de Belgique*, Brüssel 1925

Schmit von Tavera, Ernst: *Geschichte der Regierung Kaiser Maximilians I.*, Wien 1903

Stockhausen, Juliana von: *Im Schatten der Hofburg*, Heidelberg 1925

Trost, Ernst: *Das blieb vom Doppeladler*, Wien 1966
Vacha, Brigitte: *Die Habsburger*, Graz 1992
Ypersele, Laurence van (Hg.): *Une impératrice dans la nuit. Correspondance inédite de Charlotte de Belgique, février–juin 1869*, Ottignies 1995
Vogelsberger, Hartwig: *Kaiser von Mexiko*, Wien 1992
Weygand, Jacques: *Weygand mon père*, Paris 1979
Widl, Robert: *Der Fall Maximilian von Mexiko*, Mühlacker 1999

Zitierte Zeitungen

Die Presse, Wien
Freie Presse, Wien
Neue Freie Presse, Wien
Wiener Zeitung

Le Costitutionnel, Paris
Le France
Le Journal des débats

La Moniteur Belge, Brüssel

El Diario del Imperio, Mexiko-Stadt
The News

The New York Herald Tribune

Zeittafel

1832	*6. Juli:* Geburt von Erzherzog Ferdinand Maximilian.
1840	*7. Juni:* Geburt von Charlotte Prinzessin von Belgien.
1848	*2. Dezember:* Franz Joseph I. Kaiser von Österreich.
1854	Ferdinand Maximilian wird Oberbefehlshaber der österreichischen Flotte.
1856	*1. März:* Baubeginn von Schloß Miramare.
1856	Ferdinand Maximilian reist nach Paris, erster Kontakt mit Napoleon III.
1856	*12. Dezember:* Verlobung mit Charlotte von Belgien.
	Ferdinand Maximilian wird Generalgouverneur des (österreichischen) Königreichs Lombardo-Venetien.
	27. Juli: Hochzeit in Brüssel.
	6. September: Einzug von Ferdinand Maximilian und Charlotte in Monza.
1859	*24. Juni:* Schlacht bei Solferino, Österreich verliert die Lombardei. Ferdinand Maximilian kehrt nach Miramare zurück.
1861	Mexiko kommt ins Gespräch.
1863	*7. Juni:* General Bazaines Einzug in Mexiko-Stadt.
1863	*12. Juni:* Mexiko wählt angeblich die Monarchie.
1863	*2. Oktober:* Eintreffen der mexikanischen Delegation in Miramare, Kronangebot. Ferdinand Maximilians Bedingungen.
1864	*9. April:* Ferdinand Maximilian verzichtet auf österreichische Thronrechte.
	10. April: Ferdinand Maximilian wird unter dem Namen Maximilian I. Kaiser von Mexiko.
	14. April: Abreise mit der k.k. Fregatte *Novara* von Miramare.
	18. April: Ankunft in Civitavecchia, Audienz bei Papst Pius IX.
	28. Mai: Ankunft in Veracruz.
	13. Juni: Einzug in die Hauptstadt Mexiko-Stadt, Regierungsbeginn.

1865 *Juni:* Ende des Sezessionskriegs (Amerikanischer Bürgerkrieg zwischen den Nord- und Südstaaten der USA), Sieg der Nordstaaten.

10. Dezember: Tod von König Leopold I. von Belgien.

1866 *11. März:* Beginn des Abzugs der französischen Truppen aus Mexiko.

28. Juni: Ultimatum Kaiser Napoleons III. – Maximilian erwägt Abdankung, Charlotte verhindert sie.

3. Juli: Schlacht bei Königgrätz (in Böhmen), Niederlage Österreichs.

9. Juli: Charlotte reist nach Europa, wo sie Hilfe erhofft.

26. Juli: Vorfriede von Nikolsburg beendet den deutsch-österreichischen Krieg (Deutschen Krieg) von 1866.

10. August: Charlotte trifft Napoleon III. und Kaiserin Eugénie.

14. August: Der französische Ministerrat lehnt Charlottes Vorschläge ab.

22. August: Abreise Charlottes von Paris nach Miramare, Nervenzusammenbruch.

23. August: Friede von Prag zwischen Preußen und Österreich: Österreich verliert Venetien (an Italien) und scheidet aus dem Deutschen Bund aus.

25. September: Charlotte reist nach Rom, keine Hilfe vom Papst. Ausbruch des Wahnsinns.

7. Oktober: Philipp, der Bruder Charlottes, holt sie in Rom ab und bringt sie nach Miramare.

28. November: Mexikanischer Staatsrat spricht sich gegen eine Abdankung Maximilians aus. Immer mehr Siege der republikanischen Truppen von Juárez.

1867 *6. Januar:* Maximilian wieder zurück in Mexiko-Stadt.

13. Februar: Maximilian zieht mit seinen letzten Truppen nach Querétaro.

15. Mai: Verrat Lopez', Fall von Querétaro.

12.–16. Juni: Prozeß gegen Maximilian, Todesurteil.

19. Juni: Maximilian wird zusammen mit seinen Generälen Mejía und Miramón in Querétaro erschossen. Mexiko wieder Republik, Präsident Juárez.

1. Juli: Bekanntwerden der Nachricht in Europa.

Juli: Marie Henriette von Belgien, die Gemahlin von König Leopold II., Charlottes Bruder, holt die Kaiserin von Mexiko aus Miramare nach Belgien zurück. Charlotte wird zunächst in Laeken, dann in Schloß Tervueren untergebracht.

1868 *16. Januar:* Leichnam Maximilians kommt auf der *Novara* in Triest an.

20. Januar: Beisetzung Maximilians in der Kapuzinergruft in Wien.

1879 *3. März:* Brand von Schloß Tervueren, Übersiedlung Charlottes in das Wasserschloß Bouchout.

1914 *August:* Ausbruch des Ersten Weltkriegs.

1916 *21. November:* Tod von Kaiser Franz Joseph I.; Nachfolger wird sein Großneffe als Karl I.

1918 *11. November:* Kaiser Karl I. verzichtet auf die Regierung, Ende der österreichisch-ungarischen Monarchie.

1927 *19. Januar:* Tod Charlottes in Bouchout.

Bildnachweis

Archiv für Kunst und Geschichte: Tafel 2, 3, 4, 5, 6 oben, 7, 8, 9, 11, 15
Corbis: Tafel 1, 12, 13, 14, 16
Österreichische Nationalbibliothek, Wien: Tafel 6 unten, 10

Danksagung

Ganz herzlich möchte ich mich bei den Damen und Herren vom Piper Verlag bedanken, in dem nun schon das dritte Buch von mir erscheint. Das gilt besonders für Herrn Wank, Frau Rotter und Frau Leupold. Vor allem aber auch vielen Dank an Frau Dr. Annalisa Viviani für ihre einfühlsame und behutsam-genaue Lektoratsarbeit.

Danke auch den Damen von der Grünwalder Bibliothek für ihre große Mühe, meine vielen Wünsche nach Beschaffung der nötigen Literatur immer so prompt zu erfüllen. Und nicht zuletzt ein Dankeschön an meinen Mann für seine Hilfe bei der Textbearbeitung am Computer.

Personenregister

PIPER

Erika Bestenreiner

Sisi und ihre Geschwister

334 Seiten mit 21 Abbildungen. Serie Piper

»Sisis« Geschwister haben mindestens ebenso bewegte Schicksale aufzuweisen wie sie selbst: Da ist zum Beispiel Nene, von Sisi bei Kaiser Franz Joseph ausgestochen, die dann den Erbprinzen von Thurn und Taxis heiratet und früh Witwe wird. Die schöne Sophie, die Ludwig II. von Bayern heiraten soll – der aber eine »rein freundschaftliche Beziehung« vorzieht ... Marie hingegen wird Königin von Neapel und beider Sizilien, aber Krieg und Revolution zwingen sie zur Flucht aus ihrem Königreich, worüber sie sich mit einer leidenschaftlichen Liebesaffaire hinwegtröstet. Oder aber Carl Theodor, liebevoll »Gackel« genannt, der gegen heftigen Widerstand seiner Familie Medizin studiert, ein in ganz Europa berühmter Augenarzt wird und die Infantin von Portugal heiratet.
Es ist eine heitere, farbenfrohe, teilweise auch tragische, vor allem aber eine hochspannende Welt, die das Leben der eigenwilligen Herzöge und Herzoginnen Mitte des 19. Jahrhunderts prägt.

01/1010/02/L

PIPER

Wladimir Fedorowski

Die Zarinnen

Rußlands mächtige Frauen. Aus dem Französischen von Enrico Heinemann und Cäcilie Plieninger. 288 Seiten mit 12 Abbildungen. Serie Piper

Seit dem Ende des 15. Jahrhunderts prägen gekrönte und ungekrönte Kaiserinnen das Geschick des Landes. In seinem spannend erzählten Band versammelt Fedorowski die Geschichten über Rußlands einflußreiche Frauen: von der deutschen Fürstentochter, die als Katharina die Große eine der mächtigsten Herrscherinnen wurde, und der schweren Aufgabe, die Tochter Peters des Großen zu sein, bis hin zum Wirken von Raissa Gorbatschowas und Tatjana Jelzinas.

»Ein romanesker Streifzug durch die russische Geschichte.«
Stuttgarter Zeitung

01/1435/01/R

Coburger

Franz Friedrich Anton
Herzog von Sachsen-Coburg-Saalfeld*
1750–1806

∞ Auguste Caroline Sophie
Gräfin Reuß zu Ebersdorf

Antoinette

∞ Alexander
Herzog von
Württemberg

Juliane
(Anna Fedorowna)

∞ Konstantin
Großfürst von Rußland

Ernst I.
Herzog von Sachsen-
Coburg und Gotha

* Der Landesteil Saalfeld des Herzogtums wurde 1826 gegen Gotha getauscht. Ab da lautet der Name »Herzogtum Sachsen-Coburg und Gotha«.